T0110056

Printed in the United States
By Bookmasters

الفكــر الســياسي والاســتراتيجي
للولايــــات المتحــــدة الأمريكيــــة

# الفكر السياسي والاستراتيجي للولايات المتحدة الأمريكية

دراسة في الأفكار والعقائد ووسائل البناء الإمبراطوري

الأستاذ الدكتور

عبدالقادر محمد فهمي

2009

رقم الإيداع لدى دائرة المكتبة الوطنية
(2968/8/2008)

327.73
فهمي، عبدالقادر
الفكر السياسي والاستراتيجي للولايات المتحدة الامريكية: دراسة في الأفكار والعقائد ووسائل البناء الأمبراطوري/عبد القادر محمد فهمي.ـ عمان: دار الشروق، 2008
(246) ص
ر. إ. : 2968/8/2008
الواصفات: السياسة الخارجية//الولايات المتحدة الامريكية//الأيدلوجيات السياسية/

• تم إعداد بيانات الفهرسة الأولية من قبل دائرة المكتبة الوطنية

ISBN 978-9957-00-375-3 (ردمك)

- الفكر السياسي والاستراتيجي للولايات المتحدة الأمريكية-دراسة في الأفكار والعقائد ووسائل البناء الإمبراطوري .
- تأليف : الأستاذ الدكتور عبد القادر محمد فهمي .
- الطبعة العربية الأولى : الإصدار الأول 2009 .


- جميع الحقوق محفوظة © .

دار الشروق للنشر والتوزيع
هاتف : 4618190 / 4618191 / 4624321 فاكس : 4610065
ص.ب : 926463 الرمز البريدي : 11118 عمان - الاردن
Email: shorokjo@nol.com.jo

دار الشروق للنشر والتوزيع
رام الله - المصيون : نهاية شارع مستشفى رام الله
هاتف 2975633-2991614-2975632 فاكس 02/2965319

Email: shorokpr@planet.com

- الاخراج الداخلي وتصميم الغلاف وفرز الألوان والأفلام :
دائرة الإنتاج / دار الشروق للنشر والتوزيع
هاتف : 4618190/1 فاكس 4610065/ ص.ب . 926463 عمان (11118) الأردن

## المحتويـات

تقديــم 7

مدخـل تمهيـدي 11

**الباب الأول**

**الأسس البنيوية للفكر السياسي-الاستراتيجي الأمريكي 31**

الفصل الأول: الأساس الفكري الديني / الأيديولوجية الدينية 34

الفصل الثاني: الأساس الفكري السياسي – الاقتصادي 50
الإيديولوجية السياسية - الاقتصادية

الفصل الثالث: الأساس الفكري البراغماتي / الإيديولوجية البراغماتية 63

**الباب الثاني**

**عملية التمركز الداخلي والسيطرة على الصعيد العالمي 75**

الفصل الأول: سياسيات التوسع الداخلي والانفتاح نحو العالمية 78

الفصل الثاني: أدوات السيطرة والتحكم على الصعيد العالمي 101

**الباب الثالث**

**معالم الإستراتيجية الأمريكية بعد الحرب الباردة 129**

الفصل الأول: البعد الاقتصادي للإستراتيجية الأمريكية 133

الفصل الثاني: البعد الثقافي للإستراتيجية الأمريكية 138

الفصل الثالث: البعد العسكري للإستراتيجية الأمريكية 147

5

الباب الرابع

**181** **الإمبراطورية الأمريكية**

186 الفصل الأول: المحافظون الجدد / فكر تسلطي يحكم العالم

197 الفصل الثاني: أدلجة القوة العسكرية / مشروعية القوة

211 الفصل الثالث: سيادة قانون القوة على مبدأ قوة القانون/

قوة الحق أم حق القوة

223 الخاتمة والاستنتاجات

## تقديـــــم:

في عالم السياسة، ثمة ظواهر لا حصر لها تستحق، وبفعل جاذبيتها، أن يجهد المرء نفسه بالتفكير بها والتأمل فيها لمعرفة أسبابها ومكوناتها وأنماط تفاعلاتها والنتائج المترتبة عليها. فعالم السياسة هذا، بظواهره المتنوعة والمتعددة، يمثل العالم الواقعي الذي نعيشه ونتعامل ونتفاعل مع حقائقه على نحو يومي ومستمر، حتى أن الأمر دفع بالبعض إلى أن يصف وجودنا الذاتي بأنه وجود سياسي بالدرجة الأولى. هذا طبعاً دون أن نسقط من حسابنا اعتبارات أخرى لها صلة بهذا الوجود وكينونته.

كان موضوع الظاهرة، هو الدافع الذي حَثّ بنا إلى وضع هذه الدراسة ومبعثه سؤال له وجاهته المنطقية وطالما كان حاضراً في أذهان الكثير من الباحثين والمعنيين بالشأن الأمريكي. هذا السؤال يدور حول المسببات التي مهدت إلى أن ترتقي الولايات المتحدة الأمريكية المنزلة التي هي عليها اليوم مجسدة بذلك مقولة القوة العالمية الغير قابلة لأي منازع، بل المتحدية لمن ينازعها. ومثل هذا الوصف يجعل من الولايات المتحدة ظاهرة تستحق دراستها

من هذا السؤال، المحوري، تشتق أسئلة وتساؤلات أخرى. هل أن هذه المكانة هي نتاج الحتمية التاريخية حيث تدخلت قوى وعوامل عدة لا دخل للإرادة الإنسانية في صياغة قوانين حركتها، ورسم وتوجيه مساراتها (تساوقاً مع منطق المثيولوجيا الأمريكية في الاختيار الإلهي) لتتلاشى، بقوة فعلها، قوى دولية كانت مؤثرة على المسرح الدولي، ولتمهد من ناحية أخرى، لحالة الانفراد والتفرد الأمريكي. أو أن الأمر لا يُعد بجملته الا استثمار عقلاني لظروف مواتية أسهمت في تشكيلها وبنائها الإرادة الإنسانية المؤطرة بالنزعة البراغماتية.

الواقع، أننا وبعد دراستنا لما كُتب ونُشر ـ من أدبيات متعلقة بالولايات المتحدة الأمريكية، تكشفت أمامنا عدة مقاربات منها، ويأتي في مقدمتها: أن الطريقة التي تشكلت بموجباتها ومقتضياتها الولايات المتحدة كانت حقاً فريدة من نوعها وملفتة للانتباه، ذلك أنها خرجت عن السبل المألوفة والأنماط التقليدية التي تشكلت بها وقامت عليها الدول. فالمتعارف عليه أن الدولة، أية دولة، هي نتاج شعب متجانس في قيمه وعاداته وتقاليده وطريقة حياته، يرتبط أبناؤه بتاريخ يمثل البوتقة التي انصهروا فيها عبر عقوده الطويلة المتطاولة لتخلق فيما بعد مجموعة اجتماعية متجانسة في تفكيرها ونمط ثقافتها وأهدافها ومصالحها المشتركة، من خلال تواجدها جغرافياً على أرض تمثل موطنها الأصلي حيث يتوارثها الأبناء عن الآباء، والآباء عن الأجداد، وهكذا. الولايات المتحدة الأمريكية افتقرت، ومنذ البداية، إلى هذه العناصر البنائية (شعب متجانس، تاريخ مشترك، أرض متوارثة). شعب هذه الدولة، التي تشكلت فيما بعد، هو نتاج مجموعات بشرية مهاجرة مختلفة في أصولها ومتباينة في عاداتها وتقاليدها، وبالتالي، هي غير متجانسة في منظومة بنائها الفكرية والحضارية والثقافية. ولم يكن التاريخ شفيعاً لها بعد أن انقطعت هذه المجموعات عن أصولها التاريخية. كما لم تكن الجغرافيا قريبة منها أو مختصة بها، ذلك أن هذه المجاميع البشرية الوافدة جاءت من (جغرافيات) متنوعة لتسكن أرض هي ليست ملكاً لها.

وهكذا، ورغم الانحراف الواضح في المسار التقليدي لتشكل الدولة، تمكنت هذه المجاميع البشرية، المهاجرة من أوطانها، تكوين دولة وصفت فيما بعد بالدولة القارية، ومن ثم الدولة العالمية التي تمكنت من فرض سلطانها الإمبراطوري من دون منازع.

**المقاربة الثانية** هي، أن الشخصية الأمريكية تميزت، ومنذ لحظة تشكلها، بالنزعة البراغماتية الحادة التي دفعت، وفي مناسبات عدة، إلى إقصاء الآخر وتهميشه، مقابل التأكيد على (الأنا) و(الذات الأمريكية) المتفردة. فضلاً عن أنها (أي الشخصية الأمريكية) عُرفت على الدوام بميولها الواضحة نحو المغامرة والجنوح للعنف المشروط. ونقول (العنف المشروط) تجنباً لصفة التعميم والإطلاق في ممارسة العنف واللجوء إليه.

وهكذا، ثمة مفردات تحكمت بالشخصية الأمريكية وجعلت منها شخصية متميزة إلى حدٍ واضح، كالعنف (المشروط)، المغامرة، تعظيم الذات، التحدي، البراغماتية وتمجيد المنفعة. كل هذه المسميات انعكست على مظاهر السلوك والثقافة الأمريكية. ويمكن تلمس آثار ومظاهر هذه المفردات في قواعد السلوك في مجالات عدة (عالم الرياضة)، (عالم السينما)، (عالم المال والتجارة)، (عالم الصناعة)، (عالم السياسة) وما إلى غير ذلك. لكن، ينبغي أن لا يُفهم من هذا الوصف أنه تعميم يشمل كل تفاصيل السلوك الاجتماعي (ولا نقول الرسمي حيث تتمظهر فيه هذه المفردات على نحو غالب). إلا أنها، وبكل الأحوال، تمثل ظاهرة تتميز بها الشخصية الأمريكية.

**المقاربة الثالثة** تتحدد بأن القيم السامية التي ترفعها الولايات المتحدة كشعار معلن، والتي تجسدها (الحرية والمساواة والعدالة والديمقراطية وحقوق الإنسان) لا تظهر دلالاتها في الغالب إلا على الشعب الأمريكي. في حين تضعف قيمة وفاعلية هذا الشعار، شعار القيم السامية بكل مفرداته، عندما يحملها الخطاب السياسي والإعلامي ويروج لها خارج حدود الولايات المتحدة. وليس أدلَّ على صحة هذا الادعاء من التنديد والنقد الجارح الذي يصل إلى حد التشكيك بمصداقية المناداة الأمريكية بنشر الحرية وتطبيق العدالة والمساواة والديمقراطية، ومراعاة حقوق الإنسان ... الخ، وهو النقد الذي يوجهه كثير من

الكتّاب والمثقفين والساسة والمسؤولين من داخل الولايات المتحدة قبل أن يأتي من خارجها.

**المقاربة الرابعة** تظهرها الدراسات المعنية بالشأن الأمريكي، وما لمسناه من خطل فكري ومنهجي وقعت فيه عندما انشغلت بدراسة الظاهرة في نتائجها، وليس بالوقوف على جذورها ومصادرها والدوافع التي قادت إليها. العديد من هذه الدراسات تناولت الظاهرة الأمريكية منذ الحرب العالمية الثانية، مشددة في تركيزها على عقود الحرب الباردة. والبعض الآخر منها انصرف إلى دراستها منذ انهيار الاتحاد السوفيتي. في حين ذهب فريق ثالث إلى دراسة إستراتيجية الولايات المتحدة وسياستها الخارجية منذ أحداث الحادي عشر من أيلول / سبتمبر 2001. ومثل هذا التشخيص لا يلغي طبعاً وجود نتاج فكري رصين عالج البدايات الأولى لنشأة وتكوين الولايات المتحدة منذ اللحظة التي بدأت فيها الموجات البشرية المهاجرة والوافدة إلى الأرض الجديدة. وعليه، وجدنا أن المنهج العلمي في تحليل هذه الظاهرة، الولايات المتحدة، يفرض علينا تتبع مسارها منذ بدايته بهدف الوقوف على العوامل الموضوعية والسياسات العملية التي مكنتها من تبوء هذه المكانة على الصعيد العالمي ...

ومن الله التوفيق.

## مدخل تمهيدي:

تاريخياً، ومن منظور حضاري، وموروث ثقافي، لم تشكل الولايات المتحدة الأمريكية، كما نعرفها اليوم وحتى إعلان الاستقلال عام 1776، دولة بالمعنى الدقيق للكلمة وبنفس المقاييس التي نهضت عليها العديد من الدول سواء داخل القارة الأوربية أو خارجها. فهي وحتى القرن الثامن عشر مثّلت أرضاً مفتوحة لمئات من الهجرات البشرية نزحت إليها من مناطق عديدة. فمنذ وقت مبكر من القرن السادس عشر تعرضت القارة إلى هجرات متتالية بدأت بالرحلات الكشفية لأغراض علمية - جغرافية، أو دوافع اقتصادية حتى تحولت فيما بعد إلى هجرات جماعية ضخمة ومنظمة حولت مساحات شاسعة من القارة الموحشة إلى أراضي تسكنها تجمعات سكانية من أصول وثقافات متنوعة.

في البداية، تعرضت القارة، وفي أجزاء منها، إلى النفوذ الأسباني الذي بدأ باكتشاف المكسيك، ثم امتد تحرك الأسبان إلى فلوريدا، ثم كاليفورنيا. ولم يقتصر الأمر على الأسبان، إنما أصبحت القارة موضع تجاذب وتنافس بينهم وبين البرتغاليين الذين أخذوا ينظرون بعين القلق إلى تنامي النفوذ الإسباني فيها، ذلك القلق الذي لم يكن مقدراً له أن يتوقف إلا بعد توحد الإمبراطوريتين الأسبانية والبرتغالية عام 1850، حيث ضمت الإمبراطورية الإسبانية أملاك البرتغال في أمريكا، وأصبحت تلك الأملاك تابعة للإمبراطورية الإسبانية.

الفرنسيون من جانبهم قاموا أيضاً باكتشافاتهم شمال القارة حتى وصل توغلهم عام 1536 إلى منطقة (سانت لورانس)، التي سميت فيما بعد بـ (كندا)، وتأسس فيها مركز تجاري فرنسي عام 1540، إلا أن المحاولات الهامة

للاستقرار في كندا كانت قد بدأت عام 1608، وذلك بتأسيس مدينة (كوبيك).

إلى جانب الفرنسيين، حاول بعد ذلك الهولنديون والسويديون تحقيق وجود لهم هناك. إلا أن محاولات الاستيطان الضخمة كان قد بدأ بها الإنكليز الذين استقروا في بادئ الأمر في المناطق الساحلية للشاطئ الشرقي لأمريكا الشمالية. ومثلت (فرجينيا) أول مستوطنة إنكليزية أقيم فيها مركزٌ تجاريٌ عام 1607، وبعدها توالى إنشاء المستوطنات الإنكليزية لتكون في النهاية ثلاث عشرة مستوطنة أو مستعمرة كانت الأساس فيما بعد لتكوين جمهورية الولايات المتحدة الأمريكية.

بادئ الأمر، كان دافع المغامرة والسعي وراء التجارة والربح يقف وراء عملية إنشاء تلك المستوطنات. إلا أن عامل الاضطهاد الديني الذي عاشته إنكلترا ضد التيار الإصلاحي الذي قادهُ (كالفن) مثل أهم العوامل التي دفعت بالمئات من المواطنين الإنكليز إلى الهجرة إلى الأراضي الجديدة.

كان التيار الديني يدعو إلى إصلاح الكنيسة الإنكليزية عن طريق تقويم تعاليمها وتبسيط طقوسها في الصلاة والعبادات. كما كان يدعو إلى إقامة كنيسة مستقلة وفق قيم ومبادئ مسيحية متنورة ومتحررة تسمو على ما كانت تؤمن به الكنيسة الإنكليزية بأفكارها التقليدية التي وصفت بأنها بالية وغير متطورة ومتخلفة. ولم يقتصر هذا التوجه الديني المتحرر والمتنور آنذاك والذي كان يقوده (كالفن) إلى عملية إصلاح الكنيسة الإنكليزية فقط، بل كان يدعو أيضاً إلى فصل سلطة الملك عن سلطة الكنيسة، وأن لا سلطان ولا سيادة للسلطة الدينية على السلطة الزمنية أو السياسية، الأمر الذي عرّض (كالفن) وأتباعه من الإصلاحيين المتنورين إلى عملية قمع واضطهاد لما ينطوي عليه نمط تفكيرهم وطروحاتهم من مخاطر يمكن أن تؤدي إلى تقويض ركائز الكنيسة الإنكليزية والسلطة الملكية على حدٍ سواء.

كان معظم هؤلاء الدعاة الإصلاحيين من قرية (سكروبي) أو مقاطعة (نوتنكهام) الإنكليزية. ومع زيادة اضطهادهم هاجروا إلى (ليدن) في هولندا بادئ الأمر، ومنها هاجروا في 11 ديسمبر 1620 إلى الأراضي الجديدة. وجاءت رحلتهم على السفينة (مايفلاور May Flower) أي (زهرة الربيع) التي استقرت على ساحل (ماتشوستس) في منطقة أسموها (بليموث) على اسم ميناء إقلاعهم من إنكلترا. هؤلاء المهاجرون الأوائل أطلق عليهم تسمية (البيورتانيون) أو (الطهوريون) الذين استمرت هجرتهم مع ازدياد اضطهادهم حتى تمكنوا عام 1640 من إنشاء ست من المستعمرات الإنكليزية في الأراضي الجديدة.

ومن الجماعات الإنكليزية الأخرى التي هاجرت إلى الأراضي الجديدة كانت من (الكويكرز)، حيث استقرت في (ماريلاند) و(كارولينا الشمالية).

في الواقع، لم تكن إنكلترا المصدر الرئيس للمهاجرين. فقد وفد إلى الأرض الجديدة، ولأسباب متعددة، سياسية واقتصادية واجتماعية، أو هرباً من الحرب وويلاتها، الكثير من الألمان، والكثير من سكان أيرلندا الشمالية بسبب الفقر وسوء الأوضاع الاقتصادية. ثم الوافدين إليها من اسكتلندا وسويسرا وفرنسا، حتى بلغ عدد السكان عام 1690 ربع مليون نسمة، ثم أخذ العدد يتضاعف مرة كل (25) سنة تقريباً، حتى بلغ العدد (2.500) مليون نسمة عام 1775. وقد انصهروا جميعاً في ثقافة هي مزيج من الصفات الإنكليزية والأوروبية تكيفت وفق الأحوال في تلك الأرض الجديدة.

وهكذا، وبحلول عام 1750، توطدت دعائم المستعمرات الثلاثة عشرة، محتوية حوالي (1.5) مليون نسمة تشكلت في أربع قطاعات محددة. تشكل القطاع الأول من مستعمرات (نيوانكلند) وضمت (ماتشوستس) و(رودايلاند) و(كونكتيكت) و(هيوهافن). واستمرت (نيوانكلند) بالتوسع حتى وصلت إلى المحيط الهادي.

**القطاع الثاني**، ضم المستعمرات الوسطى وهي، (نيويورك) و(نيوجرسي) و(بنسلفانيا) و(رديلاوير)، و(ماريلاند). أما القطاع الثالث، فقد ضم المستعمرات الجنوبية وهي، (فرجينيا)، و(كارولينا الشمالية)، و(جورجيا). أما القطاع الرابع، فقد تكون من الشريط الساحلي، أو ما عرف بـ (الريف الداخلي) أو (الحدود). وقد امتد هذا القطاع من (مين) شمالاً إلى (جورجيا) جنوباً.

وعلى ذلك استقرت المستوطنات في النهاية على ثلاث عشرة، كانت هي التي شكلت الولايات المتحدة. وكان ذلك بعد تحول واندماج بعض المستوطنات (ماتشوستس)، (روداىلاند)، (كونكتيكت)، (رديلاوير)، (نيوهامشاير)، (نيوجرسي)، (نيويورك)، (بنسلفانيا)، (ماريلاند)، (كارولينا الشمالية)، (كارولينا الجنوبية)، (فرجينيا)، و(جورجيا).

جميع هذه المستعمرات، عدا (نيوانكلند) و(روداىلاند)، و(كونكتيكت) شكل فيها البيوروتان أغلبية كبيرة، وهم أصلاً معارضون للسلطة السياسية والدينية في بريطانيا، حيث كانت محكومة من قبل بريطانيا بواسطة حاكم معين من قبلها ويتمتع بسلطات واسعة، فهو يتولى الإشراف على شؤون الأمن وإدارة القوات المحلية فيها، وكان يساعده مجلس استشاري أعضائه معينون من قبل الملك ويقوم بمهام السلطة القضائية العليا في المستعمرة. وإلى جانبه مجلس تمثيلي يقوم بدور السلطة التشريعية وله سلطات مالية واسعة. ونتيجة من السلطات الممنوحة للمجالس التمثيلية في كل مستعمرة سيكون لها دور في تقليل سلطات الحاكم المعين، بل وحتى منافسه السلطة الملكية في إنكلترا.

ومع ذلك، وعلى الرغم من مرور عقود من الزمن على هذا الوضع السياسي، أخذ الشعور بالاستقلال والرغبة في الانفصال عن بريطانيا يتنامى تدريجياً لدى مستوطني هذه المستعمرات.

تمثلت أولى إرهاصات الاستقلال عندما سمحت شركة (لندن) لمستعمري فرجينيا بالحق في التمثيل الحكومي، حيث وجهت الشركة سنة 1618 تعليمات تضمنت قراراً إلى الحاكم المعين بأن من حق الأحرار من أهالي المزارع أن ينتخبوا ممثلين عنهم يشتركون مع الحاكم والمجلس المعين في سن قوانين لصالح المستعمرة.

كان دور المجالس المنتخبة محدوداً في بداية الأمر في مسائل التشريع. لكن هذا الدور أخذ يتنامى ويتضخم حتى أصبح المستوطنون يمتلكون ناصية السلطة. وقد تمسك المستوطنون بحقهم خاصة في الإشراف المالي والتشريع وحق فرض الضرائب، وباعتبارهم جمعية تشريعية ممولة للأنشطة التنفيذية الحكومية، فإن هذا يعطيها الحق في ممارسة هذه السياسات. وعلى مر السنين استولت المجالس التمثيلية على سلطة الحكام وعلى صلاحيات هيئاتهم الاستشارية وانفصل مركز إدارة المستعمرات بالتدريج من لندن إلى عواصم المقاطعات الأمريكية.

وإزاء هذا التطور في العلاقة بين الحكومة البريطانية ومستعمراتها في الأراضي الجديدة، حاولت الحكومة البريطانية تعديل هذه العلاقة والحفاظ على استمراريتها. ورأت حكومة التاج البريطاني أن من بين المسالك التي ينبغي تصويبها وتعديلها لكي تضمن بريطانيا نفوذاً مطلقاً في القارة الجديدة، ضرورة مواجهة النفوذ الفرنسي المتنامي فيها.

كان رأي النخبة الحاكمة في بريطانيا الانفراد بمقدرات القارة وأن لا يكون لها منافس، في الوقت الذي قام الفرنسيون بالعديد من الاكتشافات استمرت من عام 1634 وحتى عام 1750، حيث شملت ممتلكاتهم مساحة شاسعة من الشمال إلى الجنوب تضم قسماً كبيراً من كندا ووادي المسيسبي والقسم الغربي الأوسط من أراضي الولايات المتحدة حالياً، وهي كلها أراض شكلت هلالاً

ضخماً حول مستعمرات الساحل الإنكليزي الممتد من كندا في الشمال حتى فلوريدا جنوباً، الأمر الذي اعتبره الإنكليز تهديداً وتحدياً لمصالحهم وممتلكاتهم مما عجل في حتمية الصراع المسلح، ذلك الصراع الذي جسدته حرب طاحنة عام 1755 انتهت بهزيمة الفرنسيين حيث اضطروا بعدها إلى التفاوض مع بريطانيا عام 1763، وفرضت عليهم شروط المنتصر، إذ تنازلوا لإنكلترا عن كل أراضي كندا وعن الأراضي المملوكة لهم على الضفة الشرقية لنهر الميسيسيبي. أما أراضي لويزنا الواقعة بين جبال روكي والنهر فقد تنازلوا عنها لأسبانيا والتي تنازلت في مقابلها عن فلوريدا لإنكلترا. وبذلك تكون فرنسا قد خسرت كل أراضيها في شمال القارة الأمريكية ولم يعد هناك من منافس في الأرض الجديدة لإنكلترا إلا أسبانيا، والتي لم يحسب لها الإنكليز حساب بخاصة بعد غرق أسطولها العظيم الأرمادا، كما أن أسبانيا كانت قد ركزت اهتماماتها بتنظيم شؤونها في المكسيك.

وهكذا أصبح الطريق مفتوحاً إلى الغرب الأمريكي وبلا حدود، وهي مشكلة بحد ذاتها كرست أعباءً ثقيلة على صانعي القرار البريطانيين في مواجهة ذلك التوسع، بل أنها ربما كانت الشرارة الأساسية في تحريك الأمريكيين نحو ثورة أدت إلى استقلال تلك المستوطنات، وخاصة بعدما ظهرت لهم من قدرات عسكرية وإدارية وطنية برزت هنا أو هناك أثناء دعمهم للإنكليز في مواجهة الفرنسيين.

بعد صلح باريس 1763، بدأت تظهر بوادر التباعد ووهن العلاقة بين المستوطنات وسكانها والوطن الأم إنكلترا، وخصوصاً بعد أن تولى (جورج الثالث) الحكم في بريطانيا متبعاً سياسات أريد بها زيادة سيطرة بريطانيا على مستعمراتها في العالم الجديد، وهي سياسات ولدت نفوراً متزايداً بسبب من طابعها الدكتاتوري - المركزي، في الوقت الذي كانت فيه المستوطنات تتطلع

إلى نوع من التحرر والاستقلال الذاتي في جوانب حياتها الاقتصادية والسياسية.

كان للعامل الاقتصادي دور كبير في تصدع العلاقة بين التاج البريطاني والمستعمرات في أمريكا الشمالية، وقد تمثل ذلك بالقوانين والتشريعات الكمركية والضرائبية التي فرضها بريطانيا عام 1764-1765 على المستعمرات (كقانون السكر وقانون العملة وقانون الدفعة) مما رتب أضرار بمصالح رجال الأعمال والتجار الأمريكيين. وقد أثارت هذه السياسات ردود أفعال قوية لدى سكان المستعمرات إلى الحد الذي دفع بالزعيم الأمريكي (صموئيل آدمز) بدعوة المستعمرات للعمل ضد القوانين والتشريعات الجديدة.

وأمام تزايد معارضة الأمريكيين لهذه الضرائب وبفضل تدخل رجال الأعمال الإنكليز الذين تأثرت تجارتهم بالمقاطعة الأمريكية التي جعلت صادرات إنكلترا للمستعمرات تنخفض للنصف، تراجع برلمان لندن وألغى الضرائب عدا ضريبة واحدة هي ضريبة الشاي التي أصر الملك (جورج الثالث) على الاحتفاظ بها.

إلا أن (موضوع الشاي) كان له دور في إعادة مظاهر التوتر في العلاقات بين بريطانيا ومستعمراتها في القارة الجديدة. و لما كان أكثر الشاي المستهلك في أمريكا مهرباً، فقد عملت بريطانيا على تخفيض أسعاره لتجعل من عملية تهريبه قضية خاسرة، الأمر الذي شلّ أعمال التجار المحليين وجعلهم يثورون ضد هذه السياسة التي كبدتهم خسائر كبيرة.

عامل آخر أسهم بدورة في تأزم العلاقة بين بريطانيا والمستعمرات تمثل بإقدام مجموعة من الوطنيين في مدينة بوسطن في 6 ديسمبر 1777 بإلقاء حمولة ثلاث سفن بريطانية محملة بالشاي في البحر الأمر الذي أثار موجة عارمة من الاستياء البريطاني دفعت بملك بريطانيا (جورج الثالث) إلى أقرار

17

خمسة قوانين وصفت بأنها جائرة للرد على تصرفات سكان مدينة بوسطن: أولها إغلاق مرفأ بوسطن حتى يدفع ثمن الشاي. ثانيها: أعطى حق تعيين مستشاري مساتشوستس للملك بعد أن كانوا ينتخبون من قبل السكان. وثالثها: اعطاء الجيش الإنكليزي المرابط في المستعمرات حق مصادرة الفنادق والحانات والمنازل لإسكان جنوده.

إضافة إلى ذلك، أصدر البرلمان البريطاني عام 1774 قانون (كويبك) الذي كان له أسوأ الوقع عند الأمريكيين عامة. هذا القانون أعطى الحكومة البريطانية الحق بتنظيم أوضاع الأراضي التي غنمتها إنكلترا من فرنسا بطريقة أكثر حزماً وانضباطاً في ذلك الوقت من بقية المستعمرات الأخرى. كما فرض هذا القانون رقابة قوية على التوسع في هذه المناطق وجعل شراء الأراضي والإقامة فيها يخضع لموافقة وإجازة خاصة. بغية وضع هذه الأراضي تحت سيطرتها المباشرة، ومنع بقية المستعمرات من السيطرة عليها أو المتاجرة فيها. قانون (كويبك) أثار غضب الأمريكيين ذلك لأنه أقام بوجههم سداً يحول دون توسعهم في الغرب الغني بموارده الأولية وإمكاناته الزراعية.

وكما سبقت الإشارة، فإن هذه الإجراءات ولدت ردود أفعال قوية لدى سكان المستعمرات مما دفع نوابهم إلى الاجتماع في 15 سبتمبر 1774 في مدينة فيلادلفيا لاتخاذ مواقف وإتباع سياسات معادية للقوانين الإنكليزية دفاعاً عن مصالح مستعمراتهم السياسية والاقتصادية (أطلق على هذا المؤتمر تسمية مؤتمر فيلادلفيا أو اجتماع الكونجرس الأول).

وهكذا، وبدلاً من إبداء قدر من المرونة، أقدم (جورج الثالث)، ملك إنكلترا، على سياسات متعنتة ومتصلبة دون أن يدرك حجم ومقدار التحولات التي كانت تطرأ تدريجياً على مفاهيم الأمريكيين ومصالحهم السياسية والاقتصادية. وهذا مما دفع بسكان المستعمرات إلى تبني الخيار العسكري

والدخول في معارك مع القوات البريطانية وقاموا بطرد الحكومات الملكية المعينة واستلموا إدارة الأمور للدفاع عن مناطقهم.

ما يلفت الانتباه في خضم هذه الأوضاع بوتائرها المتسارعة، هو أن فكرة الاستقلال، استقلال المستعمرات عن التاج البريطاني، لم تكن مطروحة حتى ذلك التاريخ، وكانت القناعة الظاهرة لدى سكان المستعمرات ونوابهم هي إمكانية الوصول إلى حلول سلمية تضمن مصالح الأمريكيين من خلال درجة من المرونة يمكن أن يبديها ملك بريطانيا (جورج الثالث).

وفي 10 مايس / مايو 1775 عقد مؤتمر فيلادلفيا الثاني (اجتماع الكونجرس الثاني) حضره (بنيامين فرانكلين) و(توماس جفرسون). وكان من أبرز وأهم القرارات التي اتخذها المؤتمر، والتي سيكون لها شأن في تقرير مصير المستعمرات، هو القرار المتعلق بتشكيل جيش أمريكي محارب يخص كل المستعمرات لا واحدة منها، وإصداره أوراق مالية بدلاً من العملة البريطانية. كما منح الكونجرس، في مؤتمر فيلادلفيا، سلطة تكوين حكومات محلية بمعزل عن الإدارة الملكية البريطانية.

هذه التطورات، على صعيد المستعمرات، قادت مرة أخرى الحكومة البريطانية إلى أن تدخل حرباً مع الجيش الأمريكي بقيادة (جورج واشنطن) الذي تمكن في ربيع 1776 من إنزال هزيمة عسكرية بالجيش البريطاني، ومن ثم طرد قوات الاحتلال من الأراضي الأمريكية. وهنا أخذت فكرة الانفصال والاستقلال تطرح نفسها بكل جدية هذه المرة، وأصبحت تمثل طموحاً مشروعاً على الأمريكيين تحقيقه. وكان من بين العوامل التي غذت هذه الفكرة وعملت على تفعيلها:

1. الأفكار التي أشاعها وروج لها الكاتب الأمريكي المعروف آنذاك (باين) والتي تضمنها مؤلفه الذي حمل عنوان (الإدراك الجمعي) Common

Sense)، والذي كان لـه تـأثير كبـير في إقنـاع قطاعـات واسـعة مـن الأمريكيين في تأييد وتبني فكرة الاستقلال. أفكار (بـاين) كانـت تـدعو إلى أن يحكم الأمريكيين أنفسهم بمعزل عن أي سـلطة خارجيـة حيـث يكون وضعهم عند ذاك أفضل بكثير من حكومـة تهـيمن علـيهم مـن الخارج. كما كانت أفكاره تدعو إلى إقامة حكومـة متحـررة مـن قيـود وظلم ملك أوروبي جائر ومستغل.

2. ضعف تأييد الشعب البريطاني لحرب تخوضها بريطانيا خارج أراضـيها، الأمر الذي أضعف من قوة قضية تثـار الحـرب مـن أجلهـا. وهـذا مـا انعكس أيضاً على عملية جمع المتطوعين لها والاستعانة بجنود مرتزقة مـن الألمـان للقتـال في قضـية لا تمثـل حـافزاً قويـاً لهـم. كـل هـذه الاعتبارات أضعفت الروح المعنوية لـدى المقـاتلين وأدائهـم القتـالي في ساحة المعارك، مما سـهل مـن عمليـة انـدحار بريطانيـا أمـام الجـيش الأمريكي.

3. السياسات المتصلبة التي أتبعتها الحكومة البريطانية تجاه المستعمرات مما قاد إلى عرقلة جهود السلام.

هذه العوامل، ومع تسارع تطورات الأحـداث وتـداعياتها، أضـعفت كثـيراً من رابطة ولاء المستعمرات للتاج البريطـاني، وأوجـدت، في الأشـهر الأولى مـن عام 1776، استعداداً نفسياً لدى سكانها لتقبل فكرة الانفصال، بـل والقتـال دفاعاً عنها.

في تموز/يوليو 1776، تقدم الزعيم (لي) من فرجينيا إلى الكـونجرس بـاقتراح يدعو المستعمرات لأن تكون دولاً حـرة مسـتقلة. وقـد لقـي هـذا الاقـتراح تأييـداً عاماً فشكلت لجنة من خمسة زعماء مـن بيـنهم: (فـرانكلين، جفرسـون، وآدمـز) مهمتها إعداد وثيقة الاستقلال. وفي الثاني مـن تمـوز / يوليـو أقـرت الوثيقـة التـي

أعدها (جفرسون) بعد إدخال تعديلات عديدة عليها من قبل الكونجرس، ثم أعلنت بشكلها النهائي في الرابع من تموز / يوليو موضحة للعالم ولادة أمة جديدة مستقبلة. وقد أبرزت هذه الوثيقة للعالم الأسباب التي دعت الأمريكيين للانفصال عن العرش الإنكليزي، وحددت الخطوط الرئيسة للمعتقدات السياسية عند الأمريكيين (أن البشر خلقوا متساويين وأنهم منحوا من قبل خالقهم حقوقاً ثابتة من بينها حق الحياة والحرية والبحث عن السعادة).

وفي الواقع، لم يكن الأمريكيون في حربهم مع البريطانيين مجردين من دعم القوى الخارجية لهم. كانت فرنسا في مقدمة هذه القوى التي دعمت الأمريكيين بالمساعدات العسكرية والكثير من المتطوعين الفرنسيين الذين وجدوا في انتصار الثوار الأمريكيين انتصاراً لمثلهم ومبادئهم في الحرية والعدالة والمساواة. واصطفت إلى جانب فرنسا كل من ألمانيا وروسيا وبولونيا في تقديم الخبرات العسكرية للمقاتلين الأمريكيين. وإذا كانت المساعدات الفرنسية عام 1777 محدودة وغير معلن عنها، إلا أن الحكومة الفرنسية، وبعد انتصار الأمريكيين في معركة (ساراتوكا) ضد القوات البريطانية عام 1777، اتخذت موقف التأييد الصريح للثورة. وقد تطور هذا الموقف ليصل إلى حد الاعتراف رسمياً باستقلال الولايات المتحد، تلاه عقد معاهدة تحالف بين الطرفين.

وهكذا، دخلت فرنسا الحرب بصورة علنية ضد إنكلترا بالمال والسلاح، ولتقف إلى جانبها بعد ذلك كل من أسبانيا وهولندا في دعمهم وتأييدهم للثورة بما يحتاجونه من مساعدات، مما اضطر بريطانيا عام 1781 إلى إخلاء فيلادلفيا بسبب محاصرة الأسطول الفرنسي وتهديده للمدينة. ثم تتابعت الهزائم في وادي أوهايو مما كرس سلطة الأمريكيين في القسم الشمالي، ثم استمروا في معاركهم ضد الإنكليز حتى استولوا على مقاطعة كارولينا الجنوبية. وما أن جاء عام 1782 حتى كان الأمريكان قد طردوا الإنكليز من كل المرافئ الأمريكية،

وأجبرت إنكلترا، إثر ذلك، على توقيع معاهدة نهائية عام 1783 لتنهي الحرب بين الطرفين.

وبانتهاء حرب الاستقلال بات الأمريكيون أحراراً في أن يقيموا مجتمعاً جديداً وفق الأفكار السياسية التي آمنوا بها، وهي أفكار أوربية المنشأ في موضوعات الحرية والعدالة والمساواة وتبني الفكر الديمقراطي في ممارسة السلطة وتداولها وإدارة المجتمع، وهي أفكار سنجد فيما بعد كيف أنها تغيرت في مسارها عبر تاريخ التجربة الأمريكية.

بعد انتهاء حرب الاستقلال، وفي عام 1789، تم إقرار الدستور، وفي يناير من نفس العام استلم (جورج واشنطن) مهام رئاسة الولايات المتحدة. وعندها انصرفت الجهود إلى بناء الدولة في مختلف ميادين الحياة السياسية والاقتصادية والاجتماعية. فتركز الاهتمام على عملية التخطيط الاقتصادي والبحث عن موارد جديدة. كما انصرفت الجهود لتطوير القطاعين الصناعي والزراعي في المناطق الشمالية والجنوبية من الولايات المتحدة الأمريكية. وكذلك كان لابد من الاضطلاع بالمهام الملحة بتشكيل حكومة بأجهزة قوية تبدأ في ممارسة أعمالها. فأنشأ الكونجرس وزارة الخارجية وعيّن (توماس جفرسون) وزيراً لها. كما أنشأ وزارة المالية وعيّن لها (الكسندر هاملتون) وزيراً على رأسها. كما أنشأت هيئة قضائية اتحادية هي المحكمة العليا المكونة من ثلاثة دوائر قضائية، إضافة إلى ثلاث عشرة محكمة في الولايات كلها لضمان تنفيذ القوانين الفدرالية.

إلا أنه، ورغم الجهود المبذولة لبناء الدولة ومؤسساتها، فإن البلاد لم تكن بعيدة عن جملة مشاكل داخلية كانت أم خارجية. فعلى الصعيد الداخلي، كان هناك خلاف، وإن حسم فيما بعد، و من هم يؤيدون لفكرة الدولة الفدرالية في ظل حكومة مركزية، ومن هم مؤيدين لوجود دولة مستقلة تنضوي تحت لواء

سلطتها جميع الولايات. كذلك كان هناك انقسام على أساس جغرافي بين الشمال والجنوب له خصائص مهنية أو حرفية. فالشمال كان يمثل منطقة إقليمية صناعية، وبالتالي كان اقتصاده صناعياً. في حين تميز الإقليم الجنوبي بالنشاطات الزراعية، وكان اقتصاده زراعياً. ومما عمق من هذا الانقسام قانون الضرائب الذي فرضه وزير المالية آنذاك (هاملتون) على البضائع المستوردة. فالشمال الذي كان قد أقام صناعة ناشئة رحّب بهذه الضرائب لأنه وجد فيها حماية مفيدة لمصانعه تساعد على تطوير الإنتاج وازدهار الوضع الاقتصادي وتحد من منافسة البضائع الخارجية المستوردة. أما الولايات الجنوبية فكانت لا تزال تعتمد في اقتصادها على الزراعة، فهي تصدر القطن والتبغ وتستورد من أوربا بالمقابل البضائع المصنوعة.

لذا، فإن الضرائب المفروضة على البضائع المستوردة أدت إلى ارتفاع أثمانها وإلى عرقلة التجارة الخارجية في الجنوب. و أوجدت هذه الضرائب سبباً دائماً للنزاع بين الشمال والجنوب استمر حتى انفجار الحرب الأهلية.

أما المشاكل الخارجية، فقد لعبت هي الأخرى دوراً كبيراً في تعميق وترسيخ الانقسام الاجتماعي. ففي السنة التي تسلم فيها (جورج واشنطن) الرئاسة الأمريكية (1789)، اندلعت الثورة الفرنسية وأطاحت بعرش آل بوربون. ولم تلبث فرنسا عقب الثورة أن أصبحت في حالة حرب مع كل من أسبانيا وإنكلترا والنمسا وبروسيا.

كانت فرنسا لا تزال حليفة للولايات المتحدة بموجب معاهدة 1778، وكانت تتطلع إلى المساندة والتأييد من جانب الأمريكيين، خاصة وأن فرنسا قدمت مساعدة كبيرة لهم أثناء حرب الاستقلال. وقد أحدثت مسألة التأييد لفرنسا انقساماً في أمريكا بين فريقين: فريق متحفظ مثله (جورج واشنطن) وحزبه الجمهوري، إذ كانوا يرون أن المشاغل والمهام الداخلية تفرض عليهم

الانصراف والتركيز على معالجتها. كانت مهام البناء الداخلي ومعالجة مشاكله السياسية والاقتصادية تحتل أولوية بالنسبة للقضايا الخارجية، مفضلين بذلك موقف الحياد تجاه الأطراف المتحاربة في القارة الأوربية. في حين كان الديمقراطيون مؤيدين للثورة الفرنسية ومتحمسين لها، وكانوا يرون أن من واجب الولايات المتحدة الوقوف إلى جانب فرنسا في حربها مع القوى الأوربية. ومع ذلك، فقد كانت الغلبة للجانب الأول، فالتزمت أمريكا جانب الحياد.

ومن المشاكل الخارجية الأخرى، إلى جانب فرنسا،احتفاظ بريطانيا ببعض الحصون والمراكز في المنطقة الشمالية، و اعتراض سفنها للسفن الأمريكية وتأخذ بحارتها بحجة أنهم مواطنون إنكليز هاربين من الخدمة العسكرية. ورغم أن هذه المشكلة قد حلت بين بريطانيا والولايات المتحدة بموجب المعاهدة التي أبرمها (جون جاي) رئيس المحكمة الأمريكية العليا عام 1794، والتي قضت بتعهد بريطانيا بالجلاء عن الحصون والمراكز الغربية، إلا أنها أدت إلى إثارة فرنسا التي كانت آنذاك في حرب مع بريطانيا، واعتبرتها بمثابة نوع من التعاون بين حليف الأمس مع ألدّ أعداء فرنسا. ومما أثار حفيظة الفرنسيين أيضاً إقدام (جورج واشنطن)، من جانب آخر، على عقد معاهدة مع أسبانيا لإنهاء المشاكل العالقة بينهما وتنظيم العلاقات التجارية بين الطرفين.

أسهمت هذه التداعيات في تدهور العلاقات الأمريكية - الفرنسية على نحو ملحوظ في عهد الرئيس (جون آدمز) خلف الرئيس (جورج واشنطن) حتى وقعت عدة معارك بحرية بين أسطولي البلدين انتصر فيها الأمريكيون. وفي عام 1798 كادت هذه المعارك أن تتحول إلى حرب شاملة عندما بدأت أمريكا تجمع جيوشها وتعلن النفير العام، إلا أن انتقال الحكم في فرنسا إلى (نابليون) أسهم في التخفيف من حدة التوتر وأدى إلى زوال خطر الحرب.

عندما تولى (توماس جفرسون) الرئاسة عام 1801، انصرف اهتمامه إلى معالجة القضايا الداخلية انسجاماً مع الأفكار التي طالما بشر بها، ولا سيما أنه يوصف بـ (كبير مفكري الجمهورية).

تركز اهتمام (جفرسون) على بناء حكومة قوية قادرة على حماية النظام والأخذ بضرورات السير في عملية الإصلاح الاقتصادي والتنظيم الضرائبي والعمل على صيانة الوحدة الوطنية ومعالجة الفتن الداخلية. كما شجع عملية التمدد نحو الغرب وتأكيد سلطة الدولة عليه، خاصة بعد انتقال مستعمرة لويزيانا إلى فرنسا بعد أن أرغم (نابليون) ملك أسبانيا عام 1800 على ذلك، الأمر الذي اعتبره (جفرسون) تهديداً مباشراً لأمريكا ودفع به إلى إقناع (نابليون) على شراءها لقاء خمسة عشر مليون دولار تدفع له كنوع من المساومة بدلاً من إعلان أمريكا الحرب ضده والوقوف إلى جانب بريطانيا.

اعتبر الأمريكيون هذا العمل الذي أقدم عليه (جفرسون) بمثابة إنجاز كبير لأنه جنّب البلاد الحرب وأضاف إليها مساحات كبيرة من الأراضي الخصبة والموارد الأولية الهائلة. كما أنه ساعد على نقل المهاجرين الجدد إليها وتنشيط عمليات نقل السلع والبضائع والمواد الغذائية إليها.

استمر تيار الهجرة إلى الغرب على نحو مكثف. وترتب على ذلك أن ضمت ولاية أوهايو عام 1803، ولم تلبث أن تبعتها ولاية تينيسي- عام 1809. ثم دخلت الاتحاد بين عامي 1816 و 1821 ست ولايات هي: أنديانا، ميسسبي، الينوي، ألباما، مين، وميسوري.

وهكذا، أخذ الغرب ينمو ويتطور بصورة مدهشة بعد أن تلاقت وتصاهرت فيه أجناس عديدة أقامت بصورة كبيرة مجتمعاً جديداً يختلف إلى حد كبير عن المجتمع الموجود في الشمال والجنوب. ففي عام 1830 مثلاً صار لسكان الغرب الذين يمثلون تقريباً نصف سكان الولايات المتحدة مجتمعاً لا يرتبط إلى حد كبير بتقاليد وعادات العالم القديم، إذ تم تفعيل العديد من القيم المرتبطة بالعمل وتحقيق المنفعة، وتأكيد حرية الفرد، وقدسية الملكية الفردية وغيرها... وهي قيم ستلعب دوراً كبيراً في رسم معالم الشخصية الأمريكية من

الناحية الفكرية والسياسية والاقتصادية، بل أنها ستلعب دور في صياغة نمط الحياة الاجتماعية وسلوك الأفراد سواء داخل المجتمع الأمريكي، أو في إطار التعامل الخارجي.

وفي هذا الاستهلال، كان من بين العلاقات المميزة في تاريخ الولايات المتحدة هي الحرب الأهلية، وهي حرب لعب فيها العامل الاقتصادي، وكما سنعالج ذلك، دوراً كبيراً في إثارتها والدفع إليها.

منذ البداية كانت الولايات الشمالية قد تميزت بنوع من الحرفية في المجالات الصناعية والتجارية والمالية، مكونة بذلك مجتمعاً يختلف تماماً في نشاطاته ونمط حياته وقيمه عن تلك التي تميزت بها الولايات الجنوبية التي امتهنت النشاط الزراعي، وبالتالي وصفت كونها تشكل مجتمع زراعي تقليدي.

إذن واقع المجتمع الأمريكي، وبسبب من العوامل الاقتصادية التي تحكمت فيه، أفرز نوعين من الثقافة: ثقافة المجتمع الزراعي في الجنوب بكل عاداته وقيمه التقليدية، وثقافة المجتمع الصناعي الشمالي الذي حكمته الخصائص التي جاء بها العصر الصناعي وما رافقه من قيم وثقافات جديدة.

نتيجة لهذا التقسيم في نوع العمل الذي مارسه أهل الشمال وأهل الجنوب، تميز الشماليون بتطورهم السريع ومدخولاتهم الضخمة والمرتفعة بالمقارنة مع الجنوب. إلا أن سرعة التقدم تلك كانت تحمل في طياتها أخطاراً كامنة هددت استمرار التوافق والانسجام الإقليمي، ذلك أن هذه الفوارق الثقافية والاجتماعية أوجدت نوعين من الانتماء دون أن يكون هناك انتماء واضح لهوية وطنية واحدة. وأخذت المصالح المتعارضة تزيد من هوة الخلاف والاختلاف، وعلى مر السنين، بين الشمال والجنوب.

كان أهل الجنوب بعيدون، بسبب من طبيعة نشاطهم الاقتصادي، عن الأرباح الضخمة التي يحققها رجال الأعمال من أهل الشمال من خلال النشاط

الصناعي وعمليات البيع والشراء والتعاريف والضرائب. وقد أرجع أهل الجنوب سبب تأخرهم إلى توسع الشماليين ومحاولة بسط نفوذهم على ولايات أخرى. غير أن الشماليين اعتبروا سبب تأخر الجنوبيين عنهم إنما يعود إلى نظام الرق المعمول به والذي طالما عارضوه.

هناك قضايا أخرى عديدة رسخت مظاهر الانقسام بين الشمال والجنوب منها: مسألة الضرائب التي كان الغرض منها حماية الصناعة الأمريكية من المنافسة بفرض رسوم مرتفعة على البضائع والسلع المستوردة من أوربا. لقد أثار نظام الضرائب سكان الجنوب الزراعي الذين يعتمدون على تصدير المنتجات الزراعية ليشتروا بثمنها منتجات صناعية أوروبية التي ارتفعت أثمانها نتيجة فرض الضرائب الجمركية عليها.

لقد فسّر قانون فرض التعرفة الجمركية من قبل الولايات الجنوبية بأنه يوفر الحماية للمنتجات الصناعية لأهل الشمال لتعود بالمكاسب عليهم منها، إن تلك المنتجات سيتم تصريفها في الأسواق الداخلية على امتداد الولايات الأمريكية بعيداً عن أية منافسة لأية منتجات صناعية خارجية مستوردة. هذا فضلاً عن أن تصريف الناتج الصناعي في الأسواق الداخلية سيجعل أصحاب المصانع يتحملون كلفة نقل وتسويق منتجاتهم إلى الأسواق الخارجية.

ومع مسألة الحماية والضرائب برزت مسألة أخرى هي قضية البنك المركزي التي كانت أيضاً مثار خلاف بين الفريقين. فبينما كان الشماليون يريدون تنظيم المصارف الوطنية، وإيجاد بنك مركزي قوي، كان رجال الجنوب يعارضون قيام هذه المؤسسة ويرون فيها وسيلة تساعد الدولة من خلالها أصحاب النفوذ ورجال المال والأعمال على زيادة ثرائهم.

هناك أيضاً قضية توزيع الأراضي. ففي الوقت الذي كان فيه الشماليون يريدون من الدولة أن توزع أراضيها الواسعة في الغرب مجاناً على المزارعين الصغار وعلى المهاجرين الجدد، كان قادة أهل الجنوب، وجلهم من كبار

المزارعين، يرون ألا توزع الدولة أراضيها إلا مقابل أثمان مرتفعة، رغبة منهم في حصر ملكية الأرض بطبقة كبار المزارعين ولمنع انخفاض أسعار المنتجات الزراعية. ولما كان أكثر سكان الشمال من العاملين في التجارة والصناعة والنقل، فقد كان يهمهم زيادة عدد المزارعين والمساحات المزروعة ليتمكنوا من الحصول على حاجاتهم بأسعار منخفضة.

من المشكلات الأخرى التي أسهمت في تعميق الانقسام بين الشمال والجنوب هي قضية الرق. إذ ورثت الولايات المتحدة، مع مجمل ما ورثته عن السلطات الإنكليزية، مشكلة وجود عدد كبير من العبيد في أراضيها. هذه المشكلة كان لها بعدان، الأول: الظروف القاسية التي كان يعيشها العبيد في مزارع أهل الجنوب وسوء معاملتهم واستغلالهم للعمل ساعات طويلة مقابل أجور ضئيلة. أما البعد الثاني: فكان يتمثل بأعدادهم المتزايدة، إذ كان أهل الجنوب يستقدمون الكثير منهم للعمل في مزارعهم. ولمعالجة هذه المشكلة منعت الولايات المتحدة عام 1807 تجارة الرقيق واستيرادهم من الخارج. وفي الوقت الذي أخذت ولايات الشمال تحرر عبيدها وتمنع الرق كانت الحاجة إلى هؤلاء في تزايد مستمر في الجنوب. بل أن الرقيق أصبح الأساس الذي يقوم عليه اقتصاد الجنوب، حيث تمارس زراعة القطن وقصب السكر في مساحات واسعة، وظروف مناخية لم يعتد الرجل الأبيض على تحملها. ومع تزايد عدد الرقيق في الجنوب كانت تتزايد الدعوة في الشمال لتحريرهم ولرفعهم إلى مستوى مواطن مساوٍ للرجل الأبيض.

من هنا، كانت مصالح أهل الجنوب تقتضي ـ التوسع في استثمار الأراضي الزراعية وإقامة ولايات جديدة، الأمر الذي يتطلب المزيد من حيازة الرقيق. غير أن الشماليين المناهضين للرق وقفوا بالضد من فكرة الرقيق وعملوا على محاربتها. وقد تزايدت وتائر هذا الموقف المناهض لتجارة الرقيق واستغلالهم

مع انتشار المثل العليا والأفكار الديمقراطية والاهتمام بالعدالة الاجتماعية بين

الطبقات.

استمرت قضية الرقيق قائمة وموضع خلاف بين الشمال الصناعي والجنوب الزراعي عقود عدة لتتخذ في عهد الرئيس (لينكولن)، الـذي استلم رئاسـة الولايات المتحدة عام 1860، منحى آخر للسير قدماً نحو المواجهة المسلحة. إذ وجدت ولايات الجنوب في انتخابه فرصة مناسبة لتتحـرر مـن ارتباطها القديم بالاتحاد الذي لم يعد يؤمن لها مصالحها كما تريد وكما يريد سكانها.

أخذت زمام المبادرة الانفصالية ولاية (كارولينـا الجنوبيـة) وأعلنت عام 1860 أن الاتحاد القائم بينها وبين بـاقي الولايات قـد انحـل، ولم تلبـث أن تبعتها ست ولايات أخرى هي (جورجيا، ألاباما، فلوريدا، مسيسبي، لويزيانا، وتكساس). وقبل أن يتسلم الرئيس الجديد صلاحياته عقدت الولايات السبعة مؤتمراً في مدينة (مونتجمري) في ولاية (ألاباما) وأعلنت في الثامن مـن شباط/ فبراير 1861 انضـمامها في اتحـاد جديد عـرف باسـم (حلـف الولايات المتحدة). وانتخبت الولايات الجديدة رئيساً لها هـو (جيفرسـون دايفيس) لرئاسة الدولة الجديدة.

في الرابع من آذار / مارس 1861 أعلن الـرئيس (لنكولن) بطـلان هذا الاتحاد ورفض انفصاله عن بقية الولايات. وقد أبـدى (لنكولن) مرونة كبيرة ورغبة في المصالحة بهدف عودة الولايات إلى الوضع الذي كانـت عليه. إلا أن الجنوبيين رفضوا كل محاولات العودة والمصالحة.

في الثاني عشر من نيسان / إبريل 1861 بادر الجنوبيون بالعمل العسكري ضـد الشماليون. كـما انضـمت إلى الولايات الانفصـالية ولايات أخـرى هـي (أركنساس، كارولينا الجنوبية، فرجينيا، ومسيسبي)، الأمر الـذي اضطر فيـه الشماليون دخول الحرب، ودارت معارك طاحنـة عـلى أرض الولايات المتحدة بين الشماليين والجنوبيين انتهت بسقوط مدينة (ريتشموند) عاصمة الجنوبيين

بأيدي جيش الاتحاد. وعلى أثرها استسلم الجنرال (لي) قائد الجيوش الجنوبية مع رجاله إلى الجنرال (كراند) قائد الجيوش الاتحادية في 12 نيسان / إبريل 1865. وبذا انتهت الحرب الأهلية التي أوقعت بين الفريقين خسائر فادحة، وخاصة بالجنوبيين حيث دارت الحرب على أراضيهم ودمرت ممتلكاتهم.

بعد انتهاء الحرب الأهلية، حاول الرئيس (لنكولن) إتباع سياسات لمعالجة أوضاع الجنوب المتردية والعمل على عودة الولايات الجنوبية إلى الشمالية ومعاملتها على قدم المساواة، فضلاً عن وضعه سياسة لتعمير المدن الجنوبية وإعادة بنائها، إلا أنه لم يلبث أن اغتاله ممثل اسمه (جون بوث) بعد خمسة أيام من انتهاء الحرب الأهلية أثناء حضوره عرضاً مسرحياً في واشنطن ليحل محله نائبه وخلفه (أندروجونسن) الذي تابع مشروع لنكولن في إعادة الاتحاد بين الولايات الأمريكية وإعمار ما دمرته الحرب بالنسبة للولايات المتحدة الجنوبية، وكذلك تطبيق قانون إلغاء الرق في كامل الولايات الأمريكية.

بعد هذه الأحداث الدامية سيكون ثمة توجه جديد في السياسة الأمريكية بعد أن استقرت الأوضاع في الولايات المتحدة، وخصوصاً مع نهاية العقد السابع من القرن التاسع عشر. إذ أخذ الاهتمام ينصرف إلى ضرورة الانتشار والتمركز في الداخل الأمريكي، ومن ثم التطلع إلى الانتشار والتمدد خارج النطاق الإقليمي في سياق الارتقاء نحو العالمية.

الباب الأول 1

# الأسس البنيوية للفكر السياسي - الاستراتيجي الأمريكي

## تقديـــم:

يبدو من الصعوبة بمكان، ولأغراض علمية موضوعية، تحليل السلوك السياسي لأية دولة بمعزل عن مكونات بنائه الفكرية. فالفعل السياسي لا يأتي من فراغ فكري، ذلك أن هذا الفعل، وبغض النظر عما إذا كان داخلياً أو خارجياً، لا ترتسم معالمه، سواء أكان ذلك وفق سياق التعامل مع الظواهر، أم في إطار تحديد ملامح الوحدة الدولية الناتج عنها ذلك السلوك، إلا وفق معطيـــات فكريـــة - أيديولوجيـــة. بمعنـــى، أن السلـــوك السياسي لأية دولة ما هو في الحقيقة إلا انعكاس لمضمون بنائها الفكري، حيث تسعى إلى ترجمته على أرض الواقع في إطار تعاملها مع الآخرين.

وبقدر تعلق الأمر بالولايات المتحدة، سيكون للعقيدة الدينية، بمضمونها البروتستانتي - الكالفيني، وما آمنت به من أفكار سياسية - اقتصادية جاء بها عصر النهضة، دور كبير في تحديد معالم الشخصية الأمريكية ونمط تفكيرها سواء في التعبير عن ذاتهـا، أم في طريقـة تعاملهـا مـع الآخريـن خارج محيطهـا الإقليمي.

## الفصل الأول

# الأساس الفكري الديني/ الأيديولوجية الدينية

لعبت الأفكار والمعتقدات الدينية التي جاء بها الآباء المؤسسون، دوراً كبيراً في إرساء الأسس اللازمة لبناء نظام سياسي - اجتماعي - ديني يتوافق مع عقيدتهم الدينية. وهذه العقيدة المنحدرة من الديانة البروتستانتية، أوجدت منذ البداية جواً دينياً لا يزال قائماً حتى يومنا هذا. فقد حمل المهاجرون الجدد، أو ما اصطلح على تسميتهم بالبيورتانيين، أو الطهوريين، الذين استوطنوا الأرض الجديدة منذ بداية القرن السابع عشر حملوا معهم العقيدة الدينية البروتستانتية - الكالفينية بهدف تطبيقها في بلد جديد ومجتمع بكر، وهي العقيدة التي سيكون لها شأن لا ينازع في زرع قيم وأفكار وقواعد سلوك مؤثرة ليس في صياغة الشخصية الأمريكية على الصعيد الاجتماعي، إنما أيضاً في صياغة العقل الأمريكي ومنهج التفكير السياسي الرسمي في السياسة الخارجية والعلاقات الدولية.

ترى العقيدة الدينية البروتستانتية الكالفينية، أن الدين هو الضمان الوحيد للفضائل القومية التي تسمح بالنجاح الدنيوي. وأن الحياة الأخروية هي امتداد للحاضر، وأن ما يجنيه الإنسان فيها هو نتاج عمله الدنيوي. كما تذهب هذه العقيدة إلى اعتبار أن الإيمان هو الذي ينقذ الإنسان دائماً، وهو الذي يقوده إلى الخلاص من كل خطيئة، وأن من يصيبهم الخلاص هم ليسوا كل الناس، إنما فقط أولئك الذين يتميزون بأيمانهم بالله. فالإيمان بالله هو طريق الخلاص و لخلق عالم بلا خطيئة.و هنا يكون الإيمان بمثابة المعيار المميز بين الخير

والشر، بين الإنسان الصالح والإنسان السيئ الذي لا يحظى باحترام الآخرين فحسب، إنما ليس له مكان بينهم. فالإيمان هو أساس الفضيلة، والفضيلة هي السبيل الوحيد إلى الخلاص والفوز بالعالم الآخر [1].

كما تربط العقيدة الدينية البروتستانتية مسألة الأيمان بالعمل. فالإيمان لا قيمة له، أو أنه لا يكتمل، ما لم يتحد مع العمل، ذلك أننا نعيش في هذا العالم لكي نستحق العالم الآخر. وهذا الاستحقاق لا يتأتى إلا عن طريق العمل النافع الذي يحقق الذات الإنسانية وينعم عليها بالخير. وهكذا سيتعايش الإيمان والعمل على نحو ثابت لكي يقود المواقف الدينية والاجتماعية. إن الطهرانية (التي هي جوهر العقيدة البروتستانتية - الكالفينية) هي دين الفعل والجهد والعمل المنتج داخل الجماعة. والعمل المرفوع إلى مصاف الفضيلة يحكم عليه وفقاً لنتائجه وبالطريقة البراغماتية. ولن يكون النجاح الاجتماعي وكسب الأملاك والخيرات والثروات سوى مكافأة وتجسيد مادي للفضيلة. والمال والثراء حينما يمثلان العمل ويرمزان إلى النجاح، أنما يشهدان على قيمتنا الاجتماعية والدينية، وعندئذ تغدو الثروة علامة التقدير المشروع في المجتمع، كما أن الثراء قابل، في نفس الوقت، لأن يكون علامة الاصطفاء الإلهي.

ومثل هذا الاعتقاد الديني بقدر ما يكون محفزاً للعمل ورافعاً للكسب والثراء، فأنه يقدم تفسيراً لعبارة الثروة والنجاح المادي التي سادت وما تزال تسود الولايات المتحدة. ووفق منطق العقيدة الدينية الكالفينية تصبح الثروة وامتلاكها هدفين متلازمين، وعلى الأغنياء أن يحافظوا على إنجازهم لأنهما، أي الثروة والمال، وكما يقول (توكفيل) يدخلان في صلب بناء العقيدة الدينية التي بني عليها المجتمع الأمريكي. إذ وفق هذه العقيدة الدينية، أن الناس وهم يسعون وراء الحصول على الثروة والمال، أنما يسعون لمرضاة الله لأخرتهم

بسبب عملهم وجهودهم، ويجرون وراء السعادة والحرية لدنياهم. أما الفقراء، فإن الأغنياء غير ملزمين بالبحث عن أسباب فقرهم واكتشاف كيفية القضاء عليه، ذلك أن الغنى والفقر مسألة قدرية إلهية. فالأغنياء كتب عليهم العمل والمثابرة والجد، في حين كتب على الفقراء التقاعس والكسل. وكل ما يفعله الأغنياء للفقراء هو تقديم المساعدات والمعونات لهم، دون الحاجة حتى إلى وضع البرامج الحكومية والميزانيات المرصودة لذلك. (وهذا هو منهج بوش الابن المحافظ دينياً والمجدد في معالجته للمسألة الاجتماعية).

ويرى الطهرانيون أنه لابد من محاربة الشر وجعل الخير ينتصر عليه، وأن تأخذ هذه العملية بعدها الشمولي ليتطهر المجتمع بكامله من كل شر كامن فيه لأجل خلاصه ووضعه على طريق الفضيلة والصواب. وعندما تغدو القارة بلا شوائب ولا شرور، لابد من إيجاد قارة أخرى والمضي إلى (حدود جديدة)، ونقل كلام الله، وتمدين (الآخرين). إن الأطهار هم جنود المسيح، والأمريكيون هم (جنود الديمقراطية فوق مقاييس العالم). وهكذا تضفي القداسة على الإمبريالية الثقافية مسوغاً دينياً.

وعلى الدوام كانت الطهرانية مطبوعة بهذا الهاجس الرسالي، بهذه التدينيه التي تتجسد في الخير لمحاربة الشر وفي ضرورة العمل لحساب ما يعرف بأنه الخير. وبالتالي فإن الطهرانية راسخة في أعماق الحياة اليومية التي يعيشها المجتمع، أي في الشعور الجمعي. فهي ستدفع المجتمع على نحو عميق، وهي لا تزال قائمة وتعمل بفاعلية حتى يومنا هذا لأنها أصبحت جزءاً وثيق الصلة بالشخصية الأمريكية ونمط حياتها وطبيعة سياستها.

وفي ضوء ما تقدم، تبرز أمامنا ملاحظة جديرة بالتأمل والانتباه، إذ ستكون المؤشر على منهج التفكير الذي حكم السلوك السياسي الاستراتيجي الأمريكي منذ النشأة وحتى وقتنا الحاضر. هذه الملاحظة هي، أن الروح الدينية هي التي

سادت هذا الوطن منذ نشأته الأولى، وما تزال تعصف به في علاقته بغيره خارج الوطن. فالشعب الأمريكي، ومن ورائه فلسفته السياسية ومؤسسات الحكم، بالرغم مما يدعو له من حرية العقيدة وفصل الدين عن الدولة، هو الأكثر نشاطاً في الدعوة لمذهبه الديني السائد حتى بين المذاهب المسيحية المخالفة. ولعل اليمين المحافظ، أو من يسمون بالمحافظين الجدد، هم خير دليل على صحة هذه الظاهرة في الحياة الدينية - الاجتماعية والسياسية الأمريكية.

إلا أن العقيدة الدينية البروتستانتية - الكالفينية التي يؤمن بها الطهوريون أو الآباء المؤسسون لها وجه آخر لعله أكثر أهمية وخطورة من القيم الأخلاقية المبنية على الإيمان والفضيلة والعمل الصالح. فالعقيدة الدينية لا تقتصر على هذه المفاهيم، إنما رافقها عامل آخر له وظيفة رسالية - تبشيرية ذات طبيعة توسعية. بمعنى، أن الدين لا يقوم بعملية التوحيد الاجتماعي داخل المجتمع الأمريكي فحسب، بل أن أمريكا، وبفضل قيمها الدينية التي ترتقي بها إلى مكانة لا تضاهيها أمم وشعوب أخرى، مكلفة بإنجاز وظيفة رسالية لنشر هذه القيم خارج حدودها الإقليمية. ومثل هذه الوظيفة هي موضع اختيار الإرادة الإلهية التي لا دخل للإرادة الإنسانية فيها سوى الانصياع لها والالتزام بمشيئتها. فثمة اعتقاد راسخ وقناعة سائدة في المجتمع الأمريكي، وخصوصاً على مستوى رؤسائه، تذهب إلى أن الدولة الجديدة هي من اختيار الرب، وان الشعب الجديد هو شعب الله الذي اختاره بعناية فائقة ضمن خطة إلهية مدبرة للكون. [2]

إن هذه الفكرة المرتكزة على مفهوم (الإرادة الإلهية) أو (الخطة الإلهية للكون)، سيكون لها شأن كبير في صياغة البناء الفكري - الثقافي الديني للمجتمع الأمريكي منذ نشأته وحتى الوقت الحاضر. كما سيكون لها تأثير واضح على السياسة الرسمية وتوجيه السلوك السياسي الخارجي للولايات

المتحدة الأمريكية نحو العالم الخارجي. كما أن هذه الفكرة على قدر كبير من الأهمية لما لها من خاصية للتعرف على العوامل المكونة لصورة الأمريكيين الذاتية وإدراكهم لشخصيتهم وما تمتاز به من أسلوب في التعامل مع الآخرين. فقد اعتقد المهاجرون الأوائل، أو الطهوريون بوجود خطة إلهية شاملة للعالم، وان هذه الخطة، التي هي من تدبير الإرادة الإلهية، يلعب فيها الطهوريون بهجرتهم إلى العالم الجديد دوراً هاماً، وان أمريكا كانت موجودة في عقل الله لأهداف محددة منذ بداية الخلق. ويعتقد الطهوريون البروتستانتيون الذين غادروا أوربا واستوطنوا العالم الجديد هم شعب الله المختار، اختارتهم العناية الإلهية للخلاص والهرب من فساد العالم القديم وآثامه لإنشاء مملكة الله على الأرض. وهم بذلك يشبهون أنفسهم بقبائل إسرائيل في هروبها من مصر إلى أرض كنعان.

ويعتقد الطهوريون أيضاً، أنهم على علاقة تعاهديه مع الله، وأنهم شركاء في تنفيذ مهمة حددها الله لهم في هذا العالم. وأن هذه الشراكة التعاهدية مع الخالق تشمل مهمة خطيرة عاجلة وهي تنوير بقية أمم العالم وهدايتها وإنقاذها من الجهالة والظلام. كما أن هذه الشراكة التعاهدية جعلت من الشعب الأمريكي الطهوري مجتمعاً دينياً بتمثل كنيسة القديسين الأرضية - المرئية، وبالتالي فأفراد هذه الكنيسة هم مواطنو مملكة الله المرتقبة.

إذن، احتل مفهوم (الخطة الإلهية) موقعاً مركزياً في معتقدات وسلوك المجتمع الطهوري الأول ورسخ الاعتقاد بان يد العناية الإلهية تتحكم بأعمالهم ومصيرهم كما تتحكم بجميع الأمور والأحداث في هذا الكون. وكما يذهب المؤرخ الديني للأمة الأمريكية (كوتون ماذر) أن الله أصدر أوامر إلى المؤمنين من شعبه من الأمة الإنكليزية، وجعلهم يقررون بالإجماع أن يهاجروا إلى العالم الجديد، أمريكا، وكان هدفهم الوحيد هو حمل مسؤولية تنفيذ قضاء الله. ومما

جعل هذا المفهوم، مفهوم الخطة الإلهية، أكثر عمقاً وتأثيراً لدى المستوطنين الأوائل هو أنهم، والأجيال التي تلتهم، اعتقدوا جازمين أن لهم دوراً ومكاناً مركزيين في هذه الخطة، حتى أن الله انتقاهم بالذات لتنفيذ إرادته في هذه الخطة. لذا نجد أن الحجاج الطهوريين، والأجيال الأمريكية التالية، كثيراً ما يشبهون أنفسهم بأنهم (الشعب المختار) لإنجاز (رسالة عالمية) وفق خطة إلهية لصياغة الكون وتصحيحه. [3]

هذه الأفكار والمعتقدات تم تبنيها منذ وقت مبكر على مستوى الرؤساء الأمريكيين. فالرئيس الأول (جورج واشنطن)، وضَّح فكرة التدخل الإلهي والعناية الإلهية بالقول (ما من شعب مدعو أكثر من شعب الولايات المتحدة إلى شكر الله وعبادة اليد الخفية التي تقود أمور الناس. فكل خطوة جعلتهم يتقدمون على طريق الاستقلال الوطني تبدو موسومة بسمة التدخل الإلهي). كما هناك كتاب ومؤرخون أمريكان بالغوا في تمجيد الشعب الأمريكي المختار من قبل الله. فالمؤرخ الأمريكي (دانيال بورستن) يرى (أن الشعب الأمريكي هو تمجيد لإنجاز إلهي، وأن أمريكا هي الفردوس الموعود على الأرض من قبل الله). ويضيف في مبالغته لمكانة الشعب الأمريكي فيقول (أنه تجسيد لإرادة الله لبناء مجتمع جديد وأصيل... ولم يكن شعب أكثر يقيناً من سيره على الصراط المستقيم من الشعب الأمريكي الذي هو شعب الله، وكل خصم له يعدُ عدواً لله).

أما الكاتب وليام مستوغون (1631ـ 1701)، فأنه يرى (أن أمريكا أمة جرى اختيار مواطنيها بعناية من قبل الله). وهناك فكرة مماثلة أفصح عنها (جونسون سوليفان) عام 1845 يقول فيها: (إن الثورة العالمية التي ستبتكر مجتمعاً جديداً سيولد في الولايات المتحدة بأمر من الله الذي يقف إلى جانب الأمريكيين).

والولايات المتحدة في نظر الرئيس الأمريكي (جون آدمز 1735ـ 1826)، (هي المكان المخصص لتحقيق سعادة الجنس البشري. وفي نظر كل الأمريكيين، أن أمريكا هي هذا المكان المحظوظ، هذه الأرض المحمية بالعناية الإلهية، والتي تنزاح نحوها الحضارة، وهي مرحلة انتقالية نحو العالمية، نحو تحرير الأرض بكاملها). ويذهب الرئيس (بنيامين فرانكلين) إلى اعتبار أن أمريكا (معززة بأيديولوجية لن يزعزعها شيء ابدأ، وان الولايات المتحدة ستكون مولدة لمجتمع عالمي. فالمؤسسات والعادات والمبادئ الأمريكية مخصصة للتطبيق في كل مكان، ولمحو ما بين البشر من اختلافات أينما كانوا (وربما كان هذا التبشير الأول لمفهوم العولمة وفق قياسات النموذج الأمريكي). أن أمريكا النموذجية هي، في رأي مواطنيها، أعلى كعباً من الأمم الأخرى، وهي بذلك مدعوة إلى ملء مركزها نهائياً).

ولا يخرج الرئيس (بوش الابن) عن القاعدة التي وضعها سلفه من رؤساء الولايات المتحدة عندما يقول: (لا يمكن للمرء أن يكون رئيساً لهذه البلاد من دون قناعة أننا الأمة الوحيدة الخاضعة لأوامر الله).(4)

هذه الأفكار كانت من صلب عقيدة الطهوريين، التي تقرر: لئن كان الله قد سمح بأن يجتمع في أرض أمريكية شعب من رجال ونساء ومتميزين، فإن ذلك قد تم بفعل الإرادة والعناية الإلهية، التي منحتهم (رسالة حكم العالم) ذات يوم.

وهكذا، قبل وبعد تأسيس الدولة الأمريكية سنة 1776، يفسر إجماع الخطابات: أن أمريكا، الديمقراطية، الأنموذج التي اختارها الرب، لا يمكنها إلا أن تكون المرشدة للطريق الذي يجب السير عليه، والقائدة لموكب أمم الكون. ولم يّر الآباء المؤسسون، ثم من بعدهم النخب السياسية والفكرية والثقافية والدينية والعلمية في كل العصور، أن الأمور يمكنها أن تكون مغايرة لهذا الاعتقاد..

وهكذا، كان الطهوريون الأمريكيون، ومنذ أيام الاستيطان الأولى، يؤمنون بفكرة غيبية غامضة لا تقبل إلا التفسير الأحادي، ويعّد الطعن بها ضرب من التكفير والخروج عن نصوص الكتاب المقدس. هذه الفكرة، والتي سيكون لها شأن كبير في ترسيخ قناعات ثابتة في عقلية المجتمع الأمريكي، تؤمن بمفهوم (التدبير الإلهي للكون) والذي يذهب إلى أن الله ضمن تقديره وتدبيره لخطة الكون والتاريخ، وضع لأمريكا مهمة مقدسة خاصة بها. بمعنى أن هناك تصميم إلهي في صياغة الكون، وأن أمريكا، وفق هذه الصياغة، مكلفة برسالة ربانية لأن تكون قائدة لهذا العالم. يقول (وينثروب هدسن) تأكيداً لهذا الاعتقاد، (كان كل مواطن إنكليزي قد تعلم منذ طفولته أن ينظر إلى التاريخ على أنه مقرر مسبقاً بالقدر الإلهي)، لذلك لم ينظر أحد إلى الاستيطان في أمريكا على أنه أمر عادي، فمنذ عام 1613، أصر (ويليم ستريتشي) (أن الله قد حفظ بأمريكا مخبأه لهدف في ذهنه، وأن الذين أنشئوا المستوطنة الصغيرة في فرجينيا لم يكونوا يعملون إلا كوسيلة لتنفيذ إرادة الله وتدبيره، وأن الله قرر أكمال مهمتهم في سعيهم إلى إتمام تحقيق خطته للكون التي يوجه التاريخ كله نحوها).(5)

هذه المعتقدات الدينية لعبت دور كبير في خلق نوع من التلاحم الاجتماعي في المجتمع الأمريكي وإيجاد رباط محكم ساعد على توحيد ذلك المجتمع وأعانه كثيراً على التغلب على النزعات الانفصالية والمصالح الإقليمية. كما أضفت هذه المعتقدات الدينية مشاعر وأهداف موحدة للمجتمع الأمريكي بكل مكوناته اللامتماثلة إلا المعتقدات الدينية، فأعطته ولاءات مشتركة وأهدافاً واحدة وشجعت على بروز قيادة موحدة للأمة، فكان العامل الأقوى في توحيدها، رغم أن تعبير (الأمة) بعناصره البنائية التاريخية - الثقافية ودلالاته الميثولوجية، لا ينطبق كثيراً على الأمريكيين الذين ينتمون إلى أعراق وثقافات وأصول مختلفة ومتنوعة.

إن تعبير (أمـة واحـدة في طاعـة الله) احتـل مسـاحة كبيـرة في الخطابـين السياسي والديني منذ منتصف القرن العشريـن وعـلى نحـو مكثف. فنشيد قسم الولاء الأمريكي، والخطب السياسية المعدة لاستلام منصب الرئاسة والتي ألقاهـا جميـع رؤسـاء الجمهوريـة الأمريكيـين، حرصـوا جميـعهم، وبشـكل تقليدي، على ذكر فضل الله وبركاته التي أحاط بها الأمة الأمريكية، وان الأمـة الأمريكية والجمهورية الأمريكية هما جزء من (تصميم التدبير الإلهي). بل أن الأمر تجاوز ذلك ليسـمح لدولة تـؤمن بالحيـاة الماديـة أن تضع حتـى عـلى عملتها الوطنية عبارة (بالله نحن نؤمن) (In God we Trust).

إن الملاحظة التي تسترعي الانتباه، وتدعو إلى إثارة نوع من الغرابة هـي، أن المجتمع الأمريكي يجمـع مـا بـين نقيضين يصـعب التوفيـق بينهما. فهو مجتمع علماني يفصل بين الدين والدولة، ويمنع دسـتوره، الدسـتور الأمريكي وتعديلاته، اعتماد الدولة ديناً معيناً، ويمنع أيضاً تداخل صلاحيات وممارسات الكنيسة والدولة، الأمر الذي دفع الكثير إلى الاعتقـاد أن أمريكا أمـة علمانيـة بحته لا يؤثر فيها الدين في سياسة الحكومة، ولا تتـدخل الحكومـة بالشـؤون الدينيـة. إلا أنـه، أي المجتمـع الأمريكي، هـو أيضاً مجتمـع متـدين، يشكل المتدينون فيه نسـبة تتجاوز 80%، تسـيطر عليهم معتقدات دينية تثير تساؤلات كتلك التي أثارتها النظريات الإلهية التي تربط علاقة الدين بالدولة، والتي قوضت أسـاس شرعيتها النظريـة الديمقراطيـة (أفكار لـوك وهـوبس وروسو ومونتسكيو)... ومع ذلك، كانت وما تـزال المعتقـدات الدينيـة مؤثرة بشكل واضح على عقلية المجتمع الأمريكي ؟

في الواقع، أن ما أعطى المجتمع الأمريكي (ومنذ بداية تشكله مـن سكان متعددي الجنسيات والأعراق، سواء أكانوا من إنكلترا أم من اسكتلنده، أم مـن المانيا أو من أي مكان في العالم، وحتى الوقت الحاضر)، أن ما أعطاه نظرة

واحدة متفق عليها ولا خلاف حولها، هو هذا الإدراك الإيماني والتتابع التكراري في الخطاب الديني - الثقافي في أن الأمريكيين، وبعد استقرارهم في أرض أختارها الله لهم، أنهم يمثلون اختيار إلهي بعد اجتماعهم ووجودهم في أرض واحدة، وأنهم مكلفون برسالة رسمها الله لهم، وأنهم جميعاً مدعوون إلى مهمة مقدسة منحهم الله إياها. وكما يذهب (لايمان بيتشر)، كان الجميع يحملون اعتقاد بأن (الولايات المتحدة قد أسست في وضع يمكنها من التمتع بالحرية الدينية وأن ذلك كله كان جزءاً من خطة إلهية لإعطاء العالم أنموذجاً يقتدى به).(6)

هذه الخاصية المركبة للمجتمع الأمريكي، الذي يجمع ما بين علمانيين ومتدينين، يمكن وصفها بأنها رابطة لدين يمكن وصفه أو تسميته بـ (الدين المدني) الذي يلتقي عنده الجميع. وهذا (الدين المدني) كما يصفه فؤاد شعبان، هو نوع من القناعة الشعبية لا تختلف نهاياتها الفكرية - الإيمانية عند العلمانيين والمتدينيين. هذا الدين المدني الذي يجمع معظم الأمريكيين ضمن مظلة معتقدات واحدة لا تنتمي إلى أي مذهب أو كنيسة بعينها. هذا الدين المدني، وكما يقول (روبرت بيلا) (كان وما زال نقطة التقاء بين أعمق المعتقدات والالتزامات الدينية والفلسفية الغربية وبين المعتقدات الشعبية لدى عامة الأمريكيين). كما يعَّرف (روبرت بيلا) الدين المدني بقوله: إن الدين المدني في أفضل حالاته هو الإدراك الأصيل للحقيقة الدينية الكونية السامية كما تظهر للمرء في التجربة الأمريكية. وهو بذلك يشكل قاسماً مشتركاً للأكثرية المعتدلة من الأمريكيين على اختلاف مذاهبهم وعقائدهم، وحتى الذين لا يمارسون الفروض والطقوس الدينية. وهو أيضا دين أمريكي بحت يوجد على مستوى الإدراك الشعبي جنباً إلى جنب مع جميع المذاهب والكنائس، وهو أيضا يملك بعداً روحياً خاصاً به ومستقلاً عن المذاهب الأخرى.

في هذا الدين الشعبي، يبقى مفهوم (الله) في موقع مركزي لا خلاف عليه مهما اختلفت المعتقدات الشخصية للأفراد. وان الجميع يقبلون به كأمر من المسلمات. وحتى على مستوى رؤساء الجمهورية الأمريكيين، فأنهم حرصوا جميعاً، منذ واشنطن وحتى بوش الابن، على أن تشتمل خطبهم وتصريحاتهم على هذا المفهوم الذي هو موضع قدسية لدى الجميع، كما تستمد أوربا منه أيضاً قدسيتها ومكانتها الخاصة بين الأمم باعتباره هبة من الله.

وهكذا، بقيت العلاقة بين الدين والسياسة في أمريكا، وعلى مر الزمن، علاقة طيبة بشكل واضح. والمواطن الأمريكي، رغم ما يدعو إليه الدستور من فصل الدين عن الدولة، لم ير أي تعارض أو نزاع بين الاثنين. وهذا الوضع الفريد يختلف كثيراً عما جرى في مناطق وبلدان أخرى من العالم، حيث يتداخل الشأن الديني بالشأن السياسي ليصل إلى مستوى الصراع والاحتراب الذي لا يعرف نهاية ليستقر عندها لتأكيد أيهما أكثر شرعية ومشروعية في تحديد مرجعية العمل السياسي، هل هي السلطة الزمنية أو السياسية التي يفترض أن يكون مصدر شرعيتها الشعب؟ أو السلطة الروحية الدينية التي يكون مصدرها إرادة تفوق وتسمو على إرادة البشر؟

وعليه، كان من السمات التي اتصف بها الفكر الأمريكي منذ البداية، انه رغم استقلال الدين المدني عن الدين الروحي، فهما مع ذلك مرتبطان بعلاقة وثيقة. فكلاهما، كما اعتقد الأمريكيون، يقعان ضمن التدبير الإلهي للبشرية. كما إن رؤاهما للعمل السياسي والخلاص الديني غالباً ما اختلطا معاً ودعم كل منهما الأخر. فالعمل السياسي الذي يتوافق مع الإرادة الإلهية، والذي لا يخرج عن خطة الله التدبيرية للكون، يقود إلى الخلاص الديني الذي يتمثل بما يعتقد انه إقامة مملكة الله في الأرض.

هذا المزج، بين التفكير الديني المدني والتفكير السياسي، عمل على تطويع الدين لأهداف وأغراض سياسية، فأصبحت قضية الحرية الأمريكية هي

قضية الله (المزج بين ما هو سياسي وديني). ومثل هذا المفهوم يسهل علينا أن ندرك، وعلى سبيل المثال، المغزى الحقيقي لتصريح (جون اشكروفت) الذي اصبح وزيراً للعدل فيما بعد، 1999 في خطاب ألقاه في جامعة بوب جونز المسيحية اليمينية والذي قال فيه (لا يوجد في الولايات المتحدة الأمريكية سوى ملك واحد هو الملك يسوع). المسيح القادم من السماء يتربع على عرش مملكته الألفية في الأرض.

إن التداخل بين ما هو ديني وسياسي يمكن إن نلمسه في تطور فكر الطهوريين. ففي بداية تشكيل فكرهم الديني كانوا يركزون على فكرة تنفيذ إرادة الله في هداية الأمم المسيحية تمهيداً لنزول مملكة الله. ورغم إن هذه الفكرة ما تزال باقية، إلا إن الأولوية بعد تأسيس الدولة الأمريكية أصبحت تتركز في وضع أمريكا كمنارة للحرية والديمقراطية يهتدي بها العالم اجمع إلى مملكة المسيح السياسية. كان هدف الطهوريين دينياً، وأصبح هدف أمريكا المستقلة سياسياً يتمثل بنشر مبادئ الديمقراطية والحرية في العالم. كان هدف الأمريكيين في فترات الاستيطان الأول تأسيس (مملكة الله المباركة)، وأصبحت مهمة الدولة المستقلة تأسيس مملكة الله العظيمة الأمريكية نموذجاً يفترض أن تقتدي به بقية الأمم الأخرى.

وهكذا، فإن الخطاب السياسي الأمريكي الحديث أصبح يستعمل بتكرار عبارات ورموز الكتاب المقدس. كل خطاب ألقاه رئيس جمهورية أمريكي في حفل استلامه لمنصبه يشمل فقرة أو أكثر تعبر عن الأيمان بفضل الخالق على أمريكا وعن الشكر له على نعمته ورعايته، وان يعم هذا النموذج على دول العالم الأخرى. ومنذ أيزنهاور وحتى الآن، صرح الرؤساء بدور الدين في حياتهم وحياة الأمة. هذه كلها صفات وفضائل خص الله بها أمريكا دون غيرها من الأمم، وهذا هو مصدر الاعتقاد بمكانة أمريكا الخاصة في خطة الإله. [7]

ومما تجدر الإشارة إليه، إن هذه النظرة الدينية وظفت وباستمرار من قبل السكان النازحين إلى القارة لتسويغ وتبرير المشروع الأمريكي الاستيطاني في ارض لا تعود ملكيتها لهم، وفي تعاملهم الوحشي- مع سكان البلاد الأصليين (الهنود الحمر) مما أدى إلى إبادة معظمهم فضلاً عن الاستيلاء على أراضيهم. كما استعمل الأمريكيون هذه المبادئ والأفكار الدينية في صياغة مفهوم (القدر المبين) بالتوسع الاستيطاني للاستيلاء على كل الأراضي، غرباً وشرقاً. كما استعملوا هذا المفهوم في المشاريع التبشيرية التي تعتبر الآخرين، داخل الحدود أو خارجها، منحطين ومتأخرين وتعتبرهم حقلاً مشروعاً (للتغيير والهداية).

كما تجدر الإشارة أيضاً إلى أن الدعوات الأولى حول مفاهيم (القدر الإلهي) و(عظمة أمريكا) و (الرسالة الإلهية المكلفة بها أمريكا حيال العالم) وغيرها، ينبغي أن ينظر إليها ضمن سياقها التاريخي كونها غير مرتبطة بمرحلة تاريخية معينة، إنما هي مكلفة بإنجاز وظيفة محددة ما تزال فاعلة حتى يومنا هذا. وهنا تكمن خطورة هذه الدعوات، ذلك أنها تضع أمريكا دائماً في حالة تحد ومواجهة مع الآخرين لفرض إرادتها عليهم. ومثل هذا الخطر كان قد نبه إليه العديد من المفكرين والسياسيين في أمريكا حتى قبل انهيار الاتحاد السوفيتي كما ذهب أستاذ التاريخ (روبرت بيلا) منذ عام 1967 بالقول (أن القضية ليست قضية توسع استعماري فقط، بقدر ما هي ميل إلى الهيمنة على جميع الحكومات والأطراف في العالم التي تدعم سياستنا ومصالحنا الآنية أو التي تحتاج إلى مساعدتنا، حيث نسارع إلى استعمال مفاهيم الديمقراطية وقيم الحرية وحقوق الإنسان ... وهكذا تصبح الدول التي تقف في صفنا في وقت معين أنها دول تصطف مع العالم الحر وقوى الخير).[8]

هذا التفكير الذاتي بالعظمة وحتمية التفرد يرافقه أمر خطير أخر، فمن أجل أن يستمر هذا التفكير النمطي وتفعَّل وظيفته لابد من وجود خصم، أو افتعال هذا الخصم وإنتاجه. في البداية كان الخصم يتمثل بكل شيء يقف أمام مشيئة الله في أن تكون أمريكا هي الأرض التي اختارها للطهوريين والآباء المؤسسين. وبعد إنجاز هذه المهمة، جاءت مسألة التوسع لنشر (الفضيلة الأمريكية) و(النموذج الأمريكي) إلى العالم، وكان الخطر يتجسد في كل من يقف أمام هذه الرسالة.[9] وبعد الحرب العالمية الثانية، تمثل الخصم بالشيوعية والمعسكر الاشتراكي والقوى المتحالفة معه، جميعهم وصفوا بأعداء الحرية والديمقراطية وغيرها من القيم التي يدعيها الأمريكيون لأنفسهم، واتخذ الخطر تسميات عدة (إمبراطورية الشر) أو (محور الشر) أو (جيش الشيطان).

وبعد غياب الخطر الشيوعي، أو الخطر الأحمر، كان هناك الخطر الأخضر ـ أو خطر الأصولية الإسلامية. وعندما لا يتوفر خصم بهوية معينة، أو لا يمكن تعريفه بموقع جغرافي محدد، أو تجمع إنساني بعينه، يوصف (مصدر الشرـ) بأوصاف اقل تحديداً، ولكن أكثر عمومية وتعقيداً. ويكون كفاح أمريكا، كما نرى اليوم، ضد (الإرهاب) و(الأشخاص الشريرين) و(الدكتاتورية والدكتاتوريين) و(أولئك الذين يكرهون الحرية ويكرهون طريقة حياتنا). وتمتد مساحة هذا الكفاح وتتسع بفضل عمومية هذا الخصم فتشمل كل القوى (التي تكره الحرية والديمقراطية وقيم الخير)، أو التي تدعم الإرهاب أو تؤويه، أو حتى التي تسكت عنه. وبهذا يعطي الأمريكيون أنفسهم، ضمن هذا الإطار الخيِّر المعادي للشر، الحق لضم أي طرف يريدون إلى هذا العدو، ولا يبقى أمام الآخرين في العالم إلا أن يكونوا (معنا) أو يقفون (ضدنا) مع قوى الشر. ويصبح من الضروري في هذه الحالة، وكما سنناقش ذلك، اللجوء إلى المجابهات العسكرية التي تصور على أنها (دفاع عن قيم الخير التي تتعرض للخطر) وعن (العالم الحر) ضد من يتهدد هذا العالم.

47

إن الاستنتاج الذي نصل إليه من كل ما تقدم هو، أن الفكر الديني الطهوري للآباء المؤسسين شكل الأساس الأيديولوجي للأمة الأمريكية، ولعب دوراً كبيراً في صياغة وتشكيل الميول الفكرية السائدة في جميع الولايات المتحدة منذ نشأتها وحتى الوقت الحاضر، كما أسهم في رسم سياساتها الخارجية وبناء منظومة عملها وقواعد حركتها الإستراتيجية.

هذه المعتقدات الدينية التي جاء بها الطهوريون ستقود فيما بعد إلى إتباع سياسات راسخة نابعة من قناعات أيديولوجية دينية ثابتة مضمونها، أن أمريكا تحمل لواء رسالة عالمية تفرض عليها الخروج من اسر قيود الحتمية الجغرافية للمضي قدماً إلى آفاق أرحب بهدف التمدد والتوسع على الصعيد العالمي.

●●●

# هوامش الفصل الأول

1. انظر التفاصيل: عبدالعزيز سليمان، تاريخ الولايات المتحدة الأمريكية، دار الفكر العربي، القـاهرة، 1999، ص32 وما بعدها.

2. راجع بذلك وللمزيد من التفاصيـل: تومـاس تـومس، المـاضي الخـرافي للتـوراة في التـاريخ، ترجمـة عدنان حسن، دمشق، دار القدس، 2001، ص23 وما بعدها.

3. عبدالعزيز سليمان، مصدر سابق ذكره، ص27.

4. باربرا فيكتور، الحرب الصليبية، ترجمة إحسان عمر، المركز الثقافي العربي، المغرب، 2006، ص7.

5. أخذت هذه الاقتباسات من المؤلف القيّم للأستاذ الدكتور فؤاد شعبان من أجل صهيون، دار الفكر في دمشق، ط2، 2003، ص.7.

6. نفس المصدر، ص7.3

7. انظر في كل ما تقدم، نفس المصدر، ص.8

8. الاقتباس موجود عند:

Vernon Lewis Parringtom: Main Currents in American Thought, Har Court Barce, 1972, p17.

9. للتفاصيل راجع:

Lawrence E. Harrison, Culture Matters: How Values Shapes Human Progress, Basic Book, N.Y., 2000, p27.

## الفصل الثاني

# الأساس الفكري السياسي - الاقتصادي / الأيديولوجية السياسية - الاقتصادية

تمثل الأطاريح الفكرية والفلسفية التي جاء بها عصر النهضة، وخصوصاً ما يتعلق منها بالحرية الفردية، الأساس الذي بني عليه الفكر السياسي والاستراتيجي للولايات المتحدة الأمريكية، وان كانت تلك الأفكار والأطاريح سيجري تعديلها خلال مراحل تاريخية مر بها المجتمع الأمريكي، حيث تم صياغتها وتكييفها بما يتوافق مع مبادئ وقواعد السلوك الأمريكي لخدمة أهداف محددة، كانت وما تزال، تقتضيها سياسات واستراتيجيات الولايات المتحدة الأمريكية.

لعل أهم واخطر إنجاز ثوري تحقق على صعيد الفكر الإنساني هو الذي جاء به عصر التنوير والنهضة لمفهوم الحرية الفردية وماهيتها والمضامين التي تنطوي عليها والغايات التي تنشدها. والحق، أن مفهوم الحرية الفردية مثّل صياغة فكرية فريدة من نوعها خرجت عن السياق التقليدي للفكر الإنساني السائد آنذاك. إذ لم يسبق أن تحدثت مذاهب أو معتقدات عن ماهية الحرية الفردية ومكنونها بنفس المضمون الاجتماعي والفردي الذي جاءت به الأخيرة، ويأتي في مقدمة ما أكد عليه هذا المفهوم حرية الفرد في التملك والتفكير والاعتقاد مع وجوب احترام ما يعتقد به الآخرون ويؤمنون به، إذ لا سلطة ولا سلطان غير سلطة العقل العلمي المفسر والناقد. وبهذا يكون مفهوم الحرية الفردية قد حرر الإنسان من قوالب فكرية جامدة لا تقبل التفسير والتأويل والتحليل، كما انتقل

بالفكر الإنساني من قيود الفكر الأحادي (حيث التأكيد على الأنا) أو (الذات الفردية دون الاعتراف بالآخر)، إلى رحاب الفكر الثنائي (الأنا مع الإقرار بوجود الآخر)، أو الفكر التعددي (أنا والآخرون).

كما دعى مفهوم الحرية الفردية إلى حرية الفرص الاقتصادية المتكافئة وحرية السوق وحرية المنافسة. وقد شكلت هذه المفاهيم الجديدة، وعلى الجملة، جوهر ديمقراطية العصر الحديث الذي لخصته حقوق الإنسان، ونادت به ثلاث ثورات متعاقبة، الإنكليزية، والأمريكية، والفرنسية. ثم جاءت عليه بعد ذلك العديد من المواثيق الدولية لتأكد حرية الفرد دون اعتبار لفوارق اللون والعرق والدين والدم والجنس والثروة، وحرية المرء في اختيار عمله وأسلوب حياته وبناء مستقبله. وبهذا لم يعد الأفراد متحررين من أسر قيم ومفاهيم جامدة، إنما أيضاً أصبحوا متساوين فيما تتيحه الحياة من فرص. إنهم متساوون في فرص العمل والتملك ومنهج التفكير والاعتقاد وفي نمط وطريقة الحياة شريطه أن يعترف الفرد للآخرين بحقهم في حرية ما يتمتع به، وأن لا يتجاوز بما يتمتع به من حرية على ما يتمتع به الآخرون من غيره.

وأتاحت فكرة الحرية الفردية هامش واسع للمرء في تنمية ذاته وتأكيد هويته المتميزة بعد أن كانت هذه الهوية مستمدة من عناوين متعددة، كالقبيلة أو الطائفة أو الطبقة الاجتماعية، أو العقيدة الدينية. إن هوية الفرد وخصوصيتها المجردة استحدثت مقوماتها، في ظل الطرح الجديد لمفهوم الحرية الفردية، من إمكانات الفرد الذاتية الفاعلة وإبداعاته الشخصية. وأصبح الفرد، بغض النظر عن العمل الذي يضطلع به والوظيفة التي يقوم بإنجازها، مصدراً لتطوير ذاته وإثراء الحياة الاجتماعية. وهو بقدر ما عبر عن نفسه كفرد، فأن المجتمع هيأ له الفرص التي مكنته من التنمية والتعبير في حيَّز واسع من الاستقلالية الذاتية في إطار المسؤولية الاجتماعية.

إن الحرية الفردية، في هذا المناخ الفكري، لها خصوصية ذاتية (تتعلق بالفرد)، وسمة اجتماعية (تتعلق بالمجتمع). إنها حرية قائمة على ركيزتين، العقلانية والمسؤولية. إنها عقلانية بقدر ما تعبر عن إدراك واع وعلمي للواقع الذي تتواجد فيه، والمسؤولية فيها تعبر عن التزام يخدمه المجتمع وبنائه والإسهام في حياته وبناء قوانينه التي تسهم في تنشئته وتعمل على تطويره وترسم مسارات حركة ارتقائه إلى مستويات أكثر نضوجاً من الفهم العقلاني لضرورات بناء المجتمع الإنساني، إنها مسؤولية تعبر عن اتساق تام بين أهداف ومصالح الفرد والمجتمع، لتكون بالتالي، أي الحرية الفردية، قيمة اجتماعية وضرورة تاريخية في حياة المجتمعات الإنسانية.[1]

وفي الواقع، فأن الأطاريح النظرية التي جاء بها (جون لوك) و(توماس هوبز) و(جان جاك روسو) و(مونتسكو)، جميعها شكلت الأساس الذي بنيت عليه فكرة الحرية الفردية. ومضمون هذه الفكرة يقوم على أساس فلسفي مفاده أن الحياة التي يعيشها الأفراد لكي تنظم وفق سياقات تضمن حقوقهم وحرياتهم وسبل معيشتهم فأنها بحاجة إلى سلطة عليا منظمة تأخذ على عاتقها تأمين هذه الغاية كما تضمن في نفس الوقت طاعة الأفراد وولائهم لها. لكن من أين تستمد هذه السلطة مصدر شرعيتها ومبررات وجودها؟

قبل ظهور نظرية العقد الاجتماعي والحقوق الطبيعية والإرادة العامة، كانت القناعات السائدة حول السلطة تذهب إلى أنها مستمده من العناية الإلهية. فالله هو مصدر السلطة وصاحبها، إلا أنه ينوب عنه من يمارسها باسمه. واستناداً لهذا الفهم وتلك القناعة، كانت السلطة تتمتع بطبيعة مقدسة لأن مصدرها الله، وتسري صفة القدسية هذه على كل من يمارسها نيابة عنه. وعليه فأن إرادته هي إرادة عليا لا يجوز المساس بها أو الاعتراض عليها لأن ذلك يمثل خروجاً عن الإرادة الإلهية وتجاوزاً عليها، وبالتالي فأنه يستحق صفة التكفير.

إلا أن منظري العقد الاجتماعي والإرادة العامة (هوبز وروسو ومونتسكيو) طعنوا بالأساس الفلسفي لنظرية الحق الإلهي من خلال تفسيرهم لطبيعة السلطة ومصدر شرعيتها إن السلطة، في نظرهم، ظاهرة سياسية ذات مضمون اجتماعي غير إلهي. وبسبب من هذه الطبيعة فأنها، أي السلطة، وثيقة الصلة بالمجتمع وبعيدة عن أية تفسيرات إلهية أو غيبية. وترتب على هذا التصور فكرة إن الشعب، وليس غيره، هو صاحب السلطة ومصدرها، وله كامل الحق في ممارستها، أو في من ينوب عنه لكي يمارسها باسمه.

هذه الرؤية الفلسفية الجديدة أسهمت في تقويض دعائم الفكر السياسي ـ الاجتماعي التقليدي الذي ساد بنمطيته قروناً عطل خلالها الفكر الإبداعي، مستمداً شرعيته من نصوص قديمة مقطوعة الصلة بالواقع، ويقف ضد التغيير حماية لنفسه وحفاظاً على وضعه.

وهكذا، فقد ركز منظرو عصر النهضة والتنوير (ميكافيلي، وتوماس هوبز، وجون لوك، وفولتير، وجان جاك روسو، ومونتسكيو)، على أساسيات تضمن الحقوق والحريات الفردية في المجتمع من خلال الطعن بمصداقية الأساس الذي تستمد منه السلطة الحاكمة مصدر شرعيتها ووجودها واستمرارها. وكانت محصلة جهودهم الفكرية، وكما سبقت الإشارة، أن الشعب هو أساس السلطة ومصدر شرعيتها، وهي لا تحتكم إلى مفاهيم غيبية أو اختيارات إلهية بقدر ما تمثل واقعة أو ظاهرة سياسية - اجتماعية يلعب الفرد / الأفراد دوراً في بلورتها وصياغة مقومات مشروعيتها.

وفي الواقع، فإن السلطة ومصدر شرعيتها لم تكن لوحدها محور التأملات الفلسفية لعصر النهضة، إنما امتدت تلك التأملات إلى مناقشة مكانة الفرد في المجتمع باعتبار أن الفرد يمثل قيمة عليا، وهو بحكم هذه المكانة يتمتع بالحرية ويتساوى مع غيره أمام القانون. لقد أرسى (جون لوك) أساس فلسفته

للحرية بالقول (لما كان الناس جميعاً أحراراً ومتساوين بالطبيعة فلا يمكن انتزاع أي شخص من حالته هذه وإخضاعه للسلطة السياسية لشخص أخر إلا برضاه). كما أرسى (جان جاك روسو) أساس فلسفته في الديمقراطية بقوله (انه لا بقاء للحرية بدون المساواة).

هنا علينا التأكيد أن مفهوم الحرية في المذهب الفردي هو مفهوم اقتصادي ظهر كنتاج للسوق الرأسمالية وصعود الطبقة البرجوازية، إذ يفضي ـ هذا المفهوم الى حرية الأفراد في التملك والاعتقاد والتعبير عن الرأي وامتلاك الثروة، وحريتهم في العمل والتعاقد، وحريتهم في الاستهلاك. أما دور الدولة فهو حيادي، أن الدولة غير مسموح لها بالتدخل إلا في مجال فض النزاعات حين يتصادم الاستخدام الفردي لهذه الحريات.[2]

إن الحرية الاقتصادية اقتضت مبدأ الفردية الذي يفضي الى عدم التناقض بين المصالح الفردية، بل يسمح بوجود تناسب فيما بينها من ناحية، وبينها وبين المصالح الجماعية من ناحية أخرى. كذلك اقتضت هذه الحرية إعلان مبدأ احترام الثروة الشخصية، أي منع تدخل السلطة في شؤونها ومصادرتها كلياً أو جزئياً حسب احتياجات الحاكم وأهوائه.

أما مبدأ المساواة، فهو يقضي بأن الأفراد متساوون جميعاً أمام القانون دون تمييز بسبب انتماءاتهم الفئوية أو الثقافية أو اللغوية، أو بسبب عقيدتهم الدينية. إن مبدأ المساواة يلغي تماماً أية فوارق طبقية أو انتماءات سياسية اجتماعية أو معتقدات دينية، فالأفراد متساوون جميعاً أمام القانون.

هذه الأفكار والمبادئ التي جاء بها عصر النهضة والتنوير حول الفرد وحقوقه وحرياته حملها الآباء المؤسسون إلى أمريكا التي كانت تمثل وسطاً فكرياً مفرغاً لا يمثل تحدياً لها. بعبارة أخرى , إن الآباء المؤسسين، وهم طلائع المهاجرين إلى هذه الأرض البكر بكل مكوناتها الفكرية والتاريخية والجغرافية والدينية

والأثنية والقومية، لم يواجهوا تحدياً لما كانوا يؤمنون به ويعملون على نشره. فعلى المستوى الفكري، كانت الأرض الجديدة تمثل فراغاً فكرياً وفلسفياً لا يشكل أي تحدياً للقيم والأفكار والمبادئ التي جاء بها عصرـ النهضة والتي حملتها أول طلائع المهاجرين إلى أمريكا. بل على العكس من ذلك، أسهم هذا الوسط الجديد بفاعلية على غرس هذه الأفكار وسرعة نموها وانتشارها، وبرزت أسماء تطالب بالحرية الفردية وتدافع عن مبدأ المساواة وحقوق وحريات المواطنين ودور الدولة بتوفير ضمانات أكيدة لها، ومن بين هذه الأسماء (توم بين 1737-1809) و (رينشار برايس 1723-1791) و(جوزيف بريستلي 1733-1804)(3).

أما على المستوى التاريخي، فإن هذا التجمع البشري الوافد، والـذي عـرف فيما بعد بالأمة الأمريكية، لم يوحده التاريخ. فالتاريخ، بقدر ما يمثل رابطة أصيلة في بناء الشعوب وخلق الأمم عندما يرتبط أبناء المجموعة الاجتماعية بعناصر مشتركة في أطار وحدة البقاء والاستمرار في العيش لحقب وعقود طويلة، فإن هذا المكون كان غائباً وغير مكتمل، بل لم يُنتج بعد ليحدد هوية هذا التجمع البشري بالقياس مع المكون التاريخي لشعوب وأمم أخرى كانت متشكلة تاريخياً. ولم تكن الجغرافيا هي العامل المنشئ لهذه الأمة التي جاء مكونها البشري من (جغرافيات) متنوعة ومتعددة. فالجغرافيا كانت طرفاً قائماً أصلاً قبل أن يصل إليها الطرف الآخر الوافد حديثاً. كما لم يكن الـدين هـو جـوهـر الثقافـة ومجملها. فقد تعـددت الأديان وتباينت المـذاهب والنحل. وكذلك الحال بالنسبة للسياسة، إذ لم تكن هـي العامل المؤطِّر لهذا العامـل البشـري، وبالتالي لم تكتمـل في حينه مؤسسـات السلطة والمجتمـع المدني.

إن السمة التي تميزت بها أرض العالم الجديد، أمريكا، أنها جمعت خليط بشري لا تجمعهم رابطـة غير رابطـة التنـاقض والتنـافس، الدوافع المصلحية،

55

حب المغامرة وتحدي المجهول. كما تضافرت عوامل عدة، رغم تناقضها،تتمثل في قيم أخلاقية، خصائص اجتماعية، اختلافات فكرية، هذه العوامل تضافرت جميعها لتصوغ ثقافة وتصنع مجتمعاً جديداً بلا تاريخ وبلا هوية.

إن المكونات الفكرية التي جاء بها عصر النهضة والتنوير، والتي حملها الآباء المؤسسون، أو الطهوريون، شكلت اللبنات الأولى لمنهج التفكير الجمعي للمجتمع الأمريكي منذ بداية تشكله وحتى النصف الثاني من القرن التاسع عشر، لتبدأ معه تحولات فكرية جديدة تشكلت وفق معطيات ومتغيرات اجتماعية جديدة أيضاً. وعلى هذا، إذا كان القرن الثامن عشر ـ يمثل القرن الذي ترسخت فيه أفكار ومبادئ الحرية الفردية، فأن القرن التاسع عشر ـ وخصوصاً في نصفه الثاني، مثل الرحم الذي تخلق فيه جنين فكر جديد هو الفكر البراغماتي الذي اصطلح الجميع على أنه يمثل الفكر الأمريكي الرسمي، الأمر الذي دفع بالبعض إلى وصفه بالعصر الذهبي للفلسفة الأمريكية، أو أنه العصر الذهبي للفلسفة البراغماتية على حد قول (أ.ك جينوفا) الذي يؤكد على أن البراغماتية فلسفة أمريكية المولد والنشأة. [4]

الأفكار التي قدمنا لها شكلت بنية الفكر السياسي - الأمريكي بمضامينه الفلسفية. إلا أن التطورات السياسية - الاجتماعية، كانت هي الأخرى قد أسهمت في تحديد معالم بناء فكري - فلسفي ينطوي على مضمون اقتصادي. وهنا، لعبت الحرب الأهلية الأمريكية (1861-1865) دوراً بارزاً في هذا المجال، إذ مثلت حدثاً تاريخياً متميزاً وعلامة فارقة في حياة المجتمع الأمريكي. فقبل هذا التاريخ احتدم الصراع بين نظامين، الرأسمالية الصناعية في الشمال، الطموحة الطامعة بكل مفاهيم وتقاليد ورؤى عصر ـ الصناعة، والرأسمالية الزراعية في الجنوب بكل قيمها وممارساتها التقليدية.

كانت أمريكا بلداً زراعياً على مدى قرنين ونصف، إلا أنها لم تستطع أن تبقى بمنأى عن ملامسات ومن ثم اختراقات الثورة الصناعية التي حطمت كل الحواجز التي تحول دون انتقال المجتمع الأمريكي من مجتمع زراعي تقليدي بكل قيمه وممارساته، إلى مجتمع صناعي عصري تستأثر فيه الرأسمالية الصناعية بالسوق الأمريكية والتطلع إلى الخارج. هذا الصراع بين النظامين، الصناعي في الشمال والزراعي في الجنوب، كانت آخر حلقاته الحرب الأهلية التي أكدت انتصار الأول (النظام الصناعي) على الثاني (النظام الزراعي).

وفي فترة ما بعد الحرب سادت أخلاقيات وقيم ومفاهيم مميزة هي أخلاقيات وقيم الطبقة الصناعية الصاعدة من خلال تأكيدها على الكسب والنجاح وجني الربح الواسع الوفير. وكان عالم ما بعد الحرب عالماً فوضوياً، عالم رجال أقوياء قادرين إلا أنهم أنانيون لا أخلاقيون وغير مستنيرين، أنه عالم حرية غير منظمة وغير منضبطة، الحرية فيه تعني المغامرين في السياسة والتجارة. وأبطالها رجال المال والصناعة. ومع نهاية هذه الحرب وقفت أمريكا على عتبة اتجاه صناعي طموح أخذ يمتد ليتسع القارة كلها، ونقل السلطة والسيادة من أرستقراطية كبار ملاك الأراضي والتجار إلى عمالقة الصناعة، الأمر الذي استلزم إعادة تشكيل الدولة والسلطة فيها لخدمة عصر جديد. وكان الوقت مهيأ اجتماعياً واقتصادياً بعد الحرب الأهلية لصراع سياسي وأيديولوجي. وجرى تحول تام في المجتمع الأمريكي لا ينطوي على طبيعة تشكيل الشعب فحسب، بل على الظروف الاقتصادية والفنية التي يعيش فيها الفرد الأمريكي كذلك. كما كانت هذه الفترة مرحلة مراجعة عنيفة لطابع الحياة الأمريكية. ولقد شهدت الفترة بين عامي (1860-1878)، وهي الفترة التي بدأت معها صياغة الفلسفة البراغماتية، نمواً سريعاً للمؤسسات الصناعية والتجارية، كما تميزت هذه الفترة أيضاً بسرعة تمركز هائلة ومكثفة لرؤوس الأموال الأمريكية،

وبداية ظهور جنيّنات الاحتكارات التي تحولت إلى غول ابتلع المنافسين الصغار وسقوط مفهوم الحرية الفردية والمنافسة الحرة كمبدأ اقتصادي ليبرالي. ويكفي مثلاً الإشارة إلى أن الولايات المتحدة كانت في عام 1860 تحتل المركز الرابع بين أمم العالم من حيث حجم الناتج الصناعي. وأصبحت عام 1894 الدولة الأولى، وسبقت سواها بمراحل شاسعة، وبلغت أعلى درجة في ميدان مكننة الصناعة وأنتجت نصف أجمالي الإنتاج الصناعي في البلدان الرأسمالية.

وهكذا تلاشى عصر المنافسة الحرة، وانتهت حركة التمركز بقيام التروستات ثم الشركات المسيطرة مع بداية الربع الأخير من القرن التاسع عشر. وظهرت على مسرح السياسة والاقتصاد في أمريكا الصفوة من رجال الأعمال، وشغلوا مكان الصدارة في المجتمع الأمريكي، وأصبح لهذه القلة أو الصفوة من كبار أصحاب رؤوس الأموال الاحتكاريين السلطان والنفوذ الواسع، ومن ثم كانت كلمتهم هي العليا، وفكرهم هو السائد الغالب. وبحق وصف (هنري أدمز) هذه الحقبة بقوله (أصبح العالم بعد عام 1865 عالم رجال البنوك والأعمال). ونتيجة لذلك سطعت في سماء الولايات المتحدة أسماء تحكّم أصحابها في مقدرات الحياة الأمريكية الاقتصادية والسياسية والفكرية من أمثال جون روكفلد صاحب امتياز بترول ستاندرد أويل الذي اعتاد أن يهدد منافسيه بالهلاك إن لم يبيعوا له مؤسساتهم طواعية.<sup>(5)</sup>

وبظهور رجال المال والأعمال تغيرت القيم الاجتماعية السائدة، وظهر نوع جديد من أخلاقيات عمالقة الصناعة يمكن وصفها بالقسوة والتحجر والوحشية والأنانية في المعاملات والتعاملات. وأصبحت الفكرة السائدة أن العمل أو التجارة المرتبطات بالمصلحة لهما قانون خاص، وأن رجل الأعمال غير ملتزم بأي مسؤولية اجتماعية، ولا يعترف بأي التزامات مقابل استحواذه على الثروات الطائلة إلا ما يراه هو في حدود مصلحته، وليكن هدفه وأخلاقه الربح.

وفي ضوء هذه القيم الجديدة صيغت قوانين وأعراف جديدة لصالح رجال الأعمال المسيطرين على زمام الأمور في البلاد. وبات كل ما يحقق الكسب والربح والفائدة والنفع الخاص هو موضع تقدير لأنه يعبر عن نزعة واقعية. وأصبحت فلسفة العمل والاعتماد على النفس والنزعة الصناعية وحب المغامرة هي المثل الأعلى السائد للحياة الأمريكية.

وهكذا، كانت العقود الثلاثة الأخيرة من القرن التاسع عشر ـ في أمريكا ـ تمثل حقبة تحول الرأسمالية الصناعية الأمريكية من رأسمالية المنافسة الحرة إلى الرأسمالية الاحتكارية. وأضحت مقدرات البلاد الاقتصادية تقبض عليها حفنة من كبار رجال الأعمال. وبعد أن تهيأت لرأس المال الأمريكي فرصة السيطرة على الجنوب اقتصاديا بانتصاره في الحرب الأهلية، والتي هي في الواقع حرب اقتصادية، أهم نتائجها انتصار رأس المال الصناعي والمالي على رأس المال الزراعي، ثم انطلاق الأول على طريق النمو حتى بلغ مستوى الاحتكار في شكل ترستات وشركات عملاقة، بعد هذا كله، بدأت الاحتكارات الأمريكية تتطلع إلى فتح أسواق خارجية لها، أي تتطلع إلى خارج الحدود بوصفها ووضعها كإمبريالية أمريكية.

كان الاتجاه نحو المركزية والتمركز والتطور الهائل للرأسمالية وروح الاستقلال تنبئ جميعها بمزاج متغير لواقع متغير يتطلع إلى آفاق جديدة تتشكل فيها السياسة العامة والفكر ونمط الحياة على نحو يدعم المصالح الذاتية ترى في الدولة أداة للاستقلال وجهاز يدعم حافز الربح.

وسط هذه الأجواء، كان طبيعياً أن تجد هذه التغيرات الاقتصادية تعبيراً عنها في مجال السياسة، أي في المجالات التي تعنى بإدارة وتوجيه صور وأهداف ومحتوى نشاط الدولة وفق أهداف ومصالح طبقة أو شريحة اجتماعية بذاتها هي صاحبة السلطان والنفوذ الاقتصادي أو القابضة على مقدرات البلاد،

كما تعنى أيضاً بإدارة مشكلات بناء الدولة وتصميم سياساتها، وإدارة البلاد وقيادة الطبقات الاجتماعية، وإدارة مشكلات ومتطلبات ومصالح هذه الطبقات، كما تعبر عن قياداتها وأحزابها وتنظيماتها والعلاقات فيما بينها، وهي جميعاً قضايا نابعة من أوضاعها الاقتصادية، والتي تنعكس أيضاً في تفكيرها ونمط ثقافتها ورؤيتها للحياة.

خلال هذه الفترة اتسعت سلطة الدولة واشتدت قبضتها لصالح طبقة رأس المال. إذ بعد أن انتصر الشمال على الجنوب في الحرب الأهلية وتحقق بذلك الانتصار الكامل للرأسمالية الصناعية، بلغ التحالف بين رجال الأعمال وبين رجال السياسة ذروته، وهو التحالف الذي بدأ مع التوسع الصناعي خلال الفترة 1830 - 1860، وظل عنصراً أساسياً وحيوياً في السياسة الأمريكية. وتميزت هذه الحقبة بصدور تشريعات تحمي مصالح رأس المال الأمريكي وتكفل له النمو المطرد وكل ما يحتاج إليه من ميزات. وبعد عام 1865 احتل عمالقة الصناعة محل رجال الزراعة كطبقة سائدة سياسياً وقد عبر رجال السياسة عن الطموح التوسعي للاحتكارات الأمريكية وعن أخلاقياتها ومثلها، إذ قال، على سبيل المثال السيناتور (البرت بيفر يدج) نحن الأنكلوساكسون يتعين علينا أن نلتزم بما يفرضه علينا دمنا ونحتل أسواقاً جديدة وأرض جديدة إذا لزم الأمر. وقال السيناتور هنري كابوت لودج (الدول الصغيرة شيء من تراث الماضي عفا عليها الزمن ولا مستقبل لها أمام القوى الصاعدة بزخم مكونات بنائها الذاتية). وقال ثيودور روز فلت (أمركة العالم هي مصير وقدر أمتنا).[6]

ومع هذه التحولات الاقتصادية والاجتماعية بدأ يتشكل نمط من التفكير الجديد يتماهى مع معطياتها، إذ بدأت قوى فكرية تعمل على تقويض دعائم النزعة الرومانسية للعديد من معاني الحرية الفردية، وأخذت تؤكد على الطبيعة الواقعية لما تعنيه هذه الحرية وبشكل يتلاءم مع التحولات الجذرية التي اخذ

يمر بها المجتمع الأمريكي، بانتقاله من مجتمع زراعي تقليدي، إلى مجتمع صناعي معاصر ومواكب لتحولات عصر الصناعة. وبدأ الفكر البراغماتي يتبلور تدريجياً على يد شارلس ساندرز بيرس، وبلغ أوجه على يد وليم جيمس الذي اقترنت البراغماتية باسمه، وكان الأكثر توفيقاً في التبرير الفلسفي لفكر القوى المهيمنة فعلاً في مجال الثقافة والاقتصاد والسياسة. وأصبح فكر وليم جيمس هو الفكر المسيطر على الرؤية الفلسفية التي أخذت تحكم المجتمع تدريجياً عبر العديد من المؤسسات العالمية ذات النفوذ الفكري والثقافي كجامعة هارفرد.<sup>(7)</sup>

●●●

# هوامش الفصل الثاني

1. انظر فيما تقدم وما يليه المؤلف القيّم، العقل الأمريكي يفكر للأستاذ شوقي جلال، مكتبة مديولي، القاهرة، 2000، ص61 وما بعدها.

2. راجع بذلك، تاريخ الفلسفة في أمريكا، إعداد بيتر كاز، ترجمة حسني نصار، المكتبة الأنكلو المصرية، 1982، ص.77.

3. للتفاصيل راجع، شوقي جلال، مصدر سبق ذكره، ص.63.

4. انظر: تاريخ الفلسفة في أمريكا، مصدر سبق ذكره، ص.83.

5. راجع فيما تقدم:

Morton White, Pragmatism and the American Mind, New York, Osford University, 1973, p21.

6. وردت هذه الأقوال عند بيتركاز، مصدر سبق ذكره، ص.79.

7. للتفاصيل انظر: شوقي جلال، ص68 وما بعدها.

■ ■

# الفصل الثالث

## الأساس الفكري - البراغماتي /
## الأيديولوجية البراغماتية

لا شك أن التطورات التي مر بها المجتمع الأمريكي، وبكل مضامينها السياسية والاقتصادية والاجتماعية، كانت بحاجة إلى وجود مرجعية فكرية تبرر النزعات والتطلعات الجديدة التي غالباً ما وصفت بأنها تطلعات ذاتية وأنانية. وبها وعندها، استحق منهج التفكير الأمريكي أن يوصف بأنه منهج براغماتي سواء أكان ذلك على مستوى الفكر أم على مستوى السلوك والممارسة العملية. والبراغماتية، كصفة اقترن بها هذا المنهج، اتجاه فكري - فلسفي يركز على المنفعة كقيمة عليا وترى، أي البراغماتية، أن القيمة المعيارية للحق والخير والعدل، وما إلى غير ذلك، تكمن في قدرتها على تحقيق المصلحة الذاتية في إطار ما تجنيه من منافع لها. وقد ظهر هذا الاتجاه الفكري - الفلسفي كنتاج للتحولات التي مر بها المجتمع الأمريكي خلال مرحلة تحوله من مجتمع زراعي تقليدي إلى مجتمع صناعي معاصر ليتربع بعد ذلك على عرش الثقافة الأمريكية والعقل الأمريكي، مكوناً ما اصطلح على تسميته بالفكر الأمريكي الرسمي، وليسهم في تحديد وتوجيه مساراته وأنماط تفاعلاته، ولتصبح بالتالي السياسة الأمريكية الترجمة السلوكية - الحقيقية لنمط التفكير البراغماتي.[1] لذا عبّرت الفلسفة البراغماتية عن نضج تيار فكري واكب مراحل تطور النزعة التجارية - الصناعية التي أصبحت بدورها تشكل واحدة من أهم السمات الأساسية المميزة للشخصية الأمريكية وواقعها الوطني.

هذا التيار الفكري البراغماتي أخذ يمثل الواقع الأمريكي بكل مضامينه الاقتصادية والسياسية والاجتماعية، ويعبر عن متطلباته وشروطه في حركة مطردة. ففي الوقت الذي راجت فيه النظرية الفرنسية عن الحرية الفردية، والتي وصفت بأنها رومانسية، وفي مناطق من أمريكا، وخصوصاً في الأقاليم ذات المقومات الزراعية، وأخذت تقدم تبريراً فكرياً لنزعة الزراعة في البلاد، إذ ترى أن المقوم الزراعي هو مقوم أصيل في تأكيد ذاتية الإنسان. وأن هذا المقوم بقدر ما يوفر علاقة ارتباط الإنسان بأرضه، فأنه يؤكد على حريته في استغلالها واستثمارها بما يحقق سعادته ورفاهيته ويضمن حقوقه في التملك. فأنه، وبموازاة هذه الرؤية، كانت تسير فلسفة أخرى مشتقة من الفلسفة الليبرالية الإنكليزية في أواخر القرن الـ (18) استقرت وأخذت تنمو في المدن التجارية والتجمعات الصناعية في بداية تكونها. وهذه الفلسفة وصفت بأنها فلسفة واقعية مادية، ليست رومانسية طوباوية، استهدفت وضع أسس لفلسفة اجتماعية وسياسية جديدة تتفق ومتطلبات النظام الرأسمالي. وأبدت اهتماماً بتبرير الاستغلال وحقوق التجارة أكثر من اهتمامها بالعدالة وحقوق الإنسان. وتمثلت طموحاتها في مبدأ حرية العمل، وحرية انتقال البضائع والمنتجات الصناعية وحركة رؤوس الأموال.

ووصولاً إلى هذا الهدف، وتحقيقاً لهذه المطالب، تصورت الإنسان كائناً اقتصادياً لا يعنيه إلا أن يبيع في أغلى الأسواق ويشتري من أرخصها ووظيفة الدولة، بالإضافة إلى المحافظة على الأمن، حماية هذا النشاط ودعمه، وليس لها أن تتدخل في المصالح الإنسانية والاجتماعية إلا بالقدر الذي يضمن حمايتها. وكانت هذه الفلسفة تعبر تعبيراً حقيقياً عن طموحات الطبقة المشتغلة بالتجارة والمضاربة، ومن ثم اعترفت بأن القانون الاقتصادي الذي هو إشباع لغريزة الاقتناء كفيل بأن ينظم البشر في مجتمعهم. وإذا تحققت حرية التجارة فسوف تتحقق بالتبعية كل الحريات الأخرى.

وهكذا، أضحت الحرية الفردية متحررة من كل القيود، وأخذت تعني، من بين ما تعنيه، حرية الكسب والربح والتحصيل وأن أية قيود أو قوانين تفرضها الدولة، أو قوى اجتماعية أخرى، من شأنها أن تحد من حركتها فأنها تعتبر شروراً وأخطاءً. وكان هذا الفكر هو أداة الطبقة الصناعية الصاعدة لتبرير وجودها ونهجها وتوسعها، وهي الطبقة التي ستأخذ سبيلها لتتطور مع تطور الواقع الاقتصادي لها، ويتغير فكرها تبعاً لذلك كما يتغير أسلوبها في تناول قضية الحرية الفردية لما تقتضيه مصالحها. وبعبارة مختصرة تحول جوهر الحرية الفردية من مضمونه السياسي إلى جوهر آخر له مضمون اقتصادي بعد ظهور وتطور الحركة التجارية والصناعية. فالفرد ليس حراً في آرائه وأفكاره واختياراته السياسية، إنما هو حر في اختياراته الاقتصادية لنوع العمل الذي يحقق مصالحه الذاتية.

والواقع، فإن من بين أهم وأخطر النظريات التي شكلت الأساس الفكري للفلسفة البراغماتية هي نظرية التطور البيولوجي، أو نظرية النشوء والارتقاء والبقاء للأصلح. وبدأت نظرية التطور البيولوجي على يد (هيغل) و(لامارك)، ثم بلغت ذروتها على يد (شارلس داروين)، وأخذت تطبيقاتها الاجتماعية على يد (هربرت سبنسر) وغيره. وقد وجد مفكرو المدرسة البراغماتية في أمريكا في نظرية التطور ما يتوافق وتطلعاتهم في تفسير طبيعة الواقع الاجتماعي وعلاقات القوى السائدة والمتحكمة فيه والتي تعمل على تسييره وتطوره من ناحية، وما يتلائم والمكانة الحيوية لأمريكا كقوة صاعدة تتطلع وتتهيأ للسيطرة اقتصادياً وفكرياً على العالم من ناحية أخرى، وبشكل ينسجم مع مقولة (هيرمان مانفيل) الذي يذهب فيها إلى (نحن رواد العالم وطلائعه، اختارنا الرب، والإنسانية تنتظر من جنسنا الكثير. ونحن نشعر في مكنون أنفسنا بالقدرة على فعل الكثير. بات لزاماً على أكثر الأمم أن تحتل المؤخرة. أننا نحن الطليعة ننطلق إلى البرية لنقدم ما لم يستطيع تقديمه أحد).

إن جوهر فكرة الصراع من أجل البقاء التي جاءت بها نظرية التطور، أو نظرية النشوء والارتقاء توافقت تماماً مع مفهوم الاقتصاد الحر القائم على المنافسة الفردية والبقاء للأقوى والأكثر قدرة على كسب المنافسة أو النجاح فيها. ومثلما يفضي الصراع أو المنافسة بين الكائنات إلى تحسين الجنس، فإنه كذلك في مجال الصراع الاجتماعي والاقتصادي يكون البقاء للأصلح، والأصلح هنا هو الأقوى والأقدر على الصمود في حلبة المنافسة، دون السؤال عن معايير وعلاقات أخلاقية. وهكذا وجد البعض في هذه النظرية ما يفيد في تبرير النظام الاقتصادي القائم على التنافس، كما وجدوا فيها تبريراً للفقر والجوع والحروب. فهذه كلها أمور ليس لنا أن نعتبرها شروراً أو مظالم اجتماعية أو دالة على أخطاء في أسلوب الإنسان لإدارة شؤون حياته، بل هي العوامل التي تفضي إلى التخلص من الأفراد غير اللائقين واللاكفوئين، مما يساعد على أيجاد أجناس ومجتمعات أرقى، ومن ثم أحق في البقاء.

كان (هربرت سبنسر) الفيلسوف وعالم الاجتماع الإنكليزي هو أول من استخلص النتائج الاجتماعية لنظرية التطور على النحو الملائم للمناخ الفكري السائد آنذاك. وعنده أن التطور الاجتماعي هو تطور تلقائي يتم بطريقة غير واعية ولا يمكن تفاديها. فالمجتمع عنده لا يتكون بالإصرار الناتج عن التروي وأعمال الوعي والالتزام برؤية اجتماعية تاريخية وحالية ومستقبلية، بل أنه نمو حتمي طبيعي شأنه في ذلك شأن الكائن الحي. أو بعبارة أخرى، أن المجتمع ينشأ وينمو ويتطور ويبقى بفضل التفاعل الميكانيكي للقوى الفاعلة أو لنقل تفاعل الأفراد المتنافسين. وبالتالي فأن المجتمع ينمو ويتطور بفضل المحصلة النهائية للتنافس بين الأفراد في إطار بيئتهم الاجتماعية حيث لا مكان إلا لمن هو الأصلح والأجدر بفضل قوته الذهنية والمالية أو الصناعية أو التجارية أو غيرها من الوسائل أو العوامل التي تساعد على تقدم المجتمع وبنائه وتطوره.

ساند هذا الاتجاه الفكري حول التطور والارتقاء والبقاء للأصلح رؤية فلسفية عبر عنها الأدب الأمريكي لتصنع بالتالي اللبنات الأساسية لما ستكون عليه الحياة الأمريكية ونمط التفكير الأمريكي. هذه الرؤية الفلسفية التي ظهرت في الأدب والثقافة الأمريكية عبرت عن نشوء أو ميلاد مدرسة جديدة تهدف إلى خدمة الحياة الأمريكية وتمتين مقوماتها المتمثلة برجال المال والصناعة. هذه المدرسة في الثقافة والأدب الأمريكي جاءت بفكرة (البطل). وهي فكرة ترميزية لكل من يملك عوامل المكنة والاقتدار.

وفكرة البطل، أو المثل الأعلى، هو في الحقيقة رجل الأعمال، أو صاحب المال، أو صاحب المشروع أو كل من يملك عوامل القوة والاقتدار المالية، الصناعية، السياسية. أنه الرجل الأقوى الذي يصارع الحياة وينتصر عليها. أنه المؤمن بإرادة القوة، وأخلاقيات التسلق على أكتاف الآخرين لكسب المال والمجد والشهرة. الغاية عنده تبرر الوسيلة، وهو الذي يحطم كل القيود التي تعوق حريته الفردية. والبطل له كل الحق، وهو في ذلك على صواب، أنه يعمل لخيره وهذا حقه، وله الحق في أن يلجأ إلى أيه وسيلة تحقق له مأربه. والقانون سلاح الأقوياء دون الضعفاء، أي يعبر عن رأيهم ونظرتهم وهم صانعوه، ومن ثم يستخدمونه لصالحهم، والنجاح هو المعيار. وكان من بين ابرز الكتاب الأمريكيين الذين عبروا عن هذا المزاج هو (ثيودور دريزر) 1871- 1945، الذي يقول (كل شيء مباح. الناس يفعلون ما يعتقدون أنه نافع لهم.... الناس ينقسمون إلى قوي وضعيف... إرادة القوة والرغبة في المتعة هما القوة المحركة للإنسان).

وهكذا، وفي ضوء هذه الثقافة والأفكار، تبنى الأمريكيون نهجاً براغماتياً في السياسة والحياة، حيث الغاية والنجاح فيها هما الحكم والفيصل. وأن السياسة هي صراع مصالح. وطالما أن المصالح لها طبيعة ديناميكية متغيرة فإن السياسة هي الأخرى متغيرة لا تلتزم بمبادئ ثابتة، بل تلتزم بالمصلحة.

الخلاصة التي تخرج بها مما تقدم هي، أن المجتمع الأمريكي، منذ أن كان مجتمع مهاجرين، قد مر بمرحلتين:

**المرحلة الأولى**، وفيها كان المجتمع طور التكوين، ولا يتجاوز حدود تجمع شتات من البشر المهاجرين، وساد آنذاك الاهتمام بالأخلاق وقواعد السلوك من خلال الدين لتحديد قواعد السلوك الاجتماعي. وكان الفرد هو الوحدة الأساسية، ومحور القيم الأخلاقية. وكانت الحرية الفردية لها معنى خاص يتسق مع هذا المزاج وطبيعة التجمع، علاوة إلى الموروث أو المنقول من أوربا من أفكار عصر التنوير وما أسبغته فلسفتها ومشكلاتها على مضمون مفهوم الحرية الفردية.[2]

أما **المرحلة الثانية**، حيث نضج المجتمع وتكونت أمة، وأصبحت لها مقوماتها وتكوينها وسيكولوجيتها القومية وظهرت في المجتمع طبقات اجتماعية بفعل ظهور وتنامي مصالح اقتصادية، ظهرت رؤى وأفكار وفلسفات جديدة تتمحور حول معيار جديد هو معيار المصلحة الذاتية الذي أطر بصياغات فلسفية عبرت عن نزعة جديدة هي النزعة البراغماتية، التي ترى، وكما سبقت الإشارة، أن السلوك الإنساني هو سلوك تبريري طالما يسعى إلى تحقيق غاية معينة تعود بالنفع له. فالسلوك الموصل إلى غاية لها منفعة ذاتية هو سلوك تبرره الغاية التي يسعى للوصول إليها، أو الأهداف التي يريد النيل منها. كما أن البراغماتية ترى أن فكرة الحرية هي قيمة استعمالية، وأن الحياة إرادة نعتقد في مضمونها طالما ترتبط الإرادة بتحقيق غاية تحددها مدركاتنا أو تصوراتنا الحسية. وأن الواقع هو ما نؤمن به ونعتقد فيه. وهذا الاعتقاد تصنعه السلطة. والحرية هي حرية فرد لا حرية مجتمع، بل أن حرية المجتمع هي حرية أفراد يؤطرهم وسط اجتماعي. وطالما أن الحرية هي حرية فردية فهي حرية أنانية لأنها تنشد المصلحة الفردية. فالمصلحة الفردية هي معيار الحكم على صواب

وظيفة الحرية أو خطئها. بعبارة أخرى، أن الحرية هي حرية الفرد في أن يحقق مصلحته، أو ما يعتقد أنه مصلحته ويرى فيه نفعه. فالحرية قيمة سلوكية تتحدد وفق مبدأ الثواب أو العقاب، اللذة والألم. والتقييم في كل هذه الحالات، و ربما غيرها، يقوم على أساس مبدأ المنفعة. فالمنفعة هي المبرر للسلوك الإنساني ضمن سياق السعي والعمل على تحقيقها. فالإنسان لا يختار بناء على ما يراه واقعاً مستقلاً عن إرادته وتفرضه القوانين، بل أن حريته في الاختيار تكون مبنية على ما هو مفيد ونافع أو غير مفيد ولا هو نافع. [3]

هذا الفكر البراغماتي، أصبح هو الفكر الرسمي للولايات المتحدة الأمريكية، ليس على صعيد سياساتها الداخلية فحسب، إنما أيضاً على صعيد إدارة تصريف تعاملاتها وسياساتها الخارجية تحقيقاً لأهداف إستراتيجيتها القومية العليا.

في ضوء كل ما تقدم يمكن القول، أن الفكر السياسي الأمريكي، من حيث النشأة والتكوين، هو فكر براغماتي، وهو في جوهره نهج محافظ، يرى من حقه إتباع كل وسيلة ممكنة في سبيل الوصول إلى حقه في البقاء، مؤكداً أن هذا هو الحق والعدل والخير النافع (له). وإن المصلحة والنفعية والذاتية هي معيار الصدق وأساس الأخلاق. وبالتالي ستكون المصلحة هي السمة المميزة لأصحاب النزعة المحافظة فيما بعد، الذين يرفضون التغيير ويريدون البقاء في السلطة والتحكم في مجالات السياسة والاقتصاد.

لقد عمد الكثيرون من الكتاب والمفكرين الأمريكيين، بعد رسوخ البراغماتية منهجاً وأداة للتفكير، إلى الزعم أن (الحرية الفردية) هي (مفهوم اقتصادي) أكثر من كونه سياسي. ونجد مثل هذا الاتجاه في التفكير، على سبيل المثال، عند مفكرين اقتصاديين من أمثال (ملتون فريدمان) الذي يؤكد على أن الحرية الفردية هي حرية المشروع الخاص لأنه هو الأصل وما عداه

فروع. ويرى أن إلغاء الملكية الخاصة للمشروعات هو إلغاء للحرية الفردية، وكأنه بذلك يريد أن يقول أن المجتمع الاشتراكي غير ديمقراطي لأنه لا يكفل الحرية الفردية بهذا المعنى طالما أنه يتعرض للمشروعات الخاصة التي تعبر بأعلى تجلياتها عن الحرية الفردية. وإلى جانب (فريدمان) يقف مفكر أمريكي آخر هو (هنري واليش) الذي يقول (أن القيمة الأخيرة للاقتصاد الحر ليست هي الإنتاج بل الحرية، وأن الحرية لها ثمن ندفعه. وإذا كان لزاماً علينا أن نرفض الاشتراكية، وهو واجبنا، فأننا نؤسس رفضنا هذا على قيمة الحرية).[4]

وبسبب من هذه الأفكار، وهناك الكثير غيرها، ساد الولايات المتحدة، ومنذ مطلع النصف الثاني من القرن العشرين، اتجاه فكري يحمل أسم النزعة المحافظة الجديدة، وأهم دعاته (ارفنج كرستول) و(ملتون فريدمان)، وهم يرون في فكرة المساواة الاجتماعية تدميراً وتقويضاً للمعنى الخلاّق لمفهوم الحرية الفردية ويقدمون تفسيراً جديداً لفكرة الحرية، يهدف تجريدها من أي محتوى آخر غير تبرير الملكية الخاصة والمشروع الرأسمالي الحر. ويعتقدون أن المعنى الأصيل والحقيقي لمفهوم الحرية قد أفسده الإصلاحيون اللبراليون، وأن الدفاع عن الرأسمالية والحرية الفردية يساوي الدفاع عن عدم المساواة التي يعتبرونها حقيقة متأصلة في تركيبة البنية البشرية والتكوينات الاجتماعية. وهم يدعون، أي أصحاب النزعة المحافظة الجديدة، إلى مفهوم الحرية المطلقة للمشروعات الرأسمالية الخاصة ويرددون عبارات ترتكز فلسفياً على أساس النظرة البراغماتية.

إن الحديث عن (عدم المساواة) واعتبارها حتمية طبيعية، والإيمان بالفوارق الاجتماعية أو الفوارق الفردية بين أبناء المجتمع، وكذلك الحديث عن فوارق مجتمعية (فوارق بين مجتمع وآخر)، أو فوارق دولية (عالم متقدم أو دول

متقدمة، وآخر متخلف أو دول متخلفة) يمثل الأساس الذي يحكم المنهج النظري والسلوكي للفكر الأمريكي الرسمي بنزعته المحافظة الجديدة. وليس من قبيل المبالغة القول، أن هذا التفكير يحاول أن يبقي الولايات المتحدة على مكانتها المهيمنة، المتفوقة المميزة (ضمن مقاييس الفوارق النوعية). ويسعى هذا النهج في التفكير إلى ضمان ديمومة واستمرارية هيمنتها على دول العالم الثالث. وهي تخشى من انفلات هذه المجموعة من الدول من نطاق سيطرتها، الأمر الذي دفع بالعديد من مفكريها وساستها إلى ترويج مفردات تضمن لها هذه الهيمنة وهذا التفرد، كحقوق الإنسان، الديمقراطية، الحرية، الإصلاحات السياسية والاجتماعية. ولو تأملنا رسالة هؤلاء، أو رسالة الفكر الرسمي الأمريكي إلى شعوب العالم الثالث، فيما تصّدره إليهم الولايات المتحدة من خلال مؤسسات الإعلام والدعاية والنشر وما إلى غير ذلك، أو من خلال ما تصدره من تكنولوجيا تؤكد لنا كيف تعمل هذه الأجندة إلى غرس أفكار وتعمل على ترسيخها سواء من خلال التكرار أم البريق الساحر لتؤكد أن الولايات المتحدة هي النموذج الذي ينبغي أن يحتذى به، ويحفز إلى التقليد والمحاكاة، وتلحظ أن هذه الأفكار في محصلتها العامة تبين للناس أن الظلم، أو عدم المساواة في فرص الحياة، قدر وظاهرة طبيعية.

وهكذا، لم يعد القانون الطبيعي ورواد عصر النهضة والتنوير يجسدون أفكار وشعارات الحرية والإخاء والمساواة، بل أصبح القانون الطبيعي على النقيض، هو عدم المساواة، وحرية المشروعات الفردية، والبقاء للأصلح أو للأقوى. ويؤكد أصحاب هذه النظرية أن المظالم ومظاهر التفاوت في المجتمع شيء أصيل ومتأصل وموروث في الطبيعة الإنسانية. وأن أية محاولة لتغير الوضع عن طريق تدابير وإجراءات اجتماعية واقتصادية وسياسية ليس لها أي معنى،حيث تدخلنا في سلسلة لا نهاية لها من المطالب المتعلقة بالمساواة.

ويتضح من هذه الطروحات أنها تلغي أي دور للإرادة الإنسانية حيث تبقيها أسيرة منطق القوة، وفرض إرادة القوي، والقوي هنا هو الولايات المتحدة الأمريكية التي ليس بإمكان الآخرين إلا التسليم بها كقوة متفرة ولها من الإرادة ما تعلو بها على إرادة الآخرين.

•••

## هوامش الفصل الثالث

1. راجع عن البراغماتية وللمزيد من التفاصيل:

Morto White, O.P.Cit, PP.22-27.

2. للتفاصيل راجع: جون لويس، مدخل إلى الفلسفة، ترجمة أنور عبدالملك، الدار المصرية للكتب، القاهرة، 1957.

3. يراجع بذلك:

Ethel M. Albert, Conflict and Change in American Values, A Culture Historical Approach, Ethics, Vol. lxxiv, Oct., 1964, No.1

4. هذه الأفكار موجودة عند:

L. Jones, Great Expectations and the Baboy Generation, New York, 1982, p.63.

■ ■

## الباب الثاني 2

# عملية التمركز الداخلي
# والسيطرة على الصعيد العالمي

# تقديــم:

منـذ أن وطـأت أقـدام المهـاجرين الأرض الجديـدة، تشـكلت لديهم قناعات راسخة في أن تكـون هـذه الأرض هـي المسـتقر الـدائم لوجـودهم الفعـلي. كـان لابـد أن تشـعر الجماعـات المهاجِرة بضرورة وجود إقليم تعيش عـلى ترابـه وتسـتمد مـن خلاله هويتها الوطنية بما يجعلها متميزة بالجغرافيا عـن بـاقي المجموعات البشرية المتواجدة في أقاليم أخرى.

إلا أن اللافت في هـؤلاء المهـاجرين، الـذين اسـتقروا عـلى أرض القارة الجديدة، أنهم لم يكتفوا بالمناطق التـي اسـتوطنوا فيهـا، إنما عمدوا إلى الانتشار والاستيلاء عـلى كـل أراضي القـارة. وإلى مدى أبعد مـن ذلـك، وبفعـل قـوة بنـاء مؤسسـتهم السياسـية (الدولة)، وبفضل تنـوع وتوسـع نشـاطاتهم الماليـة والتجاريـة والصناعية التي تطورت مع مرور الـزمن، أخـذوا يتطلعـون إلى الانفتاح نحو مناطق جديدة خارج حدودهم الإقليمية بهـدف بسط نفوذهم وسلطانهم عليها. وكان لأدوات العمل السياسية والاقتصاديـة، فضـلاً عن الأدوات العسـكرية، دور كبير في عمليـة التوسع والانفتاح العالمي، وهي أدوات ستسهم، وعلى الجملـة، في التأسيس للدور الإمبراطوري الذي ستلعبه الولايات المتحـدة فيما بعد.

## الفصل الأول

# سياسات التوسع الداخلي والانفتاح نحو العالمية

بعد أن شكلت الأيديولوجية الدينية والسياسية المرتكز الحقيقي والمسوغ الوجودي للجماعات التي هاجرت إلى أمريكا وعملت على توحيدها ضمن ضوابط فكرية - عقائدية، وبعد أن تم طرد الفرنسيين ومن ثم البريطانيين من القارة وأعلن قيام الدولة باستقلال ثلاث عشرة ولاية في الرابع من تموز عام 1776م، تنامت مشاعر قوية بضرورة التوسع الأرضي، والاندفاع للسيطرة على كامل القارة الأمريكية شمالاً وغرباً وجنوباً.

اتخذت عمليات التوسع شمالاً شكل الحملات التجارية التي انطلقت منذ عام 1780، واستمرت حتى القرن التاسع عشر عبر أراضي الشمال الغربي. كما أخذت عمليات التوسع غرباً شكل الحملات العسكرية المتتالية في عهد الرئيس الأمريكي السابع (أندريو جاكسون)، وهي الحملات التي شنها ضد الهنود من قبائل (الكريك، والشيركي، والسمنول) وطيلة الفترة الممتدة من عام 1830 وحتى 1850، استمرت العمليات العسكرية الأمريكية في مطاردة ومحاربة وإبادة قبائل الهنود حتى امتد النفوذ الأمريكي على كامل الأراضي الأمريكية تجاه الغرب.

أما عمليات التوسع جنوباً، فبدأت منذ عام 1803 عندما ابتاعت أمريكا (لويزياتا) من نابليون، وفي عام 1819 صارت فلوريدا ملكاً لأمريكا، وفي عام 1846 دخلت الولايات المتحدة الحرب مع المكسيك وأرغمتها عام 1848 على التخلي عن نيومكسيكو، كاليفورنيا، تكساس، أريزونا، ونيفادا، وأوتاوا.

إن الملاحظة الجديرة بالانتباه هي، أن عمليات السيطرة والتوسع الداخلي رافقها تشكل نوع من التمركز الفريد لثلاثة عناصر أساسية سيكون لها دور، ليس في بناء القوة الذاتية للولايات المتحدة الأمريكية، إنما في رسم سياستها الخارجية وتحديد أبعادها الإستراتيجية أيضاً. وهذه العناصر الثلاث هي القيم، والقوة، والتجارة.

ونقصد بعنصر ـ القيم، القيم السياسية والدينية. كان مضمون القيم السياسية يؤكد، وكما سبقت الإشارة، على موضوعات عدة، كالحرية الفردية، والديمقراطية، وحقوق الإنسان. وهي على الجملة تنطوي على مضامين سياسية لبيان نوع الحكم والطريقة التي تمارس بها السلطة. وقد اعتبرت التجربة الأمريكية في هذا المجال نموذجية ويفترض تعميمها على الصعيد الخارجي.

أما القيم الدينية، فقد حملت بذورها العقيدة البروتستانتية البيورتانية الكالفينية، وهي عقيدة ربطت بين الدين والعمل، وشجعت غالبية الناس في الأرض الجديدة على الكفاح من أجل الثروة والنجاح في كسب المال، مما أضفى موافقة دينية على مشاريع الأعمال والمصالح التجارية. كما أكدت البيورتانية على العلاقة بين التقوى الشخصية وإحراز النجاحات الدنيوية. وكما يذهب (ماكس فيبر) إلى أن بناء أمريكا وتقدمها هو نتاج الثقافة الدينية الأمريكية التي غرزت عدداً من المعتقدات المتصلة بالعمل والوقت والعقلانية وعملت على تنميتها. وهذا يتساوق مع الفكرة الكالفينية التي تقول، أن العمل هو أساس الثراء، وأن الثراء قابل لأن يكون علامة الاصطفاء الإلهي.

كما أعطت القيم التي بنيت عليها العقيدة الدينية مكانة مميزة لأمريكا باعتبار أن الأمة الأمريكية هي اختيار الهي، مما أعطاها زخماً قوياً للاندفاع نحو الخارج. فما استقر في العقل الأمريكي الرسمي والشعبي، أن أمريكا أمة مميزة بالرسالة التي رآها الله جديرة بها، مما يجعلها فريدة في التاريخ.

وبالعودة إلى قراءة أفكار (جون آدمز) الرئيس الثاني للولايات المتحدة بعد (جورج واشنطن)، نجده يقول (إن بناء إمبراطورية عظيمة ممكن الآن، وعليها أن تمتد حتى تشمل غير المؤمنين).

العنصر الثاني، هو عنصر القوة، الذي هو مزيج من عناصر القوة الروحية والاقتصادية والعسكرية والصناعية والفكرية والسياسية، التي استطاعت أمريكا من بنائها على مدى أكثر من قرن.

أما عنصر التجارة، فهو نتاج الازدهار الاقتصادي المتمثل بفائض الإنتاج، وتراكم رأس المال الاستثماري القابل للتصدير، الأمر الذي أدى إلى ازدهار التجارة الخارجية والبحث عن الأسواق لاستثمار رؤوس الأموال وتصريف الناتج الصناعي.

إن تنامي القوة الصناعية الأمريكية وازدهار التجارة الخارجية خلق اهتماماً متزايداً لدى النخب السياسية والصناعية والاستثمارية برسم إستراتيجية أمريكية يكون بمقدورها ضمان المصالح الحيوية للولايات المتحدة الأمريكية.

وفي الواقع، أخذ النشاط الصناعي في الولايات المتحدة، ومنذ منتصف القرن التاسع عشر، يتنامى تدريجياً، وظهر نوع من التمركز الصناعي تمثل بظهور عدد من المؤسسات الصناعية الكبيرة، أو تركز عدد كبير من المصانع ودمجها في مجموعة احتكارية واحدة، مما شكل علامة فارقة للنمو الاقتصادي في الولايات المتحدة على وجه الخصوص منذ عام 1870.

تميزت عمليات الاندماج والتركيز هذه بظاهرتين رئيستين: أولهما، أن عدداً من الشركات احتشد في مجموعات محددة أخذت أعدادها تقل شيئاً فشيئاً. أما الظاهرة الثانية فهي أن أعداد المساهمين أخذت تقل أيضاً، مما يعني أن المؤسسات الصغيرة أخذت تختفي،الأمر الذي أدى إلى انخفاض عدد

الملاكين. وهكذا أخذت ثروات البلاد تنحصر في أيدي حفنة قليلة من الاحتكاريين. هذا ما حدث في مجموعة (ستاندرد أويل) على سبيل المثال، التي وضع (جون ديفيسون روكفلر) من خلالها عمادات إمبراطورية مالية هائلة، فحول خلال عشرة أعوام فقط شركة نفطية صغيرة في أوهايو إلى مجموعة احتكارية ضخمة تسيطر على 95% من صناعة تكرير النفط دون أن تعتمد على إنتاج الخام وحده، بل وتسيطر أيضاً على غالبية وسائل النقل والتوزيع التجاري في البلد.[1]

الظاهرة التي تميز بها الاقتصاد الأمريكي منذ بداية القرن التاسع عشر وطيلة عقوده المتتالية هي، تنامي قطاع الصناعات الإنتاجية، تنامي دور المؤسسات الاستثمارية والبنوك التجارية والمصرفية... هذه التحولات الكبرى في هيكلية البنية الاقتصادية بشقيها التجاري والصناعي، ستشكل الدوافع الرئيسة وراء سياسات التوسع والهيمنة المتعاقبة التي مازالت تشكل جزءاً أساسياً من السياسة الخارجية الأمريكية حتى وقتنا الحاضر.

يمكن القول، أن النمو الاقتصادي في القطاعيين الصناعي والتجاري قد ساهم في تركيز الثروات في أيدي مجموعات قليلة من الأشخاص، وبالتالي أدى إلى نشوء شركات عملاقة في مجالات الصناعة والمصارف والتجارة وغيرها. وقد ترافق تكوين هذه الشركات العملاقة مع ظهور الاحتكارات الكبرى أو ما يعرف بـ (الترستات) التي فرضت نفسها، ليس فقط في مختلف القطاعات الاقتصادية في البلاد إنما أيضاً على مؤسسات العمل السياسي ومراكز صنع القرار السياسي.[2]

بعد تشكيل هذه الاحتكارات على جميع الصعد ونموها في مختلف الاتجاهات، أخذت تسعى لتخطي الحدود الأمريكية وتبحث عن موطئ قدم لها في الخارج، مما أدى إلى نشوء شركات الصناعة والتجارة العالمية مترافقة مع

نشاط مكثف لحركة الاستثمارات الخارجية. ولم يتوقف أو يقتصر دمج وتركيز الشركات المتنوعة الكبرى على الداخل الأمريكي فحسب، ولم يكن هذا الشكل الحركي - التوسعي مقتصراً على الأرض الأمريكية، سواء أتخذ هذا النشاط شكل السيطرة على الأرض بالقوة، أو بتنامي النشاط الاقتصادي المتمثل بدمج وتركيز الشركات المتنوعة الكبرى على الداخل الأمريكي. إنما كان هذا الشكل يعبر على الدوام عن مضمون حركي - توسعي مصمم باتجاه الخارج أيضاً. أما طريقة سير هذا النموذج الحركي التوسعي، فهي مرتبطة بثنائية إيديولوجية، دينية وسياسية اقتصادية، بعد أن اتخذت الليبرالية السياسة طابعاً اقتصادياً ليبرالياً يركز على ضرورة تحرر النشاط الاقتصادي الفردي من أية قيود يمكن أن تحد حركته. بمعنى أن أدوات الوظيفة التوسعية اتخذت على الدوام مظاهر النشاط التجاري والصناعي، استثمار رؤوس الأموال، وما إلى غير ذلك من مظاهر النشاطات الأخرى.

وهكذا، ومع نهاية القرن التاسع عشر ستنطلق السياسة الأمريكية في رسم أبعاد حركتها الإستراتيجية، بعد أن تم تعزيز أوضاعها الداخلية ضمن القارة، إلى آفاق أرحب خارج حدودها الإقليمية. ولم يأت هذا التوجه من فراغ فكري، إنما كان منطلقاً من إرادة سياسة مؤدلجة بخطاب سياسي مفرط باستخدام مفردات لها مغزى كالرسالية، القدر المبين، الأمة التي اختارها الله، والتكليف الإلهي في ازدهار العالم.

لقد تنامى شعور جمعي حول مفهوم الرسالة العالمية التي تنهض بها أمريكا حيال العالم، وضرورة سيادة الأمة النموذجية، وهي مفاهيم أسهمت بجملتها في صياغة وبلورة مفهوم التفرد والتمايز. بل عززت مفهوم الاستعلاء من أن الأمة الأمريكية هي الأعلى قدراً والأعظم شئناً من الأمم الأخرى. ومع هذه الشعارات تنامى الشعور بأن أمريكا هي شعلة الإنسانية التي غرسها الله في الأرض وهي

مدعوة إلى تمثيل الجمهورية الإلهية الوحيدة. فالأمة التي أعلنت استقلالها سنة 1776 مستعدة للنظر إلى ما وراء أفقها المباشر.

مثل مبدأ (موزو) الأساس الحقيقي والتجسيد الواقعي في التعبير عن هذه التوجهات والشعارات عن (العالمية الأمريكية) في مطلع نشاطها، والتأكيد على نمط من الاقتدار الأمريكي في صياغة قواعد جديدة للتعامل مع مجالات خارج حدود القارة الأمريكية، على الأقل فيما يخص المجال الحيوي الأمريكي، حيث أعلن مبدأ (مونرو) حلول الولايات المتحدة محل القوى الأوربية في سيطرتها على دول القارة اللاتينية، كذلك أمريكا الشمالية، بل أعلن تحذيره للدول الأوربية من مغبة التدخل بأي شكل من الأشكال في هذا المجال الحيوي، لأن ذلك سيعتبر بمثابة (خطر على سلامنا وأمننا ) مما يعّد مبرراً للحرب.

وفي الواقع، فإن مبدأ (مونرو) لم يكن مجرد موقف سياسي صارم، وإنما أمتد ليكون مظلة تحمي المصالح الأمريكية المتنامية والآخذة في التبلور، خاصة الاقتصادية منها. ومن النقاط المهمة التي وردت في (مبدأ موزو) هي :

■ حرية التجارة البحرية في الأطلسي.

■ حرية الوصول إلى الأسواق الأوربية بالمنتجات الأمريكية.

■ حرية الوصول إلى الأسواق العالمية.

وفي نفس السياق، جاءت أفكار السيناتور الأمريكي (هارت بينتون) أمام مجلس الشيوخ عام 1846 لتؤكد على (أن قدر أمريكا الأبدي هو الغزو والتوسع، إنها كعصا هارون( مغالطة تاريخية وهي أنها عصا موسى و ليس هارون) التي صارت أفعى وابتلعت كل الحبال. هكذا ستغزو أمريكا الأراضي وتضمها مساحة بعد أخرى، هذا هو القدر الجلي، أعطاها الوقت وستجدها تبتلع في بضع سنوات مساحات بوسع معظم ممالك أوربا، هذا هو معدل توسعها)[3].

أما الرئيس الأمريكي (غروفر كليفلاند) فقد أعلن عام 1896 أن الولايات المتحدة أصبحت تنعم بحق السيادة على أراضي القارة الأمريكية بكاملها، حتى أنها تمتعت بقوة وإرادة لا تهزمان.[4]

مثل هذه التأكيدات الداعية إلى الانفتاح والتوسع باتجاه الخارج نجدها أيضاً عند السناتور الأمريكي (البرت بيفريدج) الذي كتب عام 1898 (على التجارة العالمية أن تكون تجارتنا، وسنكون كذلك. فنحن سنملأ البحار بأساطيلنا التجارية، وسنبني أسطولاً على قدر عظمتنا. وسوف نرسم معالم طرقنا التجارية، مستوطنات كبيرة تحكم نفسها بنفسها، وترفع علمنا وتعمل لأجلنا. أما مؤسساتنا فسوف تتابع علمنا على أجنحة تجارتنا. وسوف يبلغ القانون الأمريكي، النظام الأمريكي، والحضارة والعلم الأمريكيين، الشواطئ المترامية والمعزولة حتى الآن، لكنها ستسطع قريباً بنعمة الله).[5]

كما كتب (بيار ميلزا) عن فكرة إزالة الحدود وملء الفراغ بالحضور الأمريكي: (تلاشت الحدود ومعها تلاشى صمام الأمان الذي كانت تشكله المجالات الضخمة الفارغة وسط الولايات المتحدة. وسوف يبحث العقل الريادي للشعب الأمريكي عن ميادين عمل أخرى، خارج حدود الاتحاد. وبما أن تجهيز البلد قد أكتمل عملياً، فقد بدأ رجال الأعمال يفكرون في مسألة الأسواق الخارجية).[6]

أما المنظِّر الجيوبولتيكي (الفريد ماهان) فقد كتب في مؤلفه (مصالح أمريكا في قوة البحر)، إن على الولايات المتحدة أن تنشر نفوذها التجاري في أنحاء الأرض كلها، مادام السوق الداخلي لم يعد كافياً. فقدرة البلد الإنتاجية الهائلة، مع وجود أسواق ووسائل نقل مأمونة، نحتاج إلى أسواق طارئة. وعلى الولايات المتحدة إنشاء قوة بحرية، وأسطول بحري قوي قادر على القيام بمثل هذه المهام، إذ بدونه ستكون الولايات المتحدة عاجزة عن ضبط الكاريبي

وأمريكا الوسطى. زد على ذلك أن القناة المقبلة التي ستربط بين الباسفيكي والأطلسي لا يمكنها أن تكون خارج السيطرة الأمريكية. إن متطلبات الانفتاح والتوجيه إلى الخارج يعني إنشاء بحرية حربية قوية تساندها إرادة سياسية قوية.[7]

ويرى (ماهان)، أن المصلحة القومية للولايات المتحدة تكمن في ربطها بهيمنة أمريكية ممتدة إلى ما بعد البحار. ومثل هذه المصلحة، إذا أريد لها أن تتحقق، ينبغي على البلد أن يكون جاهزاً للحرب التي هي عمل سياسي مثل الأعمال الأخرى، وأن كانت أكثر عنفاً وذات طابع استثنائي.

ولكي يسوغ (ماهان) هذا التوجه ويجعله أكثر قبولاً، فأنه يضفي عليه مسحة دينية فيقول، أن الولايات المتحدة (ممثله المسيح) و (المحاطة بالعناية الإلهية) لا يمكنها أن تغفل الطرف عن ضرورة إنشاء قوة بحرية ذاتية فعالة يمكنها استعمالها أينما تدخلت.

وواضح أن (ماهان) كان يرى أن الهيمنة الاقتصادية لا تتحقق إلا بوضع اليد على التجارة البحرية. وأن مثل هذا التصور سيفضي ـ إلى إقامة حماية مضمونة للتجارة الأمريكية. والملاحظة الجديرة بالانتباه، أن هذا التوجه، لكي يكون مستساغاً، أو مبرراً، فأنه ينبغي أن يضفى عليه وعلى الدوام البعد الديني والأخلاقي، فأمريكا هي (البلد الذي اختارته العناية الإلهية)، ولأن (الرسالة التي رآها الله جديرة بها، إنما تجعلها فريدة في التاريخ)، وأن مهمة أمريكا هي (أن تدل بقية العالم على طريق التوبة والتطهير الكبير والإصلاح الاجتماعي ومحاربة الخطيئة).

مثل هذه الأفكار الداعية إلى التوسع والانفتاح قد لا تجد لها حظوظاً وافرة للنجاح إلا لدولة تكتمل فيها جملة اشتراطات، بنية اقتصادية متينة، قوة

عسكرية فائقة الاقتدار، بنية ثقافية - فكرية قادرة على أن تطرح نفسها كنموذج يؤهلها لأن تكون موضع استقطاب الآخرين، أو على الأقل، الدفع بهم إلى التسليم بها كأمر واقع بسبب من فائقية حركتها التي يصعب مقاومتها، وإنما أيضاً نموذج يستند إلى مسوغات إيديولوجية (سياسية وحتى دينية، أو الاثنين معاً) تبرر مشروعية حركته.

جملة هذه المقومات أو العناصر نجدها قد توافرت لدى الولايات المتحدة على مدى أكثر من قرن في جهد متواصل لإكمال بناء عناصر القوة الذاتية للانطلاق فيما بعد نحو الخارج. وهكذا، انطلقت السياسة التوسعية الأمريكية من دائرتها الداخلية ضمن القارة إلى الخارج. وكانت أمريكا اللاتينية هي الدائرة الثانية، والأكثر اقتراباً من الناحية الجغرافية، ضمن إطار المسار الحركي - التوسعي للولايات المتحدة الأمريكية. فمع نهاية القرن الثامن عشر وبداية القرن التاسع عشرـ وعندما أخذت مظاهر النفوذ والسيطرة الأسبانية تتراجع في قارة أمريكا اللاتينية، شهدت العلاقات التجارية والثقافية بين الولايات المتحدة ومناطق عديدة في أمريكا اللاتينية تطوراً كبيراً. ففي كل مكان تقريباً أقامت الولايات المتحدة ممثليات لها (وكالات، قنصليات) كما جرى العمل في الوقت نفسه على تصدير ونشرـ أفكار وثقافات وحملات إعلامية بهدف ضمان جاذبية شعوب أمريكا اللاتينية للنموذج الأمريكي.

وخلال الفترة الممتدة بين عام 1803 - 1823 لم تصمد الوحدة المصطنعة في القارة الأمريكية اللاتينية أمام تطور العقليات وتحول الثقافات. فمن الانتفاضات إلى الصراعات المسلحة، أخذ ينهار البناء الكولونيالي الأسباني، وأخذت النزعة الاستقلالية المدعومة بالمساعدات الأمريكية تتنامى تدريجياً ففي عام 1818، أعلنت فنزويلا استقلالها. تلتها في العام نفسه الأكوادور وتشيلي. وفي عام 1923، عندما تحقق عملياً استقلال بلدان أمريكا اللاتينية، قدمت الولايات المتحدة إلى دول القارة الأسلحة والأموال.

لقد اتبعت الولايات المتحدة تجاه العديد من دول القارة سياسة الاحتواء والتعبئة. فالرساميل الأمريكية كانت ضرورية لتنشيط الحياة الاقتصادية في البرازيل وتشيلي وكولومبيا وفنزويلا ولدى معظم الأمم الأخرى. ونسجت الثروات المعدنية والحقول النفطية والممتلكات العقارية والأراضي والاستثمارات المالية،نسجت جميعها شبكة لا يمكن اقتلاعها تربط حكومات الدول بالمصالح الأمريكية، وذلك بموافقتها غالباً، أو بموافقة الطبقة المالكة.

وعلى مدى أعوام عديدة، جرى الاستبعاد المتدرج لبريطانيا العظمى التي كانت تشغل موقعاً محدداً في نصف القارة، وهي الدولة التي ستفقد مكانتها نهائياً بعد الحرب العالمية الأولى. لم تعُد تكفي السوق الداخلية الأمريكية لاستيعاب الإنتاج الصناعي الوطني. وتالياً صار من الضروري فتح أسواق أخرى لتصريف الناتج الصناعي وللاستفادة من إمكاناتها وطاقاتها ومواردها... وهكذا توسعت هيمنة الولايات المتحدة السياسية فوقعت معظم دول القارة تحت سيطرتها.

من ناحية أخرى، أمتد الطموح الأمريكي إلى أبعد من ذلك ليصل إلى جزيرة (هاواي)، الجزيرة المغرية بثرواتها السمكية وموانئها التجارية. وأخذ التغلغل والتوسع الأمريكي فيها، منذ عام 1820، شكل البعثات التبشيرية البروتستانتية، ونشر الدعاية المؤيدة للأمريكيين، فضلاً عن استفادة السفن الأمريكية من الرسو في مرافئها. فتشكلت تجارة ثلاثية بين المرافئ الأمريكية في الباسفيكي و(هونولولو) والصين. كما تم نسج روابط ضرورية لعملية ضم مقبلة: المبشرون يطبعون العقليات وينشرون الأفكار والثقافة الأمريكية،المزارعون يستولون على المحاصيل، والتجاريون وأصحاب رؤوس الأموال يصدرون البضائع ويستثمرون الأموال. وقد قاد كل ذلك إلى توقيع معاهدة تبادل تجاري بين الطرفين عام 1875، تمكن من دخول المنتجات

الأمريكية بحرية إلى هاواي، بينما أصبح استعمال بيرل هاربر مضموماً للسفن الأمريكية. وما أن جاء عام 1895 حتى دبر المزارعون، وهم من المستوطنين الأمريكيين المقيمين في (هاواي)، انتفاضة قادت إلى تغيير الوضع السياسي، وتم إعلان جمهورية هاواي. وعلى الفور اعترفت بها واشنطن في 1898/7/7، لتكون مدخلاً لعملية ضم مبرمج على المدى الطويل.

كما توجهت الولايات المتحدة صوب الصين لمد نفوذها هناك، فأرغمتها على توقيع معاهدة (نانكين) عام 1842. ثم شاركت في استقطاع إمبراطورية الوسط لتجني أرباح هائلة من تجارة الأفيون على وجه الخصوص.

ومع عام 1854 أمتد النفوذ الأمريكي إلى بحار اليابان، حيث حاصر الأسطول الأمريكي بقيادة (ماثيو غالبرايت) عدد من الموانئ اليابانية، وأبرموا معهم، تحت التهديد بالقصف المدفعي، أو الحصار الاقتصادي معاهدات تجارية كانت مضرة بمصالح اليابان، إذ خفضت حقوقها الكمركية بنسبة 50%، بينما استفادت الولايات المتحدة بأن تحولت إلى مورد للأسلحة والسفن المخصصة لتغذية الصراعات الداخلية في البلاد. ترافق هذا مع ارتفاع الأسعار الناجمة عن استبدال المنسوجات المحلية بأخرى أجنبية، بالإضافة إلى ما بلغته المحاصيل من تلف ناجم عن سياسات ضريبية عقيمة أسهمت جميعها في نشر البطالة والهلع الاجتماعي في الجزر اليابانية جميعها.

ثم هناك كوبا، التي جاء دورها كهدف في مسار التوسع الأمريكي. إن الاهتمام بـ (كوبا) أوضحه (جون كوينسي آدمز) سكرتير الدولة عام 1823، ثم رئيس الولايات المتحدة بالقول (إن هناك قوانين للجاذبية السياسية، مثلما هناك جاذبية طبيعية. وكما أن التفاحة منفصلة عن الشجرة بقوة الريح، تجد نفسها، حتى ولو أرادت ذلك، أمام استحالة السقوط أرضاً، فإن كوبا، بعدما قطعت العلاقة التي تربطها بأسبانيا، لا بد لها من الانجذاب نحو الاتحاد

الأمريكي الشمالي). أما المخطط الذي طبق بعد ذلك لتحقيق هذه الجاذبية فهو بسيط: إثارة الاستياء الاجتماعي، ثم التمرد، وأخيراً الثورة لأجل التدخل بعد اندلاعها بذريعة ما للاستيلاء على الجزيرة.

لقد بدأت مظاهر الهيمنة الأمريكية على كوبا بالاستثمارات الأمريكية في ميدان صناعة السكر. وقد تنامت هذه الهيمنة إلى درجة تمكنت فيها الشركات الأمريكية من الاستيلاء على مساحات وقطاعات واسعة من المزارع. ثم بدأت مرحلة الاحتكار الصناعي لهذه المادة، رافق ذلك الاستثمار الأمريكي للوضع السياسي المتردي في كوبا والمعارك الناشبة بين الثوار الكوبين والقوات الأسبانية. وقد دفع هذا الوضع المتردي في كوبا إلى احتجاج الأمريكيين في كانون الثاني 1898 لحماية مصالح صناعييهم ومستثمريهم، وكذلك حماية حياة مواطنيهم.

وأمام تردي الأوضاع في كوبا، وضغوط الدعاية ووسائل الإعلام، وجد الرئيس الأمريكي (ماكينلي)، أن الفرصة أصبحت مواتية، فشن هجوم عسكري على الجزيرة، استولى في طريقه على الفلبين، وبورتريكو، وجزيرة غوام. وما كادت ترسو الجحافل الأمريكية (لحماية المصالح الأمريكية) حتى صودرت مكاسب الثورة الكوبية. إذ صدر في 1998/4/20 قرار أمريكي جاء فيه (إذا كان يحق للكوبيين تقرير مصيرهم، فإن الحكومة الأمريكية ستواصل سيطرتها على الجزيرة مادامت التهدئة لم تتحقق). لكن السؤال، ما هي طبيعة هذه التهدئة؟ وما هي مدتها؟ وكيف تتحقق؟ إنه الواقع أمر متروك للتقدير المزاجي والاعتباري من جانب قوات الاحتلال.

وهكذا، وضعت كوبا تحت أمر الجنرال (وود). ولم يجر الاعتراف بحكومة الثورة، ورفرف العلم الأمريكي على المباني الرسمية. وعندما أعلنت الجمهورية عام 1901، اتخذت الحكومة الأمريكية جميع الاحتياطات. ففي 1901/3/2،

أقر الكونجرس وثيقة وضعها السناتور (هيتشكوك بلات)، توضح أن للحكومة الأمريكية حق التدخل في كل حين كلما تعرضت مصالح الرعايا الأمريكيين وحياتهم للخطر، وكذلك استقلال كوبا.

ومن الناحية العملية، فقد سيطرت الولايات المتحدة، عن طريق الشركات والاستثمارات والمصارف والنشاطات الصناعية، على الاقتصاد الكوبي، مثال ذلك التعريفات التفاضلية على السلع والمنتجات الأمريكية، احتكار الصناعات السكرية عن طريق شركة السكر الأمريكية - الكوبية منذ عام 1899، في قطاع التبغ سيطرت شركة التبغ الأمريكي، وفي قطاع التعدين، سيطرت شركة بنسلفانيا. أما قطاع المصارف فقد كان مخترقاً ومسيطر عليه من قبل شركة نورث أميركانا تروست.[8]

من ناحية أخرى، أدى التوسع الأمريكي في المحيط الهادئ وبلوغه خليج مانيلا وقلب شرق آسيا إلى تعزيز أهمية بناء قناة تربط بين المحيطين الهادي والأطلسي وتسهيل الحركة التجارية والعسكرية بين الموانئ الأمريكية على جانبي القارة، فأصدر الكونغرس سنة 1902 قانون (سبونير) الداعي للتفاوض على القناة.[9] بدأت المفاوضات مع كولومبيا التي كانت بنما تشكل جزءاً منها. وفي العام التالي وضعت أسس معاهدة (هيران هاي) التي تحدد سبل العمل في القناة، وهي أسس رفضها الكونغرس الكولومبي لما تشكله من تهديد للسيادة الوطنية.

لجأت الولايات المتحدة إلى أسلوب آخر لبناء القناة والسيطرة عليها، وذلك باستغلال رغبات لدى قطاع من أبناء بنما، عملت بدورها على تنميتها، للانفصال عن كولومبيا، فانتهزت أجواء الاستياء والأزمة الاقتصادية الداخلية الناجمة عن حرب الألف يوم بين الأحرار والمحافظين ووضعت خطة لاستقلال بنما تحت الحماية الأمريكية.

شيدت الولايات المتحدة قناة بنما ضمن شروط وقيود أسوأ من تلك المفروضة في معاهدة (هيران هاي) على سيادة بنما، حيث وضعت الولايات المتحدة يدها عنوة على القناة التي تربط بين المحيطين الأطلسي ـ والهادئ بموجب اتفاقية أصبحت تنص على أن تتخلى الولايات المتحدة عن حق السيطرة على القناة وتعيدها للسيادة البنمية عام 2000. إلا أن هذا المطلب لم يتحقق حتى الوقت الحاضر وبقيت القناة تحت السيطرة الأمريكية.

وإلى جانب كوبا وبنما، كانت هناك جزيرة (بورتوريكو) في الكاريبي، حيث جرى اجتياحها عام 1897، وأقامت الولايات المتحدة حكومة عسكرية فيها، ثم استبدلت بحكومة مدنية مسيطر عليها في أيار / مايو 1900. وفي عام 1917، جاء قرار (جونز) ليجعل من سكان (بورتوريكو) مواطنين أمريكيين تابعين لمحاكم وسلطات إجرائية تحت تصرف الرئيس الأمريكي.

وفي عام 1946، عين الرئيس الأمريكي (هاري ترومان) حاكماً على (بورتوريكو)، الأمر الذي يعني أن البلد محكوم أمريكياً من قبل حاكم معين بقرار أمريكي. هذا من الناحية السياسية، أما من الناحية الاقتصادية، فأن السيطرة الاقتصادية كانت قوية جداً عن طريق تغلغل الشركات والاستثمارات الأمريكية، وعن طريق تصدير السلع والبضائع والمنتجات الأمريكية إلى الأسواق البورتوريكية.

أما جمهورية الدومنيكان، فقد دخلتها الولايات المتحدة عام 1907 بحجة فرض قوانين جباية الضرائب والأشراف على تنفيذها. وفي نفس العام فرضت على بلدان أمريكا الوسطى معاهدة الصداقة والسلام التي تنتقص من سيادتها.

وفي عام 1909، قطعت الولايات المتحدة علاقتها مع نيكاراغوا وقامت باجتياحها عسكرياً لتثبت قواعد عسكرية أمريكية لها هناك. تم ذلك بقوة السلاح حين دخلت إلى مدينة غرانادا وحدات عسكرية أمريكية مقاتلة لتعلن

فيها قيام ولاية أمريكية جديدة، وقد نصب القائد العسكري لتلك الوحدات نفسه رئيساً على نيكاراغوا، ذلك البلد الذي يقع في وسط القارة الأمريكية الجنوبية، والذي تفصل بينه وبين الولايات المتحدة كل من المكسيك وغواتيمالا وهندوراس، أي أنه لا يوجد حدود مشتركة بين البلدين. ولم تخرج القوات الأمريكية من هناك إلا بعد حصول واشنطن على قاعدة أمريكية عسكرية دائمة استقرت في ماناغوا ومازالت حتى اليوم تقبع في أحدى ضواحي هذه العاصمة.

وفي عام 1912 اجتاحت الولايات المتحدة جمهورية الدومنيك مستعينة بقوات البحرية والمشاة للقضاء على التحولات الاجتماعية والسياسية الجارية في هذا البلد الذي بقيت فيه حتى خرجت منه شكلياً عام 1925، إلا أنها بقيت على الأرض حتى عام 1933 حين قامت بتدعيم وجودها العسكري في نيكاراغوا المجاورة بمزيد من السفن الحربية وقوات البحرية والمشاة.

وهكذا، ومنذ العقدين الأخيرين من القرن التاسع عشر- تمكنت الولايات المتحدة من فرض سيطرتها على معظم أقاليم ودول قارة أمريكا الجنوبية. وكانت الرغبة الأمريكية من أحكام السيطرة عليها متأتية من عاملين استراتيجيين على قدر كبير من الحيوية. الأول، قناة بنما، المدخل الرئيسي- الذي يمر من خلاله قسم كبير من الصادرات الأمريكية إلى اليابان والبرازيل، وكذلك الأسطول البحري الأمريكي الذي يتحرك من الباسفيكي إلى الأطلسي- وبالعكس. والثاني، بسبب منطقة الكاريبي- أمريكا الوسطى ذاتها التي يمر عبرها حوالي 50% من واردات النفط و40% من التجارة الخارجية الأمريكية.

أما الوسائل التي استخدمتها الولايات المتحدة لبسط نفوذها وسلطانها فقد كانت تتراوح ما بين الوعود السياسية، والتهديد باستخدام القوة العسكرية أو الحصار الاقتصادي، وأساليب العمل المخابراتية. أما أكثر أساليب العمل

المتبعة في فرض الهيمنة والنفوذ وتكريس حالة التبعية، فقد كانت متمثلة بالأساليب والأدوات الاقتصادية.

وفي الواقع، فإننا نتفق مع الرأي الذي ذهب إليه (دسنكس) والذي يقول فيه (إن أكثر أساليب العمل الاقتصادي التي اتبعتها الولايات المتحدة لضمان الهيمنة ومد النفوذ، فإنها تمثلت بسيطرة الشركات الأمريكية على القطاعات الصناعية والتجارية، والمرافق الخدمية كالهواتف والكهرباء والسكك الحديدية والموانئ التجارية. وكان أمام الحكومات المحلية أن تختار واحداً من خيارين، إما أن تنحاز إلى واشنطن فتبقى، وإما أن تتمرد وتسعى إلى إصلاح التجاوزات الأكثر افتضاحاً، فتجري الإطاحة بها على نحو آخر.

أما أساليب العمل السياسي، والتي تظهر فيها الانتخابات كوسيلة عقلانية - ديمقراطية في ممارسة السلطة، أو فيمن يمارسها، فأن الإدارة الأمريكية لا تكون بعيدة عن تصميمها في بلدان تجد أنها ينبغي أن تكون تحت ضوابطها. فالانتخابات، الشكل الأكثر إقناعاً فيمن يتولى السلطة، تكون وظيفتها الوحيدة هي تغذية الوهم الوطني حول الديمقراطية، وإضفاء الشرعية على الحكم على المستويين، القومي والدولي، والسماح بلحظة مميزة للتواصل بين الحكام والمحكومين الذين قد تتاح لهم فرصة تلبية مطالبهم، وبوجه خاص، تسمح الانتخابات بتنافس محدود بين جماعات تدور في تلك السلطة مع استبعاد الطبقات الخطيرة سياسياً).(10)

وفي الواقع، فإنه بالإضافة إلى هذه السياسات التي اتبعتها الولايات المتحدة حيال دول أمريكا اللاتينية، فإن ثمة عوامل ساعدت على التغلغل الأمريكي فيها ومنها:

1. التاريخ السيئ الصيت للاستعمارين البرتغالي والأسباني لما مارساه من عمليات في قمع واضطهاد وسلب واستغلال لثروات القارة ومواردها،

حيث طرحت الولايات المتحدة نفسها باعتبارها (المنقذ) أو (المخلِّص)، باستعارة مصطلحات الديانة المسيحية، لما عجت به القارة من مشاكل سياسية واقتصادية واجتماعية.

2. لا مسؤولية النخب السياسية والأرستقراطيات المحلية وعجزها عن توفير نماذج قيادية تاريخية وطنية لمعالجة المشكلات التي تعاني منها بلدان القارة.

3. الفوضى الاقتصادية والسياسية، والصراعات الأهلية، جعلت العديد من بلدان القارة طريدة سهلة الاقتناص من قبل مشروعات رأس المال والصناعات والشركات التجارية والنشاطات المصرفية الأمريكية.

4. تقاسم الاوليغارشيات المحلية والرساميل الأمريكية الشمالية للسلطة والمكاسب بعد خروج الاستعمارين البرتغالي والأسباني، وأبعاد القيادات والنخب الوطنية وإقصائها عن أي شكل من أشكال التنمية السياسية والاقتصادية والاجتماعية.

وهكذا، أصبحت كوبا وفنزويلا والبرازيل والأرجنتين وبورتريكو وبنما وهاييتي وجامايكا وغيرها في قبضة الولايات المتحدة. وباستمرار كان يجري التدخل والإلحاق باسم (أصلاح الديمقراطية، وحماية المواطنين والمصالح الأمريكية)، أو تحت شعار (تحقيق الرفاهية الاقتصادية ونشر مبادئ الحرية)، فضلاً عن أساليب العمل التجاري والمالي، كل ذلك جعل أمريكا اللاتينية امتداداً لاقتصاد الولايات المتحدة ومرتبطة بها سياسياً.

**الانفتاح نحو العالمية:**

يمكن اعتبار الحرب العالمية الأولى هي البوابة التي تمكنت من خلالها الولايات المتحدة ولوج أوربا، ليبدأ بالتالي انطلاقها نحو العالمية. ورغم أن

الولايات المتحدة الأمريكية أعلنت حيادها في هذه الحرب، إلا أنها وجدت نفسها متورطة فيها لأسباب عدة. فقد كانت هناك ضرورات الحفاظ على التوازن العالمي والخشية من ميل أحدى كفتيه لصالح قوى كانت تشكل تحدياً جدياً لها ولحلفائها في أوربا. كما كانت هناك ضرورات الدفاع عن حرية التجارة، وخصوصاً البحرية، وإنقاذ الديمقراطية من احتمالات نجاح دكتاتورية بعض القوى المناوئة في أوربا.

وفي الوقت الذي مثلت فيه الحرب كارثة اقتصادية واجتماعية وسياسية لأوربا، حيث هناك ملايين القتلى، وانحسار واضح في النفوذ السياسي العالمي للقوى التقليدية في أوربا (بريطانيا و فرنسا)، وما رافق ذلك من دمار كبير لاقتصاديات الدول الأوربية الفاعلة، مع كلف مالية باهظة، إذ كلفت الحرب الاقتصاد البريطاني 44 مليار دولار، وفي ألمانيا ابتلعت الحرب 22% من الثروة القومية، وفي ايطاليا 26%، وفي فرنسا 30%. وأمام هذه الصورة الكارثية كانت الولايات المتحدة الأمريكية هي المستفيد الوحيد من الحرب. لقد بلغت الأرباح المتحققة من التجارة ذروتها. تجارة القمح والفولاذ والبنزين والسفن والسكر والآلات والأعتدة ومعدات سكك الحديد، والحديد والنحاس وغير ذلك. وبقدر ما أسهمت هذه التجارة في دعم الحلفاء، فأنها عملت على إنقاذ الولايات المتحدة ذلك أن هذه السلع كانت تباع في وقت كانت فيه الاحتياطات الأمريكية غير قابلة للنضوب.

وهكذا، ومنذ عام 1915، شكلت الولايات المتحدة الأمريكية خزاناً احتياطياً لمواد أولية، ومنتوجات غذائية وذخائر. واستمتع الصناعيون والمزارعون والتجار الأمريكيون ببيع مواد غذائية، أي القمح واللحم والسكر ومنتوجات صناعية، مثل الحديد والفولاذ والمحركات وآلات صناعية وأدوية ومستلزمات طبية، كل ذلك تم بفضل حيادها الذي لم يمنعها من المتاجرة مع

المتحاربين. هذا بالإضافة إلى نشاط المصارف والمؤسسات المالية في إقراض الفرنسيين والبريطانيين لما يحتاجونه من أموال لإدامة المجهود الحربي وتأمين مستلزمات الحياة الاقتصادية والاجتماعية.

ولم تكن الحرب العالمية الثانية اقل حظاً في توفير فرص مواتية سيجني الاقتصاد الأمريكي منها أرباحاً ومكاسب كبيرة. ففي 1939/11/4 استبدل الكونجرس الامريكي الحظر الشامل بقرار أطلق عليه تسمية (كاش اند كاري)، يمكّن الأمريكيين أن يبيعوا أسلحة للمتحاربين شرط أن يدفع هؤلاء نقداً (كاش)، وان يتكلفوا بالنقل (كاري)، وقد ألزم هذا القرار الفرنسيين والبريطانيين أن يدفعوا ثمن مشترياتهم من الولايات المتحدة ذهباً وعملات صعبة.

وهكذا، وبفضل الإنتاج الواسع والتعبئة العامة في سبيل دعم المجهود الحربي للحلفاء سيجري حل مشكلتي الأسواق والبطالة. كما انشغل الرئيس الأمريكي (روزفلت) بقيادة حملة إعلامية لإقناع مواطنيه بأنه لا يكفي أن تكون أمريكا (ترسانة الديمقراطية)، إنما أيضا لابد من مشاركتها بشكل نشط في الحملة على (إمبراطورية الشر) ألمانيا واليابان. وكما يقول (كلود فوهلن)، كان على صناع القرار الأمريكيين إقناع الرأي العام بأن البلدان التوتاليتارية تهدد القيم الخاصة بالديمقراطية الأمريكية، وهو نفس الشعار الذي رفعته الولايات المتحدة في عقد التسعينات من القرن العشرين، والسنوات الأول من القرن الواحد والعشرين في مواجهة دول معينة (إيران، العراق، ليبيا، سوريا، السودان، وكوريا الشمالية)، إذ أخذت نفس التسمية، (محور الشر)، ونعتت بنفس الصفات باعتبارها دول تهدد المصالح والقيم الغربية ومبادئ الديمقراطية.

ولعل المفارقة الملفتة للانتباه في هذه المقاربة التاريخية هي، إذا كانت أحداث الحادي عشر من أيلول / 2001، المتمثلة بالهجوم على مبنى التجارة

العالمية في الولايات المتحدة الأمريكية مدعاة لشن ما يسمى بالحرب على الإرهاب، وهي الحرب التي كانت تستهدف دول وقيادات أو زعامات سياسية بعينها، وكان من أبرز تطبيقاتها الحرب على أفغانستان، ثم الحرب على العراق عام 2003، والتوعد المستمر لدول وصفت بأنها تمثل (محور الشر) أو (الدول الراعية للإرهاب)، فإن الهجوم الياباني على (بيرل هاربر) قدَّم العنصر الحاسم الذي قرر دخول الولايات المتحدة الحرب. وإذا لم نذهب مع الزعم الذي قدمه بعض المؤرخين من أنه جرى السكوت عمداً عن اقتراب المقاتلات اليابانية حتى تغدو المشاركة الأمريكية في الحرب محتومة، فإنه يبدو أن المجابهة مع اليابانيين كانت مأمولة. وإلا كيف نفسر الإجراءات الاقتصادية ضد اليابان منذ أيلول / سبتمبر 1940 إلى تموز / يوليو 1941 الرامية إلى حرمانها من المنتجات الإستراتيجية ولاسيما النفط؟ كذلك كانت هناك استعدادات أمريكية فيما يبدو للرد على ألمانيا. فقد أقاموا أولاً، منطقة محايدة في الأطلسي تجبر الألمان على حصر عملياتهم في جانبه الشرقي. وكان لابد من وقوع حوادث خصوصاً بعد ما تقرر إشراك السفن الحربية الأمريكية في دوريات وجولات شمال الأطلسي في أيلول / سبتمبر 1941.

ويبدو، أنه منذ كانون الأول عام 1941 (تاريخ دخول الولايات المتحدة الحرب)، تشكلت قناعات أمريكية مفادها، أن الولايات المتحدة ستكون الدولة المنتصرة في الحرب وعلى نحو يضعف، أن لم يكن يلغي، أعداءها وأعداء حلفائها، كما يضمن تبعية حلفائها الذين أنهكتهم الحرب عسكرياً واقتصادياً.

إن الربط الأمريكي لعالم تهيمن عليه الولايات المتحدة بعد الحرب العالمية الثانية أعتمد على ركيزتين، الأولى هي الأحلاف، والثانية هي الفاعلية الاقتصادية لدولة وظفت اقتصادها المتين لتكبل مناصريها بقيود تبدو أن لا فكاك منها.

شملت حالة الدمار الناجم عن الحرب كل القوى التي ساهمت فيها باستثناء الولايات المتحدة. فالفوضى والدمار الاقتصادي والانهيار المالي أصابت اليابان والصين والاتحاد السوفيتي وأوربا بضمنها بريطانيا، جميعها كانت تعاني من انهيار الإنتاج الصناعي والزراعي، التضخم، العجز الكارثي في ميزان المدفوعات، البطالة وهبوط مستوى المعيشة وانحطاط الحياة والقيم الأخلاقية، مع تنامي الدعارة والسوق السوداء والفساد الإداري والسياسي. مقابل هذه الأوضاع المتردية، وجدت الولايات المتحدة نفسها مزدهرة كما كان حالها غداة الحرب العالمية الأولى. فالحرب أنهت الأزمة الاقتصادية وامتصت البطالة بفضل الإنتاج الواسع، وكثفت طاقات إنتاجية غير متوقعة، إذ مثل الإنتاج الأمريكي لوحده ثلثي إنتاج العالم.

كانت الفكرة الأساسية التي حكمت الإستراتيجية الأمريكية على الصعيد الاقتصادي لعالم ما بعد الحرب العالمية الثانية هي إرساء هيمنة اقتصادية تأخذ بيد الولايات المتحدة نحو السيطرة العالمية. فإذا تجاوبت بلدان أخرى، وعلى نطاق واسع، مع حاجة توسيع السوق الأمريكية، فأنها ستكون امتداداً لها وتعمل على تفعيلها وإدامة نشاطها. وعليه، إذا اعتمدت هذه البلدان بنى اقتصادية مماثلة لبنى النظام الاقتصادي الليبرالي، التبادل الحر، والتنافس البعيد عن السيطرة الحكومية المركزية، فسوف تشعر هذه البلدان حتماً بضرورة استيراد البضائع والسلع والمنتجات الأمريكية وفي هذا النموذج تكمن فكرة الربط، أو التبعية الاقتصادية، خصوصاً إذا أخذنا بعين الاعتبار المكانة المتفوقة للاقتصاد الأمريكي بالقياس مع اقتصاديات البلدان الأخرى. وبالتالي، كلما اتسعت دائرة الاستهلاك أو زاد عدد المستهلكين، كان ذلك عاملاً مهماً لتحريك الآلة الاقتصادية. هذه الفكرة يشير إليها (ترومان) بالقول: (إن الحفاظ على اقتصاد أمريكي متوازن وتمكينه من النمو يكمن في تشجيع إنماء الباقي)،

مـما يعنـي ضرورة تحويـل البلـدان الأخـرى إلى أسـواق تسـتورد المنتجـات الأمريكية وتكون امتداداً لها.

ولكن المسـألة لا تكمـن فـي الأسـواق لامتصاص الفائض الصناعي مـن السلع والمنتجات، إنما تحريك الآلة الاقتصادية يعتمد أيضاً على المواد الأولية. وبهذا يشير (ترومان) أيضاً، ومنذ وقت مبكر، إلى أنـه (سيأتي وقت سنحتاج فيه إلى الحصول من خـارج الولايـات المتحـدة على عـدد مـن المـواد نحـن في حاجة إليها. علينا أن نبحث في لابرادور و ليبريا عـن المعادن اللازمة لحسـن سـير مصانع فولاذنا، وعلينا استقدام نحاسنا من الخارج. لدينا نحاس في أرزونـا وأوتـاوا، لكننـا لم نعد قادرين على الاسـتغناء عـن النحـاس في تشيلي. وهنـاك القصدير في بوليفيا وماليزيا، والكاوتشوك في إندونيسيا، وبـالطبع في أمكانيـة إطالة اللائحة عن كل ما نحتاج إليه من بقية العالم). (11)

وفيما بعد ستستكمل هذه القائمة بإضافة النفط. وإذا كانت هذه البلدان التـي أشـار إليهـا ترومـان خاضعـة بشـكل مبـاشر للولايـات المتحـدة، حيـث الحكومـات المواليـة، والشـركات الأمريكيـة فيهـا الأكـثر نفـوذاً، وحيـث المـال الأمريكـي يراقب ويضبط بطريقة خفية الاقتصاد الوطني ويجعله تحت هيمنة الاقتصاد الأمريكي، فأن دول النفط، بعد تنامي حاجة الولايات المتحـدة إليهـا، سـتكون هـي الأخرى تحـت الرقابة وعمليات الضبط الأمريكية مسـتكمله بها توسيع نطاق دائرة الانفتاح على العالم.

●●●

# هوامش الفصل الأول

1. للتفاصيل راجع: نبيل خليل خليل، أمريكا بين الهنود والعرب، دار الفارابي، بيروت، 2003، ص.132.

2. نفس المصدر، ص.133.

3. نفس المصدر، ص.134.

4. نفس المصدر، ص.134.

5. نفس المصدر، ص.135.

6. نفس المصدر، ص.135.

7. للمزيد من التفاصيل حول أفكار (الفريد ماهان) في القوة البحرية، راجع، دكتور عبدالقادر محمد فهمي، المدخل إلى دراسة الإستراتيجية، دار مجدلاوي، 2006، ص175 وما بعدها.

8. انظر: نبيل خليل، مصدر سبق ذكره، ص.136.

9. راجع للتفاصيل: Lawrence E. Harrison, op.cit. p.57

10. عبدالعزيز سليمان، مصدر سبق ذكره، ص.107.

11. Lawrence E. Harrisson, op.cit, p.59

ولتأكيد هذه التوجيهات في السياسة الأمريكية، يمكن الرجوع إلى، عبدالعزيز سليمان، مصدر سبق ذكره.

■■■

## الفصل الثاني

# أدوات السيطرة والتحكم على الصعيد العالمي

في حقبة الأربعينيات من القرن العشرين، وبعد نهاية الحرب العالمية الثانية، كانت الولايات المتحدة قد سجلت حضوراً عالمياً لم يسبق له مثيل، سواء في المجال الاقتصادي أم السياسي أم العسكري. وقد مثلت مرحلة ما بعد الحرب العالمية الثانية على وجه التحديد، استكمالاً للمشروع الأمريكي في الهيمنة العالمية وبأدوات اقتصادية وسياسية وعسكرية.

### أولاً: أدوات السيطرة والتحكم على الصعيد الاقتصادي:

ربما كان لخطاب (جورج واشنطن) الوداعي مغزى كبير عندما شدد فيه على أن يمتنع خلفاؤه من الرؤساء عن الارتباط سياسياً بأي كان، وأن يؤكدوا في سياستهم الخارجية على إنماء علاقتهم الاقتصادية مع بقية دول العالم. وهو بذلك كان يعلن أحد المبادئ الكبرى والأساسية في الإستراتيجية الأمريكية إذا ما أرادت أن تضمن لنفسها الهيمنة والنفوذ والضبط والسيطرة العالمية. والملاحظ أن هذا المطلب كان حاضر في معظم الاتفاقات التي عقدتها وما تزال تعقدها الولايات المتحدة الأمريكية على نحو مميز. فالعامل الاقتصادي، سواء كان مجسداً بسياسة الترغيب أم الترهيب، هو العامل المميز للسياسة الخارجية الأمريكية في رسم إستراتيجيتها العليا على مر الزمن.

لقد دفعت الولايات المتحدة بالأوربيين إلى تبني سياسات مفتوحة للمبادلات الاقتصادية. وفي المقابل وضعت تشريعات اقتصادية شديدة

الحماية لغاية وحيدة هي احتواء الواردات وإنماء الصادرات ورؤوس الأموال الاستثمارية الخاصة تساوقاً مع رأي الاقتصادي (جون ستيوارت مل) القائل: إن المستفيد الوحيد من التبادل الحر هو البلد الذي يصدر أكثر مما يستورد. وكان مصدر ديناميه وفاعليه الاقتصاد الأمريكي يتمظهر بالنشاط التجاري، وامتلاك التكنولوجيا والإبداع فيها، إنشاء الاحتكارات، استثمار رؤوس الأموال، إغراق الأسواق بالمنتجات الصناعية، وهي بذلك تكون قد دفعت بالاقتصاد العالمي إلى أن يتحرك لجلب الأرباح إليها. ففي أقل من قرن جعلت الولايات المتحدة من النظام النقدي الدولي سلاحاً فعالاً غير مسبوق بفضل الدولار والمؤسسات المقامة بعد الحرب العالمية الثانية. ومن بين المؤسسات التي شكلتها، أو أسهمت بفاعلية في تشكيلها، مما عزز من سيطرتها وفرض هيمنتها على الصعيد العالمي هي، صندوق النقد الدولي والبنك الدولي.

## 1- صندوق النقد الدولي والبنك الدولي:

صندوق النقد الدولي والبنك الدولي مؤسستان رئيستان في النظام النقدي الدولي، تأسستا عام 1944م، في المؤتمر النقدي والمالي الذي أنعقد في (بريتون وودز) في (نيو هامشاير) بالولايات المتحدة، والتي كان الغرض منها ضمان هيمنتها الاقتصادية العالمية، أنها فرضت عملتها الورقية (الدولار) كأنها ذهب خالص. وفرضت للورقة سعراً ذهبياً وهو (35) دولار لكل أونصة ذهبية. ومن ثم أصبح ارتباط الأسعار مباشرة بالدولار، كما أنها مرتبطة مباشرة بالذهب. وأنتشر هذا النظام النقدي في العالم بموجب اتفاقية (بريتون وودز)، وأصبح الدولار عملة صعبة عالمياً من حيث تسديد المدفوعات والتبادلات التجارية. وبذلك كانت أسعار المواد الأولية مرتبطة بالدولار ارتباطاً وثيقاً وحقيقياً من حيث القيمة وليس ارتباطاً رسمياً فقط من حيث الدفع. هذا يعني أن انخفاض قيمة العملة الأمريكية (الدولار) يؤدي إلى انخفاض القيمة

الحقيقية والسعرية للمواد الأولية. فوجود الدولار كعملة لتسديد المدفوعات الدولية، إضافة لكونه عملة أمريكية محلية، يسمح للولايات المتحدة بسرقة العالم بأكمله عن طريق آلية التضخم النقدي الداخلية، التي تصبح مباشرة آلية تضخم عالمي. وبما أن قيمة المواد الأولية تدفع بالدولار، فهي في انخفاض مستمر نتيجة وجود التضخم النقدي الأمريكي.

إن الدول المصنعة كانت ترفع أسعار سلعها بتلك النسبة من التضخم، بينما الدول النامية، أو دول العالم الثالث عاجزة عن ذلك بسبب ضغوط الاحتكارات الدولية والشركات المتعددة الجنسية.

أما البنك الدولي وصندوق النقد الدولي، فهما يعملان وفق آلية تقود إلى تبعية اقتصادية وسياسية. فالملاحظ، أن أكثر دول العالم التي هي بحاجة إلى سيولة نقدية وبرامج تنمية اقتصادية هي تلك التي تصنف على أنها بلدان نامية، أو تنتمي إلى مجموعة دول العالم الثالث. إلا أن المساعدات المالية والتنموية التي تقدم من قبل هاتين المؤسستين اللتين تهيمن عليهما الولايات المتحدة، تطرح على البلد المتلقي للمساعدات والقروض خططاً عليه القبول والالتزام بها تسمى بـ (خطط التكييف البنيوية). وهذه الخطط تضع مسبقاً عدداً معيناً من المراحل التمهيدية كشروط واجب الالتزام بها للقرض المحتمل، منها: تحرير الأسعار، تخفيض قيمة العملة الوطنية، تجميد الأجور وحتى خفضها، اقتطاعات قاسية من النفقات العامة للحد من العجز الخارجي، الخصخصة، فتح الأسواق وتحرير التجارة الخارجية، إلغاء الدعم الحكومي وتقليص أنشطة القطاع العام، تخصيص عدد محدد من الصناعات الإنتاجية التصديرية.

والواقع، ثمة نتائج سلبية وربما تدميرية، تترتب عند تطبيق هذه الشروط. فعند أطلاق الأسعار، أو تحرير الأسعار، تقفز أسعار السلع، وتجعل السلع ذات الضرورة الأولية خارج متناول شريحة كبرى من المجتمع، مع إغناء أقلية.

بمعنى، أن غياب الرقابة الحكومية على الأسعار عن طريق تحريرها، سيقود إلى رفع أسعار السلع والمواد الضرورية التي ليس بإمكان الجميع القدرة على شرائها. أما خفض العملة، فأنه يرفع أسعار المنتجات المستوردة، الضرورية غالباً، لحياة البلد. أما تجميد الأجور وتخفيضها فأنه يفاقم التضخم الناتج عن تحرير الأسعار ويؤدي إلى تزايد بؤس وتهميش فئات اجتماعية، جرى عطبها أو تزعزعها سابقاً، جراء انعدام كفاءة أو فساد الجهاز الحكومي. أما الخصخصة أو تخصيص المجموعات العامة الكبرى برفع الرقابة أو التدخل الحكومي عن طريق القطاع العام، فإنه يجرد الدول من وسائل سياسية اقتصادية حقيقية. فتخصيص المصارف ينتزع من الحكومات السيطرة على سياستها النقدية، وتالياً على قسم كبير من قوة قرارها الاقتصادي. وامتصاص القطاع الخاص للحلبة الصناعية العامة، أو السيطرة على القطاع الصناعي الحكومي ليكون بديلاً عنه، فإنه يضمن إقطاعية أرباب العمل، وخضوع الحكومات لمصالح الرأسمالية الدولية. أما تخصيص أو خصخصة القطاعات الكبرى المنتجة للمواد الأولية (معادن، نفط، منتجات زراعية) فأنه يسقط شرائح كاملة للثروة الوطنية في مخالب مجموعات أجنبية، وفي عدادها تكون المجموعات الأمريكية المهيمنة.

وبسبب من ضعف القدرة الإنتاجية للعديد من دول العالم الثالث لإنتاج سلع قابلة للتصدير، فأن فتح الحدود أمام التنافس الدولي يجعل من هذه الدول مستهلكة أكثر مما هي منتجة، فحجم السلع المصنعة محلياً ونوعيتها لا يضاهي حجم السلع والمنتجات المصنعة في الدول الصناعية. وحتى على افتراض أن الدول الصناعية ساهمت في خلق بنية اقتصادية صناعية، فأن هذه البنية تكون محددة بحيث لا تلبي كل احتياجات ومتطلبات المجتمع. ومن ناحية أخرى، تكون مرتبطة بشريحة اجتماعية( قلة من الأغنياء) مما يسهم في خلق تناقضات وفروقات طبقية - اجتماعية.

إن ما يترتب من نتائج ضارة على سياسات هذه المؤسسات الدولية المرتبطة بأحكام بآلية الاقتصاد الليبرالي - الأمريكي، يمكن تحديد البعض منها:

1. إن هذه السياسات الاقتصادية تؤدي بالنهاية إلى تذويب الخصائص الوطنية للبلدان التي تتعامل مع آليتها، ويمنعها من بناء وحدتها الوطنية لصالح ما يسمى بالاقتصاد الذي أصبح عالمياً.

2. التآكل على مستوى السلطة الوطنية، وبناء نظام إنتاج معلوم يتجاوز نظم الإنتاج الوطنية ويحل محلها، حيث تذوب فيه الاستقلالية الوطنية لصالح المركزية الاقتصادية العولمية.

3. إن هذه السياسات تقود إلى تآكل وتفكيك القطاع العام وتقليص سلطة الدولة لصالح رأس المال الأجنبي والشركات المتعددة الجنسية.

4. جعل دول العالم الثالث مجرد كيانات هشة تتطور وفقاً لشروط تطور مراكز الرأسمالية المتقدمة وشروط الاندماج التبعي في السوق العالمية. وبقصار الجمل، فأن سياسات صندوق النقد الدولي والبنك الدولي، المرتكزة على آليات عمل كهذه، ترمي إلى تعميم عالمي للأنموذج الاقتصادي الوحيد الذي تستخدمه الولايات المتحدة بمهارة. وكما يذهب الاقتصادي الفرنسي (آلان كوتا) فأن انهيار الاتحاد السوفيتي، ودخول الصين في السوق العالمية، وشيوع نماذج اللبرلة الاقتصادية المعولمة، كلها سمحت بأن يغدو هذا الأنموذج لا رجوع عنه. فالمقصود على المدى الطويل هو توحيد زيّ الأرض وتخليصها من كل أثر لثقافة محلية أو وطنية قائمة على التاريخ، وتسوية الأذواق والآداب والعادات والأزياء والمواقف الذهنية واستبدالها بالمسالك الأمريكية وحدها.

## 2- مشروع مارشال:

جاء الإعلان عن مشروع مارشال للإنعاش الأوربي من جانب الولايات المتحدة في منتصف عام 1947، كرد فعل للأحوال القاسية التي عاشتها أوروبا بعد الحرب. وكان من علامات هذا الوضع المتردي: هبوط مستوى الإنتاج الصناعي، وشيوع أزمة الطاقة، تفشيـ البطالة، ارتفاع الحاجة إلى الاستيراد في السلع الاستهلاكية الأساسية، نفاذ احتياطها من الذهب والعملات الأجنبية.

ومقابل حالة الوهن الأوربي هذه، زادت قوة الولايات المتحدة زيادة هائلة، فهذه الدولة لم تعان من ويلات الحرب، وبقيت، بسبب من وضعها الجغرافي، بمنأى عن نتائج الحرب القاسية التي أصابت دول أوربا، فحافظت على قوة اقتصادها ونمط حياتها وتعززت شعاراتها الأيديولوجية حول النموذج الأمريكي. لقد كشفت الحرب عن دولة هي الأقوى على نحو مطلق، والأغنى بالقياس مع الدول الأخرى التي خاضت غمار الحرب العالمية الثانية. إذ بات لدى الولايات المتحدة ما لا يقل عن ثلاثة أرباع رأس المال العالمي، وكذلك ثلثي إجمالي الطاقة الصناعية.

وإذا كان مشروع مارشال لا يخلو من مضامين سياسية - أيديولوجية تتعلق بطبيعة المواجهة مع المعسكر الشيوعي، ومنعه من استقطاب دول أوربا الغربية، فإنه ليس بعيداً عن أهداف لها أبعاد ومضامين اقتصادية تشكل نهاياتها خدمة لمصالح الاقتصاد الأمريكي الذي كان يسير بخطى ثابتة نحو الاقتصاد المعولم.

كانت القناعة الأمريكية تذهب إلى أن الاقتصاد الأوربي القابل للحياة، والواجب بعثه، سوف لا يكون إلا امتداداً للاقتصاد الأمريكي، وذلك أن الأفق الذي تنشده الولايات المتحدة، كان مزدوجاً. ففي المرحلة الأولى، كان ينبغي إرجاع الحياة إلى الاقتصاد الأوربي واستعماله كميدان لتصريف المنتجات

الأمريكية، أي إيجاد سوق لامتصاص الناتج الصناعي. ومـن ثـم، في المرحلـة الثانية، ينبغي نسج روابط اقتصادية قوية أسهمت في تعزيزها صـورة أمريكا الكريمة والنزيهة، وهي الفكرة التي تم تسويقها للرأي العام، بحيـث لا يمكن تصور أن تقف أوربا لوحدها دون المسـاعدة الاقتصادية الأمريكيـة والـدعم الأمريكي.

وتحقيقاً لهذه الغاية، كانت هنـاك عـودة، مـرة أخـرى، إلى لغـة الخطـاب السياسي الذي يشدد على (الطبيعة الرسالية للأمة الأمريكية) و(على الآخرين الاقتداء بـالنموذج الأمـريكي) و(أن لا نمـوذج إلا ذلك الـذي أنجبـه النمـوذج الأمريكي) و(أن نظامنا هو الأجدى على هذه الأرض) و(أن المعونة الأمريكيـة لمن هو بحاجة إليها، هـي في سبيل إنهـاض الفضائل الخاصة بنمط الحيـاة الأمريكية).

والملاحـظ، أن التشـديد في هـذه المـرة عـلى (النمـوذج الأمـريكي) لإعـادة صياغة نمط الحياة، كان يحمل نزعة مصيرية، يذهب معها الاعتقاد إلى تصور أو قناعة أن لا عالم بـدون أمريكـا، ولا دول مزدهـرة دون الاقتـداء بالنموذج الأمريكي.

وقد تزاوج مع هذه الطروحـات مشـاعر تثير الهـاجس الأمنـي، جسـدتها مقولات تشدد على أن الولايات المتحدة التي تملك المـوارد المادية والطبيعيـة، والعوامل البشرية والتكنولوجية الأعظم على الإطـلاق، إنمـا هـي أمـة فريـدة، ولكنها، وفي نفس الوقت، مهددة من قبل الإمبرياليـة السـوفيتية التـي تتـآمر عليها وتريد إزاحتها.

ولتجنب مثل هذه التحديات والمخاطر، عملت الولايات المتحـدة للترويج لفكرة أن أوربا مهددة بالمطامع التوسعية للشيوعية وهي هـدف ـ لهـا. وفي هذا المناخ المبالغ فيه على نحو مقصود في إثارة المخاوف مـن انتشار الخطـر

الشيوعي، أصبح من السهولة بمكان استقطاب أوربا الغربية بتمرير مشروع مارشال، باعتباره البديل النموذجي، أو الخيار الوحيد والأمثل لمواجهة الشيوعية. وعلى هذا، لم يترك الرئيس الأمريكي (أيزنهاور) مناسبة من دون أن يكرر (أن من بين الأمم المدعوة إلى العدل والحرية، أناطنا القدر بدور قيادة الآخرين. نحن لدينا هذه الإرادة، ولدينا الوسائل. وعدو الحرية، عندما يعلم بذلك، قد يستهدفنا، في أفق حرب مقبلة. فيترتب على ذلك أن أمننا وقفٌ على وجود عالم حر، وبالقدرة على تطويره).

وهكذا، أصبح هناك معسكران. من جهة معسكر وصفته الولايات المتحدة بـ (الدكتاتورية) الممثلة أساساً بالمعسكر الشيوعي، ومن جهة ثانية، معسكر الديمقراطية بزعامة الولايات المتحدة وقيادتها الطبيعية. ومثل هذا التقسيم يرمز إلى نمط أيديولوجي قائم على الكرامة الإنسانية والحق وفق التوصيف الفكري الأمريكي، بينما الخصم يوصف بمعسكر الشر، أو قوة الدولانية (إشارة إلى مركزية الدولة). وباسم الكفاح ضد مذهب الدولة، أو النخبة المركزية الحاكمة بمعيار الدكتاتورية، سيجري بتشجيع من الولايات المتحدة إنشاء نظام عالمي قائم على الحرية الاقتصادية، حرية انتقال الرساميل والسلع، وعالمية المنظمات والاتفاقيات الدولية.

ولتوضيح فكرة المضار والمخاطر الأمنية التي تتعرض لها الديمقراطية نتيجة وجود نموذج الدولة المركزية يشير أيزنهاور (في المحفل الأوربي للأمم الغربية، هناك حيث ننكب على إقامة اقتصاد حي بذاته، لا يجوز أن يغيب عن ناظرنا أبداً أن لهذه الأمم مجتمعة مشكلة أمنية، مثلما يقع على كاهلها السهر على حسن سير اقتصادها، وإذا كان علينا جعل أوربا وحدة اقتصادية، ترتب على ذلك، بشكل شبه مؤكد، أن نكون ملزمين أيضاً بجعلها وحدة سياسية، أو في كل الأحوال مجموعة يتعلق كل عضو فيها بكل من الآخرين، بدون أي ظل

للارتياب في ما يختص بالأمن. لأنها إذا صارت وحدة اقتصادية، يبدو معقولاً الافتراض أن الجلود و الملابس يجب أن تضع في بلد، وأن المواد الفولاذية والأسلحة ستضع في بلد آخر، والطائرات، ربما، في بلد آخر أيضاً. والحال سيتعين على كل فريق قيادي أن يكون مرتبطاً بفريق الآخرين).[1]

ويتضح من هذه الطروحات أن الإستراتيجية الأمريكية تدعو البلدان الأوربية إلى التكتل في وحدة عضوية متضامنة مع بعضها، وأن على كل دولة الاندراج في نظام التقسيم الدولي للعمل، الذي تمسك الولايات المتحدة بمفاتيحه. كما وأن هذه الطروحات توحي أيضاً، أن المجالين الاقتصادي والسياسي مترابطان، ولتمتين دعائم البنية الاقتصادية الأوربية، على الولايات المتحدة أن تبدد كل مظاهر القلق الأمني الأوربي، فمن واجب الولايات المتحدة الاهتمام بأمن أوربا.

وعلى هذا، وبعد اقتناع الأوربيين، أن اقتصادهم لا يمكن أن ينهض إلا بالمساعدة والدعم الأمريكي، وأن الخطر الشيوعي لا يمكن مجابهته دون زعامة وقيادة أمريكية، تكون الولايات المتحدة قد ضمنت انقياد أوربا الكلي للحماية الأمريكية. بمعنى آخر، إن الولايات المتحدة تمكنت من تحقيق هدفين، الأول تحفيز اقتصادها الذاتي بفضل صادراتها إلى بلدان أوربا، والثاني، ضمان ارتباط هذه البلدان بالولايات المتحدة اقتصادياً وأمنياً. وبقصار الجمل، اتخذ الانفتاح الأمريكي على أوربا ثلاثة أشكال: ضمان الجاذبية لعالم الصناعة والمال والأعمال معطية لنفسها صورة ساطعة عن أمة دينامية تحمل الفضيلة ومتطلعة نحو المستقبل. تصدير نمط الحياة الأمريكية بكل أساليبها الثقافية والفكرية وطريقة الحياة. وضع سياسات وآليات عمل تضمن للاقتصاد الأوربي النمو الذي ينتظره ولكن برعاية أمريكية. ولعل من بين هذه الآليات التي تسمح للأمريكيين القدرة على التحكم الاقتصادي والتي بدأت بمشروع مارشال، عقد

اتفاقيات ومعاهدات، مثل المعاهدة العامة للتعريفات والتجارة (الكات)، منظمة التعاون والتنمية الاقتصادية والمسماة أصلاً المنظمة الأوربية للتعاون الاقتصادي. وفي سنة 1951 قامت السوق الأوربية للفحم والفولاذ.

إن الهدف من كل هذه المعاهدات هو أن تكون عائقاً في وجه كل محاولة أوربية لانتهاج طريق مستقل عن ذلك الذي رسمه الأمريكيون، علماً أن عواقبها كانت وخيمة على مختلف الصعد. فقد أدت في المجال الزراعي مثلاً إلى خفض الإنتاج الأوربي من الفاكهة والخضار والحبوب، مقابل زيادة حصة الإنتاج الأمريكي الزراعي المخصص للتصدير في الأسواق العالمية.[2] وعموماً، ينوي الأمريكيون الهيمنة بكل الوسائل على السوق العالمية، وفي مجالات متنوعة، كالفولاذ، السيارات، الطيران التجاري والعسكري، الكيمياء، الإلكترونيات، الآلات، الأدوات، المواصلات، المنسوجات، وفي غيرها من المجالات الأخرى.

**ثانياً: مظاهر السيطرة والتحكم على الصعيد السياسي - الدبلوماسي:**

تقف إلى جانب الأدوات الاقتصادية، أداة سياسية دبلوماسية هي الأمم المتحدة، وستشكل هذه المنظمة، التي هي في واقعها ثمرة سياسية لجهد عسكري تكلل بنجاح الحلفاء في الحرب العالمية الثانية، شبكة عمل سياسية - دبلوماسية تدعم الهيمنة على الصعيد العالمي.

لقد أريد بالأمم المتحدة أن تكون مشروعاً سياسياً يسهم في صياغة نظام دولي جديد يتوافق مع إرادة الدول المنتصرة في الحرب ويتماهى مع طموحاتها وتطلعاتها. ويعد مجلس الأمن أخطر جهاز يرتبط بالمنظمة العالمية بسبب من طبيعة اختصاصه. فهو المسؤول عن حفظ السلم والأمن الدوليين كما ورد في المادة (39) من ميثاق الأمم المتحدة. ولكي يمارس مجلس الأمن اختصاصه في هذا الجانب، فإن المادة (42) خولته حق اللجوء إلى استخدام القوة كلما

دعت الضرورة لذلك. وقد مارس هذا الجهاز، منذ تشكله وحتى يومنا هذا، اختصاصاً سياسياً أكثر من كونه اختصاصاً قانونياً. صحيح أن مناقشة القرارات وطريقة استصدارها كانت تتم وفق ضوابط قانونية، إلا أنها، ومن الناحية العملية، كانت تعبر عن إرادة تنطوي على غايات ومصالح وأهداف سياسية. ففي العديد من الحالات، كان يفترض الرجوع إلى محكمة العدل الدولية لسماع رأيها لتخويل مجلس الأمن لممارسة اختصاصاته، إلا أن المحكمة لا تتدخل، مما يعني أن الأمر متروك للقوة النافذة بعيداً عن أية رقابة قضائية للتقرير على المستوى العالمي في شأن التدخل أو عدمه.

كانت آلية عمل مجلس الأمن وطريقة التصويت على القرارات واستصدارها خاضعة طيلة سنوات الحرب الباردة لإرادة القوتين العظيمتين. وكان يجري الحوار والتفاوض والمساومة وعمل دبلوماسي مكثف للحيلولة دون صدور قرارات قد يجد فيها أحد العملاقين ما يمس مصالحه. حدثت أزمات كثيرة لم يكن لمجلس الأمن فيها أي دور يذكر، رغم خطورتها على السلم والأمن الدوليين. هناك على سبيل المثال الأزمة الكوبية، القوى المتحاربة والمتصارعة سواء داخل دولة أو بين دول في أمريكا اللاتينية في عقد السبعينات، وغيرها في مناطق أخرى من العالم، كان الجنوح فيها يميل إلى الدبلوماسية الثنائية بين الولايات المتحدة والاتحاد السوفيتي، أكثر من أن يأخذ مجلس الأمن دوره الحقيقي والطبيعي. وحتى وإن تم ذلك، فإنه كان يجري وفق ضوابط تحكم آلية عمله، حيث يتم فيها مراعاة مصالح هذه القوة العظمى أو تلك. لهذا، كان مجلس الأمن، وفي أغلب الحالات، جهاز سياسي يعمل وفق آلية التوافق والتفاهم والتوازن قبل أن تصدر قرارات تضر بهذا الطرف الدولي أو ذاك. إلا أن الملاحظة الملفتة للانتباه هي، أنه مع نهاية العقد الثامن وبداية العقد التاسع من القرن العشرين، وخصوصاً بعد زوال الاتحاد السوفيتي كقوة عظمى مناظرة

وموازنة للولايات المتحدة، أخذت الأمم المتحدة تفقد الكثير من حيادها، أو لنقل من توازنها المنضبط وفق معيار مراعاة المصالح الثنائية لحساب مصالح أحادية الجانب، بعد أن أخذت مظاهر السيطرة والإملاءات الأمريكية تظهر بشكل واضح. حالة العراق في أزمته مع الكويت عام 1990-1991، وكذلك الحرب على العراق عام 2003 كلاهما يمثل نموذجاً فريداً لتجليات الهيمنة الأمريكية على المنظمة العالمية بما فيها مجلس الأمن. فالقرارات التي صدرت من مجلس الأمن منذ 2 آب 1990، بدءاً من القرار (660) وحتى القرار (678)، لم تكن خالية لاستكمال مستلزمات صدورها ونفاذها من ضغوط مارستها الولايات المتحدة تراوحت بين الترغيب والترهيب، وعود بإطفاء ديون مالية وتقديم مساعدات اقتصادية، أو التلويح بحجبها أو منعها إن لم تحظ سياستها بالتأييد والموافقة حيال موقفها من العراق.

هذا من ناحية، من ناحية أخرى، قد يبدو أن هذه القرارات التي اتخذها مجلس الأمن كانت مستوفية لشروط استصدارها من الناحيتين الشكلية والموضوعية، إلا أن متابعة تطورات سياسة مجلس الأمن، وتطور أهداف القرارات ذاتها تؤشر لنا أنها انتهت إلى خلاف الأهداف التي حددها القرار (660)، ومن بينها سحب العراق لقواته العسكرية من الكويت إلى مواقعها قبل الغزو. وقد بين مجرى تطور الأحداث أن الغاية الضمنية لا تتوقف عند إخراج القوات العراقية من الكويت، إنما تنطوي على أهداف أخرى. فعلى مدى ثلاثة عشر عاماً استمر الحصار الاقتصادي قائماً على العراق تحت حجج وذرائع سياسية لا علاقة لها بوقائع قانونية، لينتهي الأمر بعد ذلك بحرب شنتها الولايات المتحدة وبريطانيا خارج نطاق الأمم المتحدة وبعيداً عن أي قرار صادر من مجلس الأمن.

في عام 1991 يمكن أن نلاحظ، أن القوات العسكرية التي استخدمت بشن الحرب ضد العراق لم تكن قوات الأمم المتحدة، بل كانت قوات لدول متحالفة مع الولايات المتحدة سميت بقوات التحالف الدولي. وهناك فارق كبير، من الناحيتين القانونية والسياسية، بين قوات الأمم المتحدة، وقوات متشكلة تحت لواء الولايات المتحدة.

من ناحية أخرى، يمكن أن نلاحظ أيضاً، أن سير العمليات الحربية والإشراف عليها، وحتى عملية وقف إطلاق النار في نهاية شباط 1991، جميعها لم تكن تحت إشراف ومراقبة وتوجيه وأوامر صادرة من الأمم المتحدة أو مجلس الأمن، إنما كانت تحت الإشراف والمتابعة الأمريكية وهيئة أركان القوات المتحالفة معها، وهي تحت أمرة صناع القرار السياسي الأمريكي. يضاف إلى ذلك، أن استمرار الحصار الاقتصادي طيلة ثلاثة عشر عاماً، كان يجري وفق آلية تقترحها وتعمل على استمرارها وإدامتها الولايات المتحدة، وما على مجلس الأمن إلا إصدار قرارات يبدو فيها التعامل مع الحالة العراقية مشروعاً. وتبعاً لذلك، أثقل العراق بالتزامات إضافية كان عليه التقيد بها، رغم تحقق الغرض المطلوب وهو خروج القوات العراقية من الكويت. ويمكن أن نضيف إلى كل ما تقدم، مسألة شن الحرب على العراق في آذار عام 2003 من قبل الولايات المتحدة وبريطانيا، وهي الحرب التي لم تحظ بموافقة مجلس الأمن، ولم تكن بقرار منه، إنما اعتبرت عملاً عسكرياً تجاوز المنظمة الدولية ولم يكن بترخيص منها مما شكل عدواناً مسلحاً ضد دولة ذات سيادة وعضواً في الأمم المتحدة. وأبعد من ذلك، فإن مجلس الأمن والأمم المتحدة وقفا عاجزين ومتفرجين حيال أوسع وأشرس عدوان عسكري تعرضت له دولة مستقلة.

من ناحية أخرى، غالباً ما وظفت مفردات (كالشرعية الدولية، الديمقراطية، حقوق الإنسان ... الخ)، من جانب الولايات المتحدة

وبالاستعانة بالأمم المتحدة، لكنها أرادت بها إحكام سيطرتها على الصعيد العالمي، أو لتكون مبرراً للتدخل في بلدان بهدف تغيير أنظمتها بأخرى تكون أكثر موالاة لها.

لنأخذ مفردة الشرعية الدولية، ومن ثم الدعوات الأمريكية لتبني نموذج الديمقراطية. الملاحظ هنا، أن هناك استخدام واسع النطاق لمفهوم الشرعية الدولية. كما أن هناك قناعات تشكلت حول مفهومها وآلية عملها. هناك قطاعات واسعة ترى أن الشرعية الدولية، وفي إطار مجلس الأمن والأمم المتحدة عموماً، ما هي إلا تجسيد لدكتاتورية القلة في مجلس الأمن، أو القوى الأساسية المتحكمة فيه. وإن كثيراً من الضغوط والعقوبات والتقارير المفبركة، وعمليات الغزو العسكري كانت قد تمت تحت هذا الغطاء، غطاء الشرعية الدولية.

إن ما هو متعارف عليه، أن الشرعية الدولية نشأت بعد الحرب العالمية الثانية. أنشأها الذين انتصروا في الحرب، وقرروا أن ينشأ نظام معمم عالمياً، أو أن ينشأ عالماً وفق تصوراتهم ويلبي طموحاتهم ومصالحهم. ويفترض أن ينتظم هذا العالم تحت هيئة الأمم المتحدة. ولكن واقع الأمر كان يجري خلاف الأهداف التي حددها ميثاق الأمم المتحدة، وخارج اختصاص مجلس الأمن الذي يفترض أن يكون الجهاز المسوؤل عن حفظ السلم والأمن الدوليين. هذه المقولة الافتراضية لاختصاص مجلس الأمن عن حفظ السلم والأمن الدوليين، لم يتم ضبطها وفق مقاييس قانونية، إنما كانت تعمل، وعلى الدوام، وفق آلية عمل سياسية. فالقوة الحاكمة في مجلس الأمن هي إرادة دول لها مصالح وأهداف محددة، وليس وفق إرادة سياسية عليا تفرض عليهم من خارج تشكيلهم، وتملي عليهم سياسات ومواقف يفترض أن ينصاع إليها الجميع. فآلية عمل مجلس الأمن تسير وفق ضوابط التوافق المصحلي أكثر من ضوابط

الانصياع لإرادة عليا التي هي أصلاً غير موجودة. فخلال الحرب الباردة كان هناك أكثر من ثمانين حرباً طاحنة اندلعت بوجود الأمم المتحدة، كان أبرزها في لاوس وكمبوديا وفيتنام، وأفغانستان، حروب راح ضحيتها الآلاف بسبب من المصالح السياسية للقوتين العظمتين في حينه، الولايات المتحدة الأمريكية والاتحاد السوفيتي، ولم تفعل الشرعية الدولية أو مجلس الأمن شيئاً لإحلال السلم والأمن الدوليين. وكانت هناك أيضاً الحرب العراقية - الإيرانية التي استمرت ثمان سنوات ولم يفعل مجلس الأمن شيئاً حيالها رغم صدور قرارات بوقف القتال. إلا أنها رغم ذلك استمرت، ذلك أن مصالح القوتين العظمتين كانت تقتضي استمرارها. وهناك، وكما سبقت الإشارة، حالة العراق والحصار الاقتصادي، ذلك الحصار الذي استمر أكثر من ثلاثة عشر عاماً، وراح ضحيته مليون طفل عراقي فضلاً عن الشيوخ والنساء بسبب من قلة الغذاء ونقص الدواء وتفشي الأمراض والأوبئة، ناهيك عن ما ترتب على الحصار من تدمير البنى الاقتصادية المنتجة والإضرار بمؤسسات الخدمات الاجتماعية. كان الحصار يعبر عن مقتضيات مصالح سياسية للولايات المتحدة، أكثر مما تقتضيه المتطلبات القانونية للشرعية الدولية، بل وحتى المتطلبات الإنسانية. وانتهت حالة العراق بالحرب ضده عام 2003، وهي حرب جاءت خارج نطاق الأمم المتحدة ومجلس الأمن، وبدون قرار دولي صادر عنه.

ثم أين هي الشرعية الدولية من احتلال دولة وإذلال شعب في ظل الوجود العسكري الأمريكي؟ الواقع، هو أن الشرعية الدولية، كانت وما تزال، تتكيّف وفقاً لمتطلبات العمل السياسي، بل وفق ما تقتضيه مصالح الولايات المتحدة سياسياً ولا نقول قانونياً. وكما سبقت الإشارة، إنه في مثل هذه الحالات، غالباً ما تطوع الإرادة القانونية لتتماشى مع متطلبات ومقتضيات المصالح السياسية للقوى العظمى أو الكبرى. أما القوى الأضعف فإنها تتمسك بأهداب

الشرعية الدولية التي لا نعتقد أنها تضمن لها حقاً أو مطلباً في عالم يحكمه الأقوياء.

أما الديمقراطية، ولنأخذها في الدولة الداعية لها والمروجة لضرورة ممارستها، فإن (نعوم تشومسكي) يصفها بأنها لا تعني انعتاق الشعب من قيود السلطة، ويستشهد بقول (الكسندر هاملتون) الذي يذهب فيه إلى أن من بين أهداف الديمقراطية، حتى في المجتمعات الأكثر تحرراً، يكون هدفها ضمان ألا يبتعد (الوحش الكبير) أي الشعب عن (قفصه الخليق به). ويشير (نعوم تشومسكي) إلى عهد الرئيس الأمريكي السابع والعشرين (وودرو ويلسون) أن أوساط النخبة في الولايات المتحدة أخذت تدرك أن من مسؤولية واشنطن أن تضمن وجود مقاليد الحكم في أيدي (الأخيار على قلتهم)، وبات من الضروري ضمان قيام جهاز نخبوي لصنع القرارات وإجازتها، وعلى الكثرة طاعتها والعمل بها. ويضيف (تشومسكي)، أنه مع حلول زمن (ويلسون) تأكد لأوساط النخبة، أن الإكراه في المجتمع بات وسيلة ذات منفعة متناقصة، وأنه من الضروري ابتكار وسيلة جديدة، غير الإكراه، ولكنها تؤدي إلى نفس النتيجة، لترويض (الوحش)، أي الشعب، وذلك من خلال السيطرة على الأداء والمواقف في المقام الأول. ومنذ ذلك الوقت تطورت صناعات ضخمة مخصصة لهذه الغاية. [3]

وعليه، يكون بالإمكان تحقيق الهدف النهائي، بالسيطرة على الرأي العام وكسب تأييده، من خلال (صناعة القيود)، هذا الفن الواعي بذاته، كما يصفه (تشومسكي)، والأداة النظامية للحكومة الشعبية، وهذه الثورة في ممارسة الديمقراطية يجب أن تتيح لـ (طبقة متخصصة) إدارة المصالح المشتركة التي كثيراً ما تراوغ الرأي العام. ويستشهد (تشومسكي) بكتابات (والتر ليبمان) حول اللجنة التي تشكلت لتنسيق الدعاية زمن الحرب العالمية الأولى، وأصابت

نجاحات كبيرة في استمالة الرأي العام بتأييد الحرب وخلقت بين الناس حالة من الحمى الحربية.[4]

ويتابع (تشومسكي) مستشهداً بآراء (ليبمان) التي تقول (أن المتحلين بروح المسؤولية معشر صناع القرارات السديدة، يجب أن يحيوا بمعزل عن ضجيج وعجيج القطيع المنذهل، فمن المفروض أن يكون هؤلاء (الدخلاء الجهّال والفضوليون مشاهدين لا مشاركين. القطيع له (وظيفة) وهي أن يدّب بصورة دورية دعماً لهذا العنصر ـ أو ذاك من الطبقة القيادية في الانتخابات).[5] ولكن ما لم يقله (ليبمان) هنا، يقول تشومسكي، هو (أن المتحلين بروح المسؤولية يحوزون تلك المكانة ليس بفضل أية مواهب أو معارف من نوع خاص، بل نتيجة الخضوع الطوعي لأنظمة السلطة الفعلية والولاء بمبادئها نافذ المفعول. فمن الأهمية الحاسمة بمكان أن تبقى تلك القرارات الأساسية بشأن الحياة الاجتماعية والاقتصادية حكراً على مؤسسات ذات حكم تسلطي من القمة إلى القاعدة على حصر مشاركة الوحش داخل حلبة عامة منكمشة الرقعة).

إذن النتيجة التي نتوصل لها هي، أن هناك حكماً تسلطياً حتى في الأنظمة الديمقراطية غايته هو حصر مسؤولية الحكم واتخاذ القرارات بيد قلة نخبوية، مع تهميش منظم للمشاركة الشعبية. أما إذا ما حاول الشعب أو الجمهور التملص من تهميشه وسلبيته فلا بد من التغلب عليها بفرض تدابير انضباطية على المؤسسات (مدارس، جامعات، كنائس) وإلى غير ذلك، بما فيها سيطرة الحكومة على وسائل الإعلام، إذا لم تف_ الرقابة الذاتية بالغرض).[6]

وهكذا، فإن التحكم بالرأي، عن طريق صناعة القبول والتحكم بالعقول وخلق انطباعات يراد لها أن تتكون، يكون هو أساس الحكم في الأنظمة الديمقراطية، التي تملك من الوسائل ما يعينها على تحقيق هذه الغاية، إلا أن التحكم بالرأي، والحالة هذه، يكون أقرب إلى الاستبداد منه إلى التحرر المزعوم

في التعبير عن الرأي. ويذهب (نعوم تشومسكي) إلى أن التحكم بالرأي له أهمية أكبر بكثير في المجتمعات الحرة، حيث يتعذر استدرار الطاعة بالسياط. لذا كان من الطبيعي جداً أن تنشأ المؤسسات الحديثة للسيطرة على الأفكار، تلك التي تسمى صراحة (دعاية) قبل أن تصبح العبارة خارج ما هو متعارف عليه بفعل التداعيات التوتاليتارية، في أكثر المجتمعات تحرراً. فكانت الريادة في ذلك لبريطانيا (بوزارة الأنباء) التي استحدثتها لتتولى (توجيه أفكار العالم بمعظمه). وسرعان ما حذا ويلسون حذوها باللجنة التي شكلها بشأن الإعلام العام. وقد ألهمت نجاحاتها الدعائية المنظرين الديمقراطيين التقدميين وصناعة العلاقات العامة الحديثة. كما أن مشاركين بارزين في اللجنة المذكورة، من أمثال (ليبمان) و(إدوارد برنايز) استمدو صراحة من النجاحات المحققة في مجال السيطرة على الأفكار، تلك التي كان (برنايز) يدعوها (هندسة القبول) .. جوهر العملية الديمقراطية بالذات. فأضحت كلمة (بروباغاندا) أي الدعاية مزورة من الناحية العملية والتطبيقية بالتقنيات الجديدة الهادفة إلى السيطرة على عقول الجمهور وتوجيهه.

هذا، وتغدو مشاكل السيطرة الداخلية أشد خطورة عندما تنتهج السلطات الحاكمة سياسيات لا تروق لعامة الناس. وفي تلك الحالة قد يستهوي القيادة السياسية إتباع النهج الذي سلكته إدارة ريغان حيث استحدثت دائرة الدبلوماسية العامة لصنع القبول والموافقة على سياساتها الإجرامية في أمريكا الوسطى. وقد وصف مسؤول حكومي رفيع المستوى (عملية الحقيقة) التي نفذتها (إدارة ريغان) بأنها (عملية نفسية ضخمة من النوع الذي يجريه العسكر للتأثير في سكان منطقة محرمة أو معادية)[7]، وهذا توصيف مباشر وصريح للمواقف العامة السائدة تجاه السكان في الداخل.

وإذا كانت الدعاية المكثفة تعتبر من الوسائل الناجعة للسيطرة على الجمهور في الداخل، فإن هناك وسيلة أكثر من مباشرة تمارس على الصعيد

الخارجي. وقد ساق زعماء إدارة بوش الابن (وهم في الأغلب عناصر أعيد تدويرها من أشد الأوساط رجعية في إدارتي ريغان وبوش الأب) ما يكفي من الشواهد إبان أولى المهمات التي أدوها في مناصبهم. فحين اصطدم نظام الحكم التقليدي القائم على العنف والاضطهاد بتحدي الكنيسة في مناطق نفوذ الولايات المتحدة في أمريكا الوسطى، ردت إدارة ريغان بـ (حرب على الإرهاب) أعلنتها بمجرد استلامها دفة الحكم عام 1981، ولا غرابة في أن نرى المبادرة الأمريكية هذه تتحول في الحال إلى حرب إرهابية، حملة من التقتيل والتنكيل والبربرية، ما لبث أن اتسع نطاقها لتشمل مناطق أخرى من العالم كذلك.

يشير (تشومسكي) إلى أنه في بلد واحد هو نيكاراغوا، فقدت واشنطن السيطرة على القوات المسلحة التي دأبت تقليدياً على إخضاع وقهر سكان المنطقة، وقد نجح ثوار الجبهة الساندينية في الإطاحة بدكتاتورية سوموزا، وجرى حل الحرس الوطني القاتل. لذا كان من المحتوم أن تتعرض نيكاراغوا لحملة من الإرهاب الدولي، تركت البلاد مشاعاً للخراب. حتى الآثار النفسية لإرهاب واشنطن كانت من الخطورة بحيث لم تستطع روح الحماسة والحيوية والتفاؤل، التي أطاحت بالدكتاتورية، أن تصمد طويلاً في وجه القوة العظمى المتسلطنة، التي وأد تدخلها الأمل في أن تاريخاً كالحاً ربما يغير مساره آخر المطاف.

وفي بلدان أمريكا الوسطى الأخرى المستهدفة في (الحرب على الإرهاب) الريغانية، بسطت القوى التي سلحتها ودربتها الولايات المتحدة سيطرتها على الموقف. ومن غير جيش يدافع عن المواطنين ويحميهم من الإرهابيين، أي من قوات الأمن نفسها، كانت الفظاعات المرتكبة بحقهم أدهى وأمرّ. وسجل التقتيل والتنكيل والتخريب معدلات عالية تناقلت وقائعه منظمات حقوق الإنسان، والجماعات الكنسية، والبحّاثة الأمريكيون اللاتينيون، وعديدون

119

غيرهم على أوسع نطاق، ومع ذلك بقي مجهولاً لسكان الدولة التي تتحمل وزره، وسرعان ما جرى طمسه تماماً.

وما أن انتصف عقد الثمانينات من القرن العشرين، حتى كانت حملات (إرهاب الدولة) المدعومة أمريكياً قد خلقت مجتمعات مسكونة بالذعر والرعب والتخويف والخوف الجماعي. وقد وصفت إحدى منظمات حقوق الإنسان الحالة في السلفادور (بأن وطّد السكان أنفسهم على تقبل الاستخدام اليومي والمتواتر لوسائل العنف، على الرؤية المتكررة للأجساد المشوهة بفعل التعذيب). أما الصحافي خوليو غودوي وهو من غواتيمالا كتب بعد زيارة بلده الأصلي يقول (أن المرء ليميل إلى الاعتقاد بأن أناساً في البيت الأبيض يعبدون آلهة الأزتيك بتقديمهم الأضاحي لها من دماء أمريكا الوسطى). ويصف غودوي إرهاب الدولة الذي تمارسه المؤسسات الحكومية في العديد من دول أمريكا الوسطى والمدعوم أمريكياً، أن البيت الأبيض نصّب وساند قوى في أمريكا الوسطى تتفوق بأجهزتها الإرهابية العديد من دول العالم (لتنال بسهولة جائزة الوحشية العالمية).

وعليه، إذا كانت عمليات الإقصاء والتهميش والتعذيب وما إلى غير ذلك من وسائل إرهابية تمارسها المؤسسات الحكومية داخل الولايات المتحدة ضد الشعب الأمريكي مستخدمه بدلاً عنها وسائل تطويع وإرغام أكثر (مدنية) عن طريق (صناعة القبول) التي تلجأ إلى تقنيات الإعلام لتضليل الحقائق، فإنها لا تتوانى عن استخدام وسائل أكثر (بدائية) في التطويع والإكراه خارج حدودها. ففي مؤتمر عُقد في بداية التسعينات في سان سلفادور خلص المؤتمرون إلى أنه لا يكفي التركيز على الإرهاب وحده، فليس دون ذلك أهمية (التحري عما كان لثقافة الإرهاب من وزن في تدجين تطلعات الأغلبية ما منعها من التفكير ببدائل عن مطالب القوي. وهذا ليس في أمريكا الوسطى فحسب، إنما في مناطق

عديدة من العالم. هذا ما تؤكده سياسة الولايات المتحدة في مطلع القرن الواحد والعشرين في إعلانها الصريح بالحرب على الإرهاب.

إن تحطيم الأمل المشروع على درجة حاسمة من الخطورة. وعندما يتحقق ذلك، تكون الديمقراطية الصورية مقبولة، لا بل محبذة، ولو لأغراض العلاقات العامة فقط. وهذا أمر مسلم به تقريباً في المحافل الدولية، ومفهوم أيضاً بشكل أعمق من جانب (الوحوش الآدميين) ممن يتحملون تبعات تحديهم لمستلزمات الاستقرار والنظام.

**ثالثاً: مظاهر السيطرة والتحكم على الصعيد الاستراتيجي العسكري - الأمني:**

بعد الحرب العالمية الثانية وجدت الولايات المتحدة نفسها أمام نظام دولي جديد أخذ يفرض عليها تحديات اعتبرت هي الأخرى من نوع جديد. إنها تحديات لها مضامين أيديولوجية تختلف تماماً عما كان عليه الحال سابقاً، ويمكن أن تقود إلى زعزعة مكانتها العالمية. هذا التحدي الأيديولوجي مثلته العقيدة الماركسية - اللينينية التي أخذت تطعن بأهلية النظام الليبرالي وعملت على تصويره بأنه نظام تسيره الاحتكارات ويتغذى على الحروب ويستمد قوته من استغلال الأقلية للأغلبية، وبالتالي فهو عاجز عن تحقيق الازدهار والتقدم الاقتصادي. كما هو عاجز عن تحقيق مبادئ المساواة والعدالة الاجتماعية.

هنا، وجدت الولايات المتحدة نفسها أمام عدو جديد تختلف قواعد التعامل معه عن تلك التي تعاملت بها مع قوى قد تكون أدنى منها في المكانة، أو أنها تعاملت معها تحت ضغط الحاجات الاقتصادية وضرورات إعادة البناء بعد الحرب العالمية الثانية كالقوى الأوربية التي خرجت منتصرة منها.

ومع هذا العدو، أو المتحدِ الجديد، أصبحت مسألة الهيمنة الأمريكية مطروحة بصيغة تساؤل: أما (أنا) أو (الآخر). وفي هذه المعادلة التي يحكمها

طرفان متناقضان فكرياً وعقائدياً فإن محصلتها لا تحتمل إلا واحداً من خيارين، بقاء (الأنا) بعد زوال (الآخر). كان هذا الآخر هو الاتحاد السوفيتي، الذي مثل التحدي الأول، والأخطر من نوعه.

ولتأكيد حتمية بقاء (الأنا) واشتراطات إزاحة (الآخر)، كان على الولايات المتحدة صياغة أنماط متعددة من الاستراتيجيات منها:

**1- إستراتيجية الاحتواء:**

وهي أولى الاستراتيجيات التي اتبعتها الولايات المتحدة في مواجهة الاتحاد السوفيتي. وكان الدافع من ورائها القلق الأمني المتزايد من تنامي الخطر الشيوعي الزاحف الذي سيطر على وسط وشرق أوربا، مع إمكانية انتشاره إلى مناطق أخرى من العالم. ويعتبر (جورج كينان) الخبير الأمريكي بالشؤون السوفيتية، مصمم هذه الإستراتيجية.

انبنى الإطار النظري لإستراتيجية الاحتواء، بالصورة التي اقترحها (كينان)، على تطويق الاتحاد السوفيتي وكتلة دول شرق أوربا بجدار عازل وضاغط من الأحلاف والقواعد العسكرية تحول دون نفاذ السوفيت إلى مناطق نفوذ الغرب وتعوق حركتهم في الوصول إليها، وأن تعنيف قوة الضغط الموجهة ضد السوفيت واستمرارها من خلال العزل والاحتواء ستمهد لانهيار الاتحاد السوفيتي، وتنهار بالتالي منطقة نفوذه الواسعة في شرق أوربا.

وتمثل التطبيق العملي لإستراتيجية الاحتواء والعزل بإقامة حلق شمال الأطلسي عام 1949 في أوربا. وفي آسيا كانت هناك معاهدة الأمن المتبادل بين الولايات المتحدة واليابان عام 1951، ومعاهدة الأمن المتبادل بين الولايات المتحدة وكوريا الجنوبية عام 1953، وحلف جنوب شرق آسيا (السيتو) عام 1954، وحلف بغداد عام 1955، الذي تحول إلى حلف المعاهدة المركزية فيما بعد (السنتو) بعد خروج العراق منه بعد ثورة 1958.

## 2- إستراتيجية الانتقام الشامل:

هذه الإستراتيجية وضع أسسها وزير خارجية الولايات المتحدة (جون فوستر دالاس) في بداية الخمسينات. واعتبرت بمثابة التصحيح لكل نقاط الضعف التي أسفر عنها تطبيق إستراتيجية الاحتواء. والفكرة التي بنيت عليها هذه الإستراتيجية مفادها، إذا حاول السوفيت تغيير هياكل القوة على الصعيد العالمي، والمساس بمصالح الغرب أو الاعتداء عليها، في أي شكل من الأشكال أو تحت أي مبرر، فإنهم سيواجهون بتصميم الولايات المتحدة على استخدام أسلحتها النووية بصورة فورية وشاملة، وفي أماكن تختارها الولايات المتحدة نفسها. وعرفت هذه السياسة بسياسة حافة الهاوية، واعتبرت بمثابة الطريقة الوحيدة لردع السوفيت من القيام بأعمال أو سياسات تهدد مصالح الغرب وفي مقدمته الولايات المتحدة الأمريكية.

## 3- إستراتيجية الاستجابة المرنة:

اعتنقت الولايات المتحدة إستراتيجية الاستجابة المرنة في بداية الستينات، حيث وضع أسسها الجنرال (ماكسويل تيلور) رئيس هيئة الأركان المشتركة للجيش الأمريكي آنذاك، وأصبحت بعد ذلك الإستراتيجية التي ينتهجها حلف شمال الأطلسي ـ كأساس لتخطيط سياساته العسكرية منذ عام 1967. والفكرة التي تقوم عليها هذه الإستراتيجية هي، أن على الولايات المتحدة الأمريكية تطوير قدراتها العسكرية الضاربة بما يؤمن لها مقدرة عالية في مواجهة التحديات. وتتميز هذه الإستراتيجية أنها مرنة وحاسمة في آن واحد. ومرونتها متأتية من القدرة على التصرف والاستجابة لأي نوع من أنواع الحرب إذا دعت الضرورة الولايات المتحدة أن تخوضها، سواء أكانت حرب عالمية أم محدودة، نووية أم تقليدية، كبيرة أم صغيرة. أما جانب الحسم فيها فيتمثل في أن تظهر الولايات المتحدة درجة عالية من التصميم لإحباط جميع

أشكال التهديد والابتزاز الذي قد تتعرض له، سواء من الاتحاد السوفيتي، أم من أي قوة أخرى غيره.

### 4- إستراتيجية التدمير المؤكد:

في منتصف الستينات، جاء وزير الدفاع الأمريكي (روبرت ماكنمارا) بإستراتيجية التدمير الشامل والمؤكد كرد فعل للتهديدات العسكرية المتصاعدة لكل من الاتحاد السوفيتي والصين. ومن الطبيعي لا تخلو هذه الفكرة والدعوة إلى ترويجها (التهديدات العسكرية المتصاعدة لكل من الاتحاد السوفيتي والصين) من إثارة لمخاوف مبالغ فيها في مناخ أيديولوجي تصارعي لا يجد طرفاه نهاية له إلا بتدمير وإنهاء عدوه المقابل.

تقوم إستراتيجية التدمير المؤكد على فكرة أن تقوم الولايات المتحدة الأمريكية بتعزيز قدراتها النووية إلى مستويات تكون قادرة فيها على توجيه ضربة نووية ثأرية (الضربة الثانية) إذا ما تعرضت إلى هجوم نووي سوفيتي بالمبادأة، أي الضربة الأولى، الأمر الذي يفرض على الولايات المتحدة أن تحرز تفوقاً في قوتها الإستراتيجية الانتقامية، وعلى نحو تكون فيه الضربة الثانية أشد بأساً من تلك التي تتلقاها حيث تستهدف تدمير الاتحاد السوفيتي تدميراً شاملاً وأكيداً، ويكون الثمن فيها باهظاً ومكلفاً. وفي رأي (ماكنمارا)، أن زرع هذه القناعة لدى الخصم، إذا حاول الإقدام على توجيه ضربة نووية استباقية (الضربة الأولى) من شأنه أن يشكل رادعاً قوياً وحاسماً، لأنه سيدفع بالخصم إلى التفكير بالعقاب وحجم الدمار الذي سينال مدنه وأهدافه الإستراتيجية والحيوية قبل إقدامه على استخدام سلاحه النووي.(8)

إلى جانب هذه الإستراتيجية الأمنية التي تبنتها الولايات المتحدة الأمريكية، تقف القوة العسكرية. فإلى جانب القوة العسكرية الأمريكية بشقيها التقليدي والإستراتيجي (النووي)، هناك حلف شمال الأطلسي ـ الذي أرادت من

ورائه الولايات المتحدة أن يكون القوة العسكرية الضاربة في مواجهة حلف وارشو. ولكن بعد زوال الاتحاد السوفيتي وأداته العسكرية (حلف وارشو)، بقي الحلق الأطلسي محتفظاً بوظيفته الإستراتيجية ولأغراض لا يمكن إسقاط حاجة الولايات المتحدة الأمريكية إليها استناداً لأدوارها العالمية المترامية.

إن حاجة الولايات المتحدة الأمريكية لأوربا في إطار بنية عسكرية يمثلها الحلف الأطلسي تتمثل بالموضوعات التالية:

1- الحاجة إلى حليف تاريخي يمتلك قدرات سياسية - اقتصادية لمساندة الدور العالمي للولايات المتحدة الأمريكية وبما يزيد من هيمنتها.

2- الحاجة إلى الحليف الأوربي لدعم القوات الأمريكية المفرطة في امتدادها للدفاع عن المصالح الأمريكية إذا ما تعرضت إلى ضغوط وتحديات جدية.

3- العمل على مواجهة مخاطر مشتركة، أروبية - أمريكية، كالإرهاب، وانتشار أسلحة الدمار الشامل، تحديات المصالح المشتركة في مناطق وبؤر ذات اهتمام مشترك.

4- كما وأن العمل العسكري الأمريكي، وفي أي منطقة من مناطق العالم، بحاجة إلى شرعية سياسية، وقدرات دعم لوجستية عسكرية لا يكون بمقدور الولايات المتحدة تأمينها دون المشاركة الأوربية.

هذه السياسات العنيفة التي تبنتها الولايات المتحدة الأمريكية، هي التي حكمت إستراتيجيتها منذ الحرب العالمية الثانية وحتى زوال الاتحاد السوفيتي. ومما لا شك فيه أن امتلاك هذه المكانة من التفوق العسكري - التكنولوجي، وبمساندة الحليف الأوربي، تعد ركناً أساسياً لترسيخ وتأكيد مظاهر الهيمنة والقدرة على التحكم على الصعيد العالمي. وكما سنرى، فإن غياب الاتحاد السوفيتي دفع بالولايات المتحدة إلى تطوير عقيدة عسكرية تخدم

أهداف إستراتيجيتها العليا سواء أكان ذلك عـلى المسـتوى النظـري، أم عـلى المستوى العملياتي وبما يضمن لها استمرارية الهيمنة والبقاء المنفرد.

•••

## هوامش الفصل الثاني

1. James Mann, About Face: A History of America's Curious, Relationship with China from Nixon to Clinton, New York, Knof, 1999, p.157

2. انظر للتفاصيل، أمريكا بين الهنود والعرب، د. نبيل خليل، مصدر سبق ذكره، ص.149

3. راجع فيما تقدم عن طروحات تشومسكي: نعوم تشومسكي، الهيمنة أم البقاء، السعي الأمريكي إلى السيطرة على العالم، ترجمة سامي الكعكي، دار العربي، بيروت، 2004، ص.12

4. نفس المصدر، ص.13

5. نفس المصدر، ص.13

6. نفس المصدر، ص.14

7. Randal Marlin, Propaganda and the Ethics of Persuasion, Broad, View, 2002, p.33

8. انظر فيما تقدم من إستراتيجيات تبنتها الولايات المتحدة في مواجهة الاتحاد السوفيتي في حقبة الحرب الباردة:

- السيدياسين، الإمبراطورية الكونية، الصراع ضد الهيمنة الأمريكية، دار النهضة، مصر للطباعة والنشر، القاهرة، 2004، ص24 وما بعدها.

- كذلك:

John Leweis Qaddis, Strategies of Containment, Critical of Post War, Oxford University Press, 1982, p.73.

■ ■

الباب الثالث 3

# معالم الإستراتيجية الأمريكية بعد الحرب الباردة

130

تقديـــم:

بعد غياب الاتحاد السوفيتي عن الساحة الدولية أثر تفككه وانهياره، ظهر متغير جديد في النظام السياسي الدولي إلا وهو انفراد الولايات المتحدة بمقدرات السياسة الدولية على نحو شبه مطلق، جسد ذلك نظام القطبية الأحادية، بعد أن كان النظام الدولي قائم على أساس القطبية الثنائية.

ومع هذا التغير الذي أصاب البنية الهيكلية للنظام الدولي ترسخت، وبشكل لم يسبق له مثيل، قيم اقتصادية، وثقافية وسياسية تمظهرت تحت مسمى العولمة. فشاع معها استخدام مصطلحات لم تكن موضع تداول في الخطاب السياسي، كالعولمة الاقتصادية والثقافية، والسياسية وهي جميعاً تتمركز حول القوى الاقتصادية والثقافية والسياسية، بل وحتى العسكرية التي أخذت تنفرد بها الولايات المتحدة الأمريكية. بعبارة أخرى، أن مظاهر التفوق في الإستراتيجية الأمريكية في مرحلة ما بعد الحرب الباردة، وبدأ من العقد التاسع من القرن العشرين، اتخذت أبعاد اقتصادية وثقافية وسياسية وعسكرية غيرت كثيراً من قواعد السلوك في التفاعلات السياسية الدولية وبما يخدم أهداف ومصالح الولايات المتحدة الأمريكية، التي لم تجد روادع جدية تحد من فرض هيمنتها العالمية، حتى أن البعض ذهب إلى وصفها بأنها دولة توتاليتارية على الصعيد العالمي، طالما أنها تحتكر لوحدها ثلاثة عناصر من القوة:

احتكار القوة المسلحة بشقيها التقليدي والنووي وعلى نحو تفوقت فيه على بقية دول العالم، وإلى الحد لا توجد فيه قوة مناظرة لها، وفق قياسات الاتحاد السوفيتي، قادرة على أن تحد من تفوقها العسكري المطعّم بآخر ما توصلت إليه تكنولوجيا المعلومات. العنصر الثاني، هو احتكار القوة الاقتصادية. وقد أصبح هذا الاحتكار خاصاً بها لوحدها مادامت العقيدة الاقتصادية الوحيدة، المعترف بها والمطبقة في كل مكان هي الرأسمالية الليبرالية ذات التبادل الحر، التي تنتسب إليها النخب الأساسية، ومادامت الولايات المتحدة ترتهن الأمم كافة من خلال المعاهدات والاتفاقيات الدولية، مثل اتفاقية (الكات). والخلاصة فإن شبكتها الاقتصادية تنطوي على نقطة مركزية مزدوجة: الأيديولوجية الليبرالية، حيث تتخذ السلطات الاقتصادية والمالية والسياسية الأمريكية، بالتفاهم مع مجموعات مصالح الأمم الأخرى، القرارات الاقتصادية التي يستشعر بآثارها مجمل الكوكب الأرضي.

وهناك إلى جانب الأيديولوجية الليبرالية، الشبكات التي تجسدها (المؤسسات الدولية، الاتفاقيات الدولية، الشركات المتعددة الجنسية) وهي على الجملة تكبّل مراكز القرارات الوطنية وتراقبها وتنمذجها. العنصر الثالث لقوة الولايات المتحدة يتمثل في احتكارها لوسائل الاتصال الجماهيري المعدَّة لصياغة نمط الحياة وقواعد السلوك بما يتماشى مع النموذج الأمريكي.

## الفصل الأول

# البعد الاقتصادي للإستراتيجية الأمريكية

على الدوام شكّل العامل الاقتصادي ركناً أساسياً في منهج التفكير الاستراتيجي الأمريكي لضمان الهيمنة الأمريكية على الصعيد العالمي. وقد أدركت الولايات المتحدة منذ وقت مبكر أن القوة الاقتصادية يمكن أن تنجز أهداف قد تعجز عن تحقيقها القوة العسكرية، فإذا كان استخدام القوة العسكرية له اشتراطات وموجبات محددة، فأن النشاط الاقتصادي يمثل ضرورة حياتية تتطلبها الحياة الإنسانية على نحو مستمر. وكما سبقت الإشارة إلى أن الإستراتيجية الأمريكية بمضمونها الاقتصادي، صممت بعد الحرب العالمية الثانية لأن تكون ذات طابع عالمي. إلا أنها، ورغم ذلك، بقيت مقيدة، أو عاجزة على أن تكون كذلك لتشمل أجزاء أخرى من العالم مادامت فيه أنظمة اشتراكية وشيوعية كانت لا تزال على قيد الحياة. وبزوال معظم هذه الأنظمة، بعد زوال الاتحاد السوفيتي، استطاع النظام الرأسمالي أن يتحول إلى نظام عالمي تتحكم بآليات عمله الاقتصادية الكثير من المؤسسات الاقتصادية ومؤسسات التجارة العالمية.

وبشيء من التركيز، يتمحور البعد الاقتصادي للإستراتيجية الأمريكية حول فكرة أن النظام العالمي الجديد، بقيادة الولايات المتحدة، هو في جوهره نظام اقتصادي قائم على أسس رأسمالية، مركزه الدول الصناعية التي تتقدمها الولايات المتحدة، وهامشه الدول النامية المستهلكة والمصدرة للمواد الأولية، وهذه الفكرة ترمي أساساً إلى توحيد العالم على أسس إنتاجية واحدة، وبناء

سوق عالمية واحدة، تدار عملياتها من قبل مؤسسات وشركات عالمية متعددة الجنسية، ذات تأثير على كل الاقتصادات المحلية. أما الأسواق التجارية والمالية والعالمية فأنها لم تعد موحدة أكثر من أي وقت آخر فحسب، بل هي خارجة عن تحكم كل دول العالم.

إن الفكر الليبرالي القائم على مفاهيم التجارة الحرة، آلية السوق، الخصخصة... الخ، يمثل الأساس الأيديولوجي للإستراتيجية الاقتصادية الأمريكية التي ترى أن الاقتصاد العالمي لم يعد يخضع اليوم إلى الرقابة التقليدية، ولم يعد يؤمن بتدخل الدول في نشاطاته، وخاصة فيما يتعلق بانتقال السلع والخدمات ورأس المال. لقد بلغ النشاط الاقتصادي العالمي مرحلة الاستقلال التام عن الدولة القومية، وعن الاقتصادات الوطنية التي كانت قاعدة الاقتصاد العالمي ووحدته الأساسية، والتي تتحكم في مجمل العمليات الإنتاجية والاستثمارية على الصعيدين الداخلي والخارجي. كل ذلك كان يتم برعاية الدول وعبر تحكمها الكامل. إلا أن هذا التحكم التقليدي للدول في النشاط الاقتصادي اخذ بالتراجع لصالح تنامي واتساع النموذج الليبرالي ـ الاقتصادي الذي تقوده الولايات المتحدة.

إن انتقال مركز الثقل الاقتصادي العالمي من الوطني إلى العالمي. ومن الدولة إلى الشركات والمؤسسات والتكتلات الاقتصادية هو جوهر الإستراتيجية الاقتصادية الأمريكية التي توصف بالعولمة الاقتصادية، والتي فيها أصبح الاقتصاد العالمي ونموه وسلامته، وليست الاقتصادات المحلية، هو محور الاهتمام العالمي. كما وإن الأولوية الاقتصادية في ظل العولمة هي لحركة رأس المال والاستثمارات والموارد والسياسات والقرارات على الصعيد العالمي، وليس على الصعيد المحلي. هذه الإستراتيجية الاقتصادية، أو العولمة الاقتصادية، في تصميمها وسياقات عملها تستجيب لقرارات المؤسسات

العالمية ولاحتياجات التكتلات التجارية ومتطلبات الشركات العابرة للقارات والمتعددة الجنسية. كذلك تصبح كيفية إدارة الاقتصاد العالمي أكثر أهمية من كيفية إدارة الاقتصادات المحلية.

وبفعل النموذج الليبرالي أو العولمة الاقتصادية، التي تمثل الولايات المتحدة مركز فعلها وآلية عملها، شهد النظام الاقتصادي العالمي، ومنذ بداية التسعينات من القرن الماضي، مجموعة من الاتجاهات الاقتصادية الجديدة مثل، الاتجاه نحو تداخل الاقتصاد العالمي، واندفاع الدول نحو نظام الاقتصاد الحر، والخصخصة، والاندماج في النظام الرأسمالي كوسيلة لتحقيق النمو، وتحول المعرفة والمعلومة إلى سلعة إستراتيجية وإلى مصدر جديد للربح، وتحول اقتصادات الدول المتقدمة من التركيز على الصناعة إلى التركيز على الخدمات والسلع الاستهلاكية. هذا فضلاً عن بروز منظمة التجارة العالمية، وتنامي دور الشركات الدولية وتعدد نشاطها في المجالات التجارية والاستثمارية. هذه الاتجاهات الاقتصادية الجديدة وغيرها من التطورات تشكل في مجملها أسس الفعل الاستراتيجي الامريكي الذي يفترض أن يكون العالم وحده اقتصادية واحدة تحركه قوى السوق وترتبط بها مجموعة من المؤسسات المالية والتجارية والصناعية العابرة للحدود القومية.

ويبدو واضحاً أن الهدف من هذا التوجه الاقتصادي العولمي يتمثل بتحويل العالم إلى عالم يهتم بالاقتصاد أكثر من اهتمامه بالشؤون الحياتيه، بما في ذلك الأخلاق والقيم الإنسانية التي أخذت بالتراجع تدريجياً. وأن يجري استبدال كل ذلك بالعلاقات السلعية والربحية والنفعية. فالهدف هو تحويل المجتمعات الإنسانية إلى مجتمعات مستهلكة للسلع والخدمات التي تروج على نطاق عالمي، وتديره أو تتحكم فيه عدد من الشركات العابرة للحدود والتي تعود أصولها للولايات المتحدة الأمريكية. حيث تقوم هذه الشركات بنسج تحالفات

عابرة للقارات والمحيطات، والمتنوعة أشد التنوع في نشاطاتها. معظم هذه الشركات أصولها أمريكية، إلا أن نشاطها التجاري والمالي والصناعي، وعلى المستوى الإداري والتنفيذي والتسويقي والإنتاجي، وحتى الدعائي والإعلامي، موزع على دول متعددة وأقاليم متنوعة. هذه الشركات تعمل من منطق أن حدودها هي حدود العالم، بل الكون بأسره. لذلك فهي لا تجد أية صعوبة في نقل سلعها وخدماتها وأصولها وإدارتها ومراكز بحوثها إلى أي مكان مستخدمة آخر التقنيات النى تقلص الزمان والمكان. هذه الشركات العملاقة تشكل مصدر خطر على اقتصاديات العديد من الدول، وخصوصاً الدول النامية، ذلك أنها مصدر لكل استغلال لامتلاكها قدرات احتكارية ضخمة تهدد بها سيادتها الوطنية واستقلالية قرارها السياسي.

إلى جانب هذه الشركات، هناك اتجاه عالمي متصاعد نحو التحرير الكامل للتجارة العالمية التي دخلت مرحلة الانفتاح التام، وغير خاضع للقيود أو التحكم، وذلك بعد توقيع اتفاقية (الكات) وقيام منظمة التجارة العالمية عام 1996، والتي تضم أكثر من (144) دولة تعهدت جميعها بخفض الرسوم الكمركية على التجارة الخارجية، والتزمت بإزالة جميع القيود التي تعيق تدفق السلع والمنتوجات والخدمات بيسر وسهولة فيما بينها. وقد تم تعزيز اتفاقية (الكات) بتوقيع أكثر من (70) دولة على اتفاقية الخدمات المالية عام 1997، وهي الاتفاقية التي فتحت قطاع الخدمات المالية لهذه الدول، والتي تستحوذ أسواقها على 95% من تجارة المصارف والتأمين والأوراق المالية والاستشارات المالية في العالم. وعن طريق اتفاقية (الكات) يجري العمل على توسيع نطاق التبادل التجاري في تقنية المعلومات بحيث تشمل سلعاً أكثر معفاة من الرسوم الكمركية، وإلى تحرير كامل للسلع التكنولوجية في التجارة العالمية.

إن منظمة التجارة العالمية هي اليوم أهم مؤسسة من مؤسسات العولمة الاقتصادية، ويشكل إنشاءها منعطفاً تاريخياً في النشاط الاقتصادي العالمي.

ورغم أن هـذه المنظمـة تنسـق عملهـا وسياسـاتها مـع بقيـة المؤسسـات الاقتصادية العالمية، إلا أنها تعتبر الجهـة الوحيـدة التي تتـولى إدارة العالـم تجارياً، وذلك من خلال تطبيـق مبادئها التـي يأتي في مقدمتها مبدأ الـدول الأولى بالرعاية؛ ومبدأ الشفافية التامة تجاه المعلومات والممارسات التجارية.

إن هذه المبـادئ والسياسـات التـي تقـوم عليهـا منظمـة التجـارة العالميـة، كتخفيض الرسوم الكمركية، وفتح الأسواق التجارية على بعضها البعض، وانتقـال السلع بحرية تامة علـى الصعيد العالـي، كـل ذلك سـيقود إلى إلغـاء الحـدود القومية - الجغرافية بين الدول، ويخلق عالماً منفتحاً تجارياً، ويستهلك أكبر قـدر من السلع والمنتجات الصناعية. ولا شك أن الدولة المستفيدة من هذه العولمـة الاقتصادية هي الدولة الأكثر متانـة في بنائهـا الاقتصادي ومؤسسـاتها التجارية والمالية ذات الامتداد العالمي، أنها الولايات المتحدة.

●●●

الفصل الثاني

# البعد الثقافي للإستراتيجية الأمريكي

تاريخياً، لم تكن الضمانة الوحيدة لدوام السلطة واستمرارها مبنية دائماً على احتكار الوسائل العسكرية والبوليسية والاقتصادية وضبط استخدامها، بل كان يقف إلى جانبها فكرة (الشرعية) التي تدخل عنصر ـ مهم للتسليم بالسلطة في تكوين الرضا والقبول ثم الطاعة. والشرعية هنا هي كل ما يمكن أن يكون موضع الرضا والقبول الشعبي رغم تنوع أساسها الفكري (دينية، سياسية)، فالمهم هنا هو أن الذي يقود الشعب إنما يعود إلى جملة الاعتقادات والعادات الماثلة في الذهن مصدرها فكري ـ أيديولوجي. بمعنى أن الذي يقود الشعب ويضمن طاعته وولائه هو وجود أيديولوجيا قد يكون أساسها اجتماعي (عادات وتقاليد وأعراف متواترة)، وقد يكون أساسها ديني ـ تيوقراطي، أو سياسي ـ ديمقراطي. فالوظيفة الأساسية للشرعية تكمن في أنها تخلق في العقول والمدركات جملة قناعات واعتقادات تهيئ المجموعة الاجتماعية، بغض النظر عن حجمها، كبيرة كانت أم صغيرة، وتعدها للطاعة والولاء.

هذه المسألة، لم تكن في اعتقادنا، غائبة عن الفكر السياسي والاستراتيجي الأمريكي على الدوام، فالانبهار والإعجاب المنظم والمنضبط بوسائل وأدوات، يمكن أن يكون عامل رضا وقبول، وبالتالي فإن خلق عملية استقطاب واسعة النطاق للنموذج الأمريكي، ليس بالضرورة أن تكون أداتها دائماً قسرية ـ إكراهية، إنما هي بحاجة إلى أدوات أنسنة، ولا يتردد البعض عن وصفها بـ (أدوات تدجين)، يكون بمقدورها تشكيل القناعات وتوجيه

138

الاهتمامات لزرع الاعتقاد بالرضا والقبول بهذا النموذج. فالاستقطاب الطوعي عن طريق التحكم بالعقول لنشر ثقافة معينة على أنها هي الأصلح، أكثر نجاعة من الاستقطاب الإكراهي الذي قد يولد النفور منها.

هنا، يلعب الاتصال وفنونه، والذي يتضمن فن الدعاية، دوراً كبيراً في نشر ـ الثقافات، وتغير قناعات متشكلة، وصياغة أنماط جديدة للحياة وتشكيل الأذواق باستبدال قيم بأخرى تبرر على أنها أكثر ملاءمة مع روح العصر.

ليس بمقدور المرء الطعن بأهمية الاتصال. فهو مجمل الأفعال التي من خلالها يتبادل الأفراد أو المجموعات البشرية الآداب والفنون والأفكار والأعلام والمشاعر والاعتقادات والانفعالات وما إلى غير ذلك من مقومات فكرية قيمية ثقافية حضارية. وهذه تتم بأدوات و بوسائل نقل مختلفة، مطبوعات، ندوات، مؤتمرات، صحافة مكتوبة، تلفزة، إعلان، نشرات إخبارية، أفلام سينمائية... الخ. كل هذه المكونات الاتصالية تلعب دوراً كبيراً في عملية التفاعل البشري في المجتمعات الإنسانية وفي نفس الوقت، وقعت هذه المكونات الاتصالية في أيادي احتكارات كبرى لا نظير لقوتها المالية حيث نشرت نفوذها في كافة أنحاء العالم.

عملية الإحلال الثقافي، وتهميش ثقافة ما على حساب ثقافة أخرى مدعمه بكل المكونات الاتصالية، جرت، بوعي أو بدون وعي (بسبب من فاعليتها الفائقة) منذ نهاية الحرب العالمية الثانية عن طريق احتكار أيديولوجيا معينة مع وسائل نشرها. وليس ثمة شك، في ضوء الخطاب الأمريكي المعلن والذي يدعو إلى أمركة العالم، إن الولايات المتحدة أدركت، وبفعل رسالتها المكلفة بها من قبل الـرب لنشرهـا علـى الصعيد العالمي، أدركـت أن غـزو العقول، لتقبل هذه الرسالة، أو هذه الأمريكية، لا يمر إلا بطمس الهوية الثقافية للآخرين، والتـي تسـمى بالمثاقفـة، واسـتبدالها بالهويـة المجتمعيـة الوحيـدة،

الهوية الأمريكية. وحتى يصبح العالم أمريكياً، يكون من الأهمية بمكان أقناع غير الأمريكيين، ليس بتفوق النموذج الأمريكي، إنما أيضاً بصلاحيته على كل ما عداه.

إن تعميم نموذج فكري في منظومة القيم والثقافة وطريقة الحياة باعتباره هو الأصلح دائماً، مع تهميش وإقصاء البنى الفكرية والثقافية والقيمية للآخرين، ما هو في الواقع إلا عملية مسخ منظمة للإرث الجماعي لشعب ما، والذي هو لسانه وتاريخه وعبقريته ومنجزاته الفنية والأدبية والعلمية والفكرية. وهو ينطوي كذلك على آدابه التي تغطي نظام قيم مجتمع ما، دالاته الثقافية وعاداته وتقاليده، وطريقة لبسه وتغذيته وعمله ولهوه، وحبه وحياته وموته. الثقافة التي تريدها الولايات المتحدة هي أن تكون كونية الطابع في الرائحة والمذاق ومما لاشك فيه، أن مثل هذا التعميم لنموذج ثقافي بعينه، فأنه في حقيقته يرمي إلى توحيد قسري للآداب والأذواق والرغبات، وإلى استواء التقاليد والمظاهر، وإلى القصور الروحي والانكماش الفكري، وبذلك تفقد الشعوب هويتها المعَّرفة على أنها مجاميع بشرية يربطهم ببعضهم رباط ثقافة مشتركة، وتجمعهم مشاعر جماعية راسخة تحملها ذاكرة مشتركة، وهم بذلك يتحولون إلى مجرد مجاميع بشرية غير متمايزين، غير ثقافيين ولا وطنيين.

وهكذا، حين يجري تشويه إدراك شعب ما لإرثه والتلاعب بعناصره، مع إجلائه تدريجياً، واستبداله بإرث مختلف، واصطناع أداة محل أداة فكرية ووجدانية قائمة يرافقه تدمير الرمز والنخب القادرة على قيادة الشعب سياسياً وتنويره ثقافياً، فأن القيم والعادات وبنى التأويل المتحدرة من أيديولوجيا أجنبية تؤدي إلى سلب روح شعب ما وتعطيل إرادته في بناء شخصيته الفكرية والثقافية المستقلة، ليتحول بعدها إلى مجرد كتلة بشرية تابعة، مقلده، مفتقرة لمقومات التمايز والبقاء.

هذه السياسة المنظمة في تصدير القيم والثقافات والنماذج الفكرية، في إطار التعامل مع الآخرين، لا يمكن أن يكتب لها النجاح من دون توظيف أدوات منظمة. وهنا يشكل احتكار وسائل الاتصال امتيازاً لمن يستطيع امتلاكه ويتفنن في استخدامه. وهذا ما تمكنت منه الولايات المتحدة على امتداد تاريخها. إذ أن نجاحها في تعميم نمط حياتها ونشر ثقافتها عالمياً قام، وما يزال، على الاستخدام المنظم لوسائل الاتصال والدعاية. ورغم أن هذه الوسائل كانت من اختصاص الأنظمة الفاشية والماركسية، فأن الولايات المتحدة لم تتردد عن استخدامها وبمهارة فائقة. ومما ساعدها في ذلك، خبرتها التاريخية الطويلة في مجال الإعلان، احتكار كبريات وكالات الصحافة الدولية، قوتهم المالية، وكذلك فهي مدينة لسلبية الأجهزة الإعلامية والمؤسسات التربوية والحكومية في مجمل العالم. فمنذ وقت مبكر وضع الأمريكيون يدهم على وسائل الإعلام الأساسية، وكان لها حضور واضح في مناطق مختلفة من العالم. هذه الوسائل مكونه من وكالات الصحافة والإعلان والسينما والتلفزة، ومعاهد الاستطلاع والاتصالات الهاتفية. ولقد سمحت لهم الهيمنة على هذه الوسائل الأساسية بأن يمارسوا، منذ مرحلة ما بين الحربين الأولى والثانية، نفوذاً مؤثراً في العناصر التي تشكل الفضاء الروحي للشعوب: الآداب، اللغة، التربية. هذه العناصر الثلاثة تمثل مجموع كل النشاطات التي يتمايز بها شعب عن شعوب أخرى.

على صعيد وكالات الأنباء والوكالات الصحفية في الولايات المتحدة، هناك الوكالة الصحفية (آسوشيتد بريس) التي تأسست 1848، و(يونايتد بريس أسوسيشن) التي تأسست سنة 1907، و(الانترناشيونال نيوز سرفس) سنة 1909، ووكالة (يونايتد برس انترناشيونال) التي تأسست سنة 1958. هذا فضلاً عن وكالة (رويترز) التي تنتمي إلى صحافة بريطانيا واستراليا ونيوزلندا والتي

تقوم بنشر معلومات الوكالات الأمريكية. كل هذه الوكالات تقوم بنقل الأخبار والأحداث والمعلومات إلى مختلف مناطق العالم. وهي لا تخلو من الفن المستخدم في عملية إخراجها وإيصالها وكيفية تلقيها من قبل المستمعين. وعن طريق هذا التكتل تكون الولايات المتحدة قادرة على مراقبة 90% من الإعلان المبثوث.

ومن الصحف الكبرى عالمية الانتشار هناك (نيويورك تايمز) الصادرة سنة 1851 و(الريدرز دايجست) و(ناشيونال جيوغرافك ماغازين) و(البلاي بوي) و(التايم) و(نيوزويك)، وشبكات تلفزة (NBC) و(ABC) و(CNN) الشبكة العالمية التي تأسست عام 1980 والتي تصل إلى (80) مليون بيت وتغطي 143 دولة. وبهذا صارت الولايات المتحدة تملك سلطاناً عالمياً ذا مدى مؤثر، يسمح لها ومنذ عشرات السنين بقولبة فكر عدة مليارات من الأفراد، بتلقي الثقافة الأمريكية والنموذج الأمريكي في أيديولوجيته الليبرالية - التبشيرية.

ومن وسائل التأثير أيضاً على العقول والأذواق وتغيير القناعات وإحلال أخرى بدلاً عنها ضمن عملية الغزو السياسي والثقافي، وسيلة الأعلام الذي تتنوع موضوعاته ما بين سياسية، اقتصادية، فنية، تجارية، إلا أن غرضها واحد هو المثاقفة، واستبدال مخيال فكري بأخر. فالإعلان المستخدم بطريقة منظمة ومكثفة، كما طوره الأمريكيون، يحمل في ثناياه مخاطر لا يستهان بها بالنظر لما يتمخض عنه من نتائج مؤثرة في العقول وتشكل الأذواق وتغيير القناعات إذ يراد لها أن تتغير، ذلك أن الإعلان قائم ليس على معرفتنا الشخصية لشيء ما، إنما على اللذة والمتعة، أو ما يراد لنا أن نعرفه تحديداً عن شيء ما، فيجري إخراجه بطريقة ذكية ومشوقة ومزينة ومرحة.

إن الإعلان يتعامل مع كل ما يمتدحه، أو يراد التعرف عليه على أنه سلعة. فيتم التلاعب بإدراك المرء وقناعاته بعد رؤية الأشياء التي يعاينها، وعندها يولد

تناقضاً بين قيمة الشيء وحقيقته، وبين طريقة تقديمه المصطنع، حيث يتم توظيف وسائل عدة في عملية إخراجه للمشاهد كبلاغة النص الإعلاني وجماليته، تقنيات متقدمة ومتطورة في تصويره ومونتاجه، فن تشكيلي في إخراجه. وعليه، فأن الإعلان الذي يشغل مساحة واسعة من العمل الإعلامي، يمكن أن يوظف في عمليات الخداع الجماهيري من خلال التأثير على مدركاتهم الحسية، ذلك أنه لا يقدم أي دليل أو برهان على أن الشيء هو حقاً ما يقال عنه أو يجري تصويره. وإذا تمكن الأعلام من تحقيق هذه المهمة، فأنه يكون قد أزاح الخيال الشخصي والجماعي الداخلي ليفرض عليه مخيالاً آخر خارجياً.

وإلى جانب الإعلان، هناك سلاح التلفزة، الذي يكون بمقدور المرء، وعن طريقه، التقاط العشرات، بل المئات من القنوات والبرامج المبثوثة من كل حدب وصوب. إن التلفاز يعد أداة مثاقفة قوية وخطيرة في التأثير على الآخر، فهو يقوم بنقل موضوعات متنوعة بالصورة والصوت إلى الملايين من سكان الكرة الأرضية. خطورة هذه الوسيلة تكمن في أن ما يقارب من 67% من ما تبثه هذه القنوات التلفزيونية - الفضائية هي برامج تسهم في تعميم الطريقة الأمريكية في الحياة ونمط التفكير ورؤية العالم. وهذه البرامج متنوعة في مضمونها، ومكثفة في طريقة عرضها وتكرارها وتقديمها للمشاهد. وهذا الخليط المتعدد الأطياف يجمع ما بين مسلسلات تلفازية متعدد الموضوعات ومتنوعة المضامين، تعرض من زوايا مختلفة طريقة الحياة الأمريكية، إعلانات تجارية بهدف الترويج لسلع مختلفة، ومقابلات في موضوعات سياسية، ثقافية، اقتصادية، اجتماعية، صحية، خدمية، أفلام سينمائية وأخرى وثائقية.. وما إلى غير ذلك، والهدف الأساس من ذلك كله، نقل المعرفة والثقافة إلى الطرف المتلقي، وهي عادةً ما تكون مدعمة بتقنيات عالية في الإخراج الفني بهدف إيقاع التأثير النفسي،

والقدرة على التحكم بمدركات المشاهد المتلقي لتعيد صياغة منظومة قيمة الفكرية والثقافية، وتشكيل آرائه ومعتقداته وقناعاته الشخصية،لتكون هي المرجعية الوحيدة في تفسير رؤية للعالم الذي يعيش فيه، وهو تفسير ورؤية لا تبتعدان كثيراً، إن لم تكونا متطابقتين، مع التفسير والرؤية الأمريكية.

أما في مجال السينما، التي هي الأخرى تسهم في نقل الثقافة وطريقة الحياة الأمريكية في جوانب وموضوعات عدة، فأن الأفلام الأمريكية، سواء المعروضة في دور السينما أم شاشات التلفزة، فأنها تستحوذ على نسبة أكثر من 80% من الأفلام المعروضة عالمياً.

وتتميز الأفلام الأمريكية بتقنية عالية وباهظة الثمن في التصوير والإخراج وترابط الموضوع وقبوله من قبل المشاهد، فضلاً عما تتضمنه من أساليب حوارية بليغة ومتماسكة، جوانب إثارة متنوعة لجذب الانتباه، سواء بالصورة المنتقاة، أو بطريقة عرضها ومضمونها، أو بالموسيقى التصويرية التي تشد المشاهد لمواقف يراد بها حصر تركيزه وانتباهه إليها.

فضلاً عن ما تقدم، هناك وسيلة الاتصال المتمثلة بمئات أقمار الاتصال المنتشرة على مدار حول الأرض لإغراق العالم بموضوعات مختلفة معززة بالصوت والصورة، والغاية منها ليس نشر الأفكار والمعلومات فقط، إنما أيضاً، تأمين رقابة الاتصال العالمي لتعزز الهيمنة الأمريكية، التي تتفوق في مجال الحاسوب والأجهزة الكومبيوترية. فالحاسوب عنصر مركزي للقنوات المستقبلية المتفاعلة، إذ أنه يسمح بتراكم الألعاب والأفلام والمعلومات والإعلان، وموضوعات أخرى كثيرة، لتكوين شمولية تواصلية متفاعلة وموحدة. وتحتل الولايات المتحدة المرتبة الأولى في صناعة الكومبيوتر. فنظام (الكليبر شيب)، الذي تنفرد به الولايات المتحدة، يمثل طريقة جديدة للترميز، تسمح بترقيم آلي للصوت أو للمعطيات السرية، ودخولها في الكومبيوتر، في فاكس، أو هاتف

نقال. وهذا يتقدم على الأسرار من كل نوع، الأسرار المصرفية، القضائية، الطبية، وحتى العسكرية والسياسية، والصفقات المالية والتجارية. ورغم أن (الكليبر شيب) يتألف من مفتاح يسمح للمستخدم بتلقي، أو إرسال رسالة، لكن الحكومة الأمريكية تحتفظ لنفسها بنسخة ثانية من المفتاح، حتى تكون قادرة على تحديد الشخص الذي يرّمز وذلك الذي يتلقاه، وتحديد الرسائل المتبادلة. هذا التفوق التكنو- معلوماتي في مجال الحاسوب والأجهزة الكومبيوترية يعد أهم وسائل الهيمنة على الصعيد المالي.

وكما يذهب (جوزيف ناي) العضو السابق في البنتاغون، وأستاذ العلاقات الدولية في جامعة هارفرد (أن أمريكا، بفضل قدرتها المذهلة على دمج الأنظمة الكومبيوترية المعقدة في الإعلام، سوف تعزز في مستقبل منظور هيمنتها السياسية العالمية).

**والخلاصة** التي نخرج منها، أن الولايات المتحدة، وبفضل تفوقها النوعي في مجال الصحافة والسينما التلفزة والإعلان، والأجهزة الكومبيوترية، تمكنت، ليس فقط من تفعيل جاذبية النموذج الثقافي الأمريكي في طريقة الحياة ونمط التفكير، إنما تمكنت أيضاً من مثاقفته مع النماذج الفكرية والثقافية للشعوب الأخرى، بهدف إحلاله وفرضه عليها، متجاوزاً بذلك خصوصيتها الثقافية ومعالم هويتها الوطنية.

إن المخاطر المترتبة على الهوية الثقافية، جراء الاستخدام المكثف لهذه الوسائل والأدوات، إنما هي مقدمة لمخاطر جسيمة على الدولة الوطنية والاستقلال الوطني والإرادة الوطنية والثقافة الوطنية، حيث تمسخ جميعها لصالح ثقافة القوة المهيمنة لتصبح هي نموذج الثقافات. وباسم المثاقفة يتم انحسار الهويات الثقافية الخاصة، فتبرز مفاهيم مظللة، كالتفاعل الثقافي، التداخل الحضاري، حوار الحضارات، التبادل الثقافي، وهي على الجملة

مفاهيم تنتهي إلى ثقافة القوة المهيمنة، وعندها أيضاً تنتهي التعددية لصالح عالم أحادي القطب.

وبطريقة، ربما تكون لاإرادية، وتحت اثر تقليد القوة المهيمنة والانبهار بثقافتها، يتم الانجرار لطرائق تفكيرها ونمط حياتها وطريقة عيشها في الآداب والفنون والتعامل التجاري والسلوك الاجتماعي، وتفاصيل أخرى قد يصعب حصرها، لتكون بالتالي إطاراً مرجعياً للحكم دون مراجعة ونقد، أو رؤية وتبصر.

من هنا،ستمنع ثقافة القوة المهيمنة، وبفعل الانبهار بها وتقليدها وتبنيها وإطلاقها واعتبارها الثقافة العالمية الممثلة لجميع الثقافات، والتجربة النموذجية التي يفترض أن تحذو حذوها كل التجارب الأخرى، كل ذلك سيمنع الإبداعات الذاتية لدى الشعوب الأخرى وطرائق تفكيرهم المستقل، وستدفع بهم إلى الانكفاء على الذات، وهي بهذا تقتل فيهم روح الاجتهاد والقدرة على الخلق والإبداع ليكونوا مجرد تابعين ومقلدين، لا خيار أمامهم سوى القبول والإذعان.

•••

## الفصل الثالث

# البعد العسكري للإستراتيجية الأمريكية

يتحدد البعد العسكري للإستراتيجية الأمريكية، وخصوصاً في المرحلة التي تلت غياب الاتحاد السوفيتي وانفراد الولايات المتحدة كقوة أحادية على الصعيد العالمي، بضمان قدرة عسكرية متفوقة ولا نظير لها و تكون مؤهلة لحماية المصالح الحيوية الأمريكية أينما وجدت، كما يكون بمقدرها إنزال هزيمة عسكرية بأعداء قائمين أو محتملين، وبزمن قياسي مختزل وبأقل تكلفة من الخسائر البشرية والمعدات العسكرية في الجانب الأمريكي.

وعند الحديث عن الإستراتيجية العسكرية غالباً ما يتردد مصطلح (الثورة في الشؤون العسكرية). وهو مصطلح يراد به ما تحقق من منجزات في ميدان ثورة المعلومات ودورها في تطوير القدرة القتالية للمنظومة العسكرية وبمختلف فروعها البرية والبحرية والجوية، ومنظومة القتال بالأسلحة الصاروخية. فضلاً عن تطوير جملة المفاهيم والعقائد العسكرية وأساليب التنظيم المتقدمة الضرورية لتشغيل هذه المنظومات الجديدة واستغلالها إلى الحدود القصوى من أجل السيطرة على أي ميدان قتالي مستقبلي.

والواقع، فإن الإستراتيجية الأمريكية، بمضامينها وأبعادها العسكرية، اعتمدت اعتماداً كبيراً على ما تحقق من منجزات في ثورة المعلومات التي غادر فيها العديد من دول العالم العصر ـ الصناعي، وأخذت تلج، وباندفاع شديد، العصر المعلوماتي. وانتقل تبعاً لذلك نمط التفكير الاستراتيجي من الاعتماد على القوة الصناعية الهائلة والتطور المتحقق في ميدان الصناعات العسكرية،

إلى نمط آخر وهو الصناعات التكنولوجية والأنظمة الكومبيوترية. وعندها اختلف الجدل الاستراتيجي الذي أحدثته الثورة النووية بأطاريحها ومنطلقاتها الفكرية، عن الجدل الاستراتيجي الذي أحدثته الثورة المعلوماتية.

كل هذه العوامل أسهمت إسهاماً واضحاً في إعادة صياغة الفكر الاستراتيجي، وهو الفكر الذي أصبح مرشحاً، بفضل الثورة التكنولوجية في مجال المعلومات والأنظمة الكومبيوترية، لأن يتحكم في إدارة أنماط من الحروب وقعت، أو يمكن أن تقع مستقبلاً.

يجمع العديد من العسكريين والمحللين الاستراتيجيين على أن حرب الخليج الثانية التي وقعت عام 1991 بين العراق والولايات المتحدة والدول المتحالفة معها، والحرب على يوغسلافيا بقيادة الولايات المتحدة وحلف شمال الأطلسي عام 1999، وحرب الخليج الثالثة بين العراق والولايات المتحدة وبريطانيا عام 2003، على أنها حروب تختلف جميعاً، من حيث إدارتها والأسلحة المستخدمة فيها، عن نمط الحروب التي دارت بين القوى الكبرى حتى نهاية الحرب العالمية الثانية من القرن الماضي. كما تختلف، من الناحية السوقية والتعبوية، عن الافتراضات النظرية لسيناريوهات حروب نووية محتملة تدار بأسلحة نووية إستراتيجية أو تكتيكية أو حروب وقعت بين دول من العالم الثالث استخدمت فيها أسلحة تقليدية.

هذا التشخيص يدفع بنا إلى القول، أن النظرية العسكرية هي الأخرى تغيرت بسبب التغيير في نمط الحروب بانتقالها من حروب العصر الصناعي إلى حروب العسكر التكنو - معلوماتي. والفارق الأساس الذي يتحكم بعنصر الاختلاف والتمييز بين هذين النمطين من الحروب هو، عامل المعرفة. إذ كما أننا لا نستطيع أن ننكر مساهمة العناصر المادية في القدرة التدميرية، ودور التقنية العسكرية، بما فيها التقنية النووية، في زيادة حجم الدمار المترتب على

استخدامها، فإننا أيضاً لا نستطيع تجاهل ما للمعرفة، ليس كعنصر للتمييز بين حروب العصر الصناعي وحروب العصر التكنو - معلوماتي، إنما ما لها من دور أساسي في حروب المستقبل.

والقول أن كل حرب تختلف عن غيرها من الحروب، وأن الحروب عبر التاريخ وظفت فيها أسلحة وفنون قتالية هي الأخرى مختلفة، هو أمر بديهي. لكن من المهم أن نفهم إلى أي حد ستكون هذه الحروب، وعبر التاريخ، مختلفة عن حروب المستقبل سواء من حيث عقيدتها وطريقة إدارتها والأسلحة المستخدمة فيها.

ونقصد بعامل المعرفة الذي أشرنا إليه، هو كل ما أنتجته القوة الذهنية التي تعتمد على برامج ترتكز على الذكاء الاصطناعي وتدرس مختلف الأعمال العسكرية الممكنة، وحواسيب تتابع المعلومات اللوجستيه والميدانية وتعمل على جمعها ومعالجتها.

إن المقوم الرئيس في حروب العصر الصناعي كان يعتمد على مستويات متعددة من الصنوف القتالية، كالجيوش المزودة بالأسلحة الخفيفة، وأسلحة الدروع والمدفعية، وسلاح الطيران، والأساطيل الحربية. وكان الفارق، وما يزال في العديد من الحالات، في ترجيح كفة من يملكها، في إطار توازن القوى، يعتمد أساساً على حجم الجيوش وما تزود به من أسلحة تتميز بخصائص تقنية وعلى اختلاف صنوفها القتالية. هذا فضلاً عن الفن العسكري المستخدم في إدارة المعارك ضمن السياق العام للحرب الشاملة. أما في العصر النووي، فإن الجدل الاستراتيجي كان يدور حول القدرة على التدمير بالضربة الأولى أو قدرة أسلحة الضربة الثانية على الرد الثأري - الانتقامي.

من هنا، فإن هذا النمط من الحروب (حروب العصر الصناعي)، انتقل بفضل عامل المعرفة إلى نمط آخر من الحروب تعرف بحروب العصر التكنو -

معلوماتي التي تعتمد على الحاسوب والمعلوماتية والبرامج الكومبيوترية التي أدخلت على أنظمة التسلح لتزيد من فائقية قدرتها القتالية، سواء أكان ذلك في حجم الدمار المترتب على استخدامها، أو على مستوى الدقة المتناهية في إصابة الأهداف وسرعة الوصول إليها. وتبعاً لذلك تغير أيضاً مفهوم توازن القوى. فإذا كان التوازن في العصر الصناعي، وكما ذكرنا سابقاً، يعتمد على حجم الجيوش وكثافتها العددية وعدد الآلات والمعدات العسكرية ومستوى التدريب وفنون القتال المستخدمة ميدانياً فضلاً عن طبيعة القوى التي تشكل هيكل التحالف، فإن هذه العوامل التقليدية، في قياس حجم القوة وطبيعتها أصبحت وعلى الجملة، عوامل إضافية أو مساندة لعوامل أخرى تعد مركزية وأساسية ويصعب قياسها، وهي أجهزة ومعدات القوة الذهنية والمعلوماتية.

بعبارة أخرى، إن العوامل غير الملموسة، التي يصعب قياسها كمياً، تحدد، بدون شك، التوازن العسكري أكثر من العوامل العادية أو التقليدية التي يمكن قياسها كمياً بسهولة. إن معهد الدراسات الإستراتيجية (International Institute Strategic Studies) الذي يعتبر أحد أفضل مصادر المعلومات العسكرية في العالم وأكثرها صدقية، حيث يقدم لنا معلومات تفصيلية حول تعداد الجيوش، وعدد الدبابات والطوافات، العربات، الطائرات، قاذفات الصواريخ أو الغواصات التي يمتلكها كل جيش في العالم، فإن هذا التقرير لا يعطينا أبداً مؤشرات حول الأهمية المتناهية للعوامل غير الملموسة المتمثلة في تقنيات الكمبيوتر والأنظمة المعلوماتية وأنظمة الإشارة التي تدخل في الصناعة العسكرية.

من هنا فأن طرقنا التقليدية في قياس (القيمة) في الحرب أصبحت غير وافية ومتأخرة كثيراً عن الحقائق الجديدة التي تحدد لنا القيمة الحقيقية لما يستخدم من أدوات تكنولوجية ومعلوماتية في حروب المستقبل.

150

وهكذا، فإن عامل المعرفة ينافس اليوم في الأهمية الأسلحة التقليدية محدودة الفاعلية، والأسلحة النووية المعطلة من الناحية العملية، معطياً صدقية لفكرة أن من الممكن تركيع العدو من خلال تحطيم مراكز ووسائل قيادته وخلخلتها ومراقبته، وأن استخدام الحاسوب هو مؤشر للمعرفة المتزايدة في فن الحرب. وكما يذهب (آلن د. كامبن) المدير الأسبق لقسم التخطيط والقيادة العسكرية في وزارة الدفاع الأمريكية عام 1991 أن الحروب إذا ما قدر لها أن تقع فأن للحاسوب (الكومبيوتر) دوراً أكبر من تأثير الأسلحة التقليدية في تقرير سير المعارك وتحديد نتائجها. ويضيف (كامبن) قائلاً: "إن كل مظاهر الحرب ستكون مبرمجة ومعتمدة على نظم المعلومات، حيث تدير الحواسيب بشكل تلقائي مهام توجيه العمليات العسكرية في متابعة الأهداف وتدميرها".

وفي ضوء حقائق العصر المعلوماتي، فإن حروب المستقبل ستعتمد على الذكاء الصناعي في ميدان التسلح العسكري ومنظومات الأسلحة التقليدية، البرية والبحرية والجوية والفضائية، لتجعل من ميدان المعركة حقيقة صورية وقوة حاسوبية تحدد الأهداف وطريقة معالجتها، نظم عرض العمليات ونتائجها، والتقنيات المتعلقة بها. وكما يقول (جيري هاريسون) المدير السابق لمختبرات البحوث والإنماء في الجيش الأمريكي (أن البرمجة وحدها ستسمح بتحديد النتائج الباهرة في حروب المستقبل).

إن عصر المعلومات، الذي هو نتاج عامل المعرفة، يؤشر لنا اليوم مرحلة جديدة من مراحل التطور التكنولوجي امتزجت فيه عناصر ثلاث ثورات رئيسية الأولى، الانفجار المعرفي الضخم (ثورة المعلومات) المتمثل في ذلك الكم الهائل من المعرفة في أشكال تخصصات ولغات عديدة، والذي أتاح هامشاً واسعاً للسيطرة عليه والاستفادة منه بواسطة تكنولوجيا المعلومات. الثانية، ثورة وسائل الاتصال المتمثلة في تكنولوجيا الاتصال الحديثة التي بدأت

بالاتصالات السلكية واللاسلكية، مروراً بالتلفاز والنصوص المتلفزة، وانتهت الآن بالأقمار الصناعية والألياف البصرية. وهناك ثالثاً، ثورة الحاسبات الإلكترونية التي توغلت في كل مناحي الحياة، وامتزجت بكل وسائل الاتصال واندمجت معها شبكة الانترنت.

منذ أوائل التسعينيات، بدا واضحاً أن العالم يمر بمرحلة تكنولوجية اتصالية جديدة تتسم بخاصية أساسية وهي، المزج بين أكثر من تكنولوجيا اتصالية. والمرتكزات الأساسية لنمو هذه المرحلة وتطورها هي الحاسبات الإلكترونية المتضمنة لأنظمة الذكاء الاصطناعي، الألياف الضوئية وأشعة الليزر والأقمار الصناعية.

النظرية العسكرية، لم تكن في الواقع، بعيدة عن هذا التحول في العصرـ الصناعي والتطور الذي أحدثه العصرـ المعلوماتي، بل كانت حريصة على مواكبته واستثماره بهدف توظيف منجزاته بما يخدم أهداف عقيدتها القتالية. وقد برز هذا الدور المؤثر للثورة المعلوماتية - الاتصالية في النظرية العسكرية بفعل عاملين الأول، تمثل بربط نظم السلاح إلكترونياً، سواء عن طريق الربط المباشر اعتماداً على نظم آلية التحكم في أدائها، أم غير مباشر، وذلك باستخدام وسائل الاتصال الحديثة لتمكين مراكز القيادة من القيام بهذا التحكم عن بعد. أما العامل الثاني، فقد تمثل في تقليص عامل البعد الجغرافي والفارق الزمني الفاصل بين مناطق عمليات الوحدات العسكرية نتيجة زيادة مدى نظم السلاح ومعدلات سرعتها في الإصابة ودقة التهديف. هذا يعني، أن التكنولوجيا الحديثة في مجال المعلومات والاتصالات والأجهزة الكومبيوترية أدت إلى دمج نظم السلاح آلياً في نظم إلكترونية مرتبطة بمراكز القيادة والسيطرة، وبالتالي أدت الى استبدال العنصر الإنساني تدريجياً بوسائل تحكم آلية. ومما ساهم في دفع هذا الاتجاه نحو سرعة التطور التحسن المستمر في دقة

ومدى وسائل الاتصال والتوجيه. فكلما ازداد مدى نظم السلاح ضاقت الفترة الزمنية اللازمة المتاحة للقوات المعادية لاتخاذ تدابير لمواجهتها.

إن مجمل هذه العوامل، كزيادة الاعتماد على النظم الآلية والإلكترونية لتحقيق السرعة والدقة المطلوبة في نظم السلاح، وربط العمليات التنظيمية ونظم السلاح آلياً، أثرت، وعلى الجملة، على إدارة العمليات العسكرية وعلى الأبعاد الزمانية والمكانية للحرب ذاتها. فالزمان أصبح مختصراً بفعل عامل السرعة. كما لم يعد للمكان أية حصانة دفاعية سواء بالحواجز الطبيعية أم الاصطناعية أم بالمسافات المتباعدة. أم دقة الإصابة وحجم الدمار فقد خرج عن القياسات المألوفة للأسلحة التقليدية[1].

وباختصار يمكن القول، أن الجوانب الإستراتيجية (السوقية) والتكتيكية (التعبوية) لمفهوم الحرب وإدارتها تغيرت جميعها في إطار النظرية العسكرية. إن الافتراض الأساس الذي تنهض عليه النظرية العسكرية في العصر- التكنو- معلوماتي يقوم على فكرة مفادها، أن استمرار تطور تكنولوجيا المعلومات وتنامي معدلاتها الحالية من شأنه أن يحدث تغيراً نوعياً حرصت التحليلات العسكرية الإستراتيجية على وصفه بـ (ثورة تقنية في نظم السلاح التقليدي) بحيث يسمح دمجها بمنظومات استطلاع ضاربة تجمع بين نظم أسلحة الجو القتالية (صواريخ تقليدية، طائرات مقاتلة، قاذفات إستراتيجية) ونظم الرصد والاستطلاع في منظومات بالغة التعقيد يتم إدارتها والتحكم فيها آلياً لتعطي مرونة عالية لاستهداف العدو بدقة فائقة وبسرعة تفوق المعدلات العادية التي اعتادت عليها القوات التقليدية في إدارة عملياتها العسكرية.

وهنا تعد الأسلحة الذكية نموذجاً فريداً لهذا الإنجاز التكنو- معلوماتي الاتصالي في إطار عملية دمج الأنظمة الكومبيوترية بالأسلحة التقليدية لمنحها خصائص قتالية متطورة، كدقة التصويب وسرعة الوصول إلى الهدف، وحجم

الدمار المترتب عليها، فضلاً عن صعوبة اكتشافها من قبل أجهزة الرصد الأرضية الرادارية المعادية.

فالذكاء الصناعي العسكري, الأسلحة الذكية، يعني تزويد السلاح بوسيلة تمنحه القدرة على التعرف الذاتي على الهدف، وتحديد المسار الآمن للوصول إليه باستخدام الكمبيوتر وبرامج الحاسوب المتطورة. إن الخاصية الأساسية لهذه الأسلحة تتميز بالقدرة على التحكم بمسارح العمليات عن بعد، وإصابة أهداف عسكرية ميدانية (كنقاط تمركز قوات العدو وحشوده العسكرية، ومقرات قيادته الميدانية، وقواته الدفاعية والهجومية). كذلك القدرة على إصابة أهداف داخل العمق الاستراتيجي للعدو (كالمنشآت الاقتصادية ومقرات القيادة المركزية، المركز الصناعية، شبكات الاتصال، مراكز توليد الطاقة ... الخ)[2].

كما وأن الأسلحة الذكية تتميز بخاصية القدرة المتناهية في إصابة الهدف، فهي قادرة على الوصول إلى الهدف بنسبة قريبة من النسبة الافتراضية. وقد ارتفعت دقة هذه الأسلحة بدرجة كبيرة، كما ارتفعت دقة الذخائر أو بعض القنابل 10% إلى 50% في مجال إصابتها للأهداف. هذا يعني أن الأسلحة الذكية، التي تعتمد على البرامج والأنظمة الكومبيوترية، قادت إلى تطوير مهام وقدرات أنظمة التسلح الرئيسة ابتداءً من حاملات الطائرات التكتيكية والقاصفات الإستراتيجية. فبعد أن كان نمط التفكير التقليدي يذهب إلى شن عدة طلعات جوية لضرب هدف واحد، أصبح بالإمكان التفكير في ضرب عدة أهداف بطلعة جوية واحدة.

كما تمكنت الأسلحة الذكية من تطوير إدارة العمليات الحربية، وخصوصاً في مجال استخدام الصواريخ التي تطلق من مسافات بعيدة. فبفعل التكنولوجيا الكومبيوترية أصبح بالإمكان توجيه مسارات الصواريخ التكتيكية لتدمير أسلحة

الدروع عن بعد مائة ميل خلال دقائق من اكتشافها. كما أصبح بإمكانها التعرض للأهداف الحيوية داخل العمق الاستراتيجي وباشتباك آمن مع العدو.

وقد اكتسبت هذه الأسلحة والذخائر الذكية أهمية إضافية بفعل تطوير نظم تسليحية رئيسة ذات أهمية خاصة يمكنها إطلاق تلك الذخائر أو الأسلحة في ظروف مناسبة، ومن مواقع مناسبة وباتجاهات متعددة بهدف تشتيت الجهد العسكري الميداني للعدو وإرباك قيادته المركزية. ومن أهم هذه النظم التسليحية هي القاذفات الأمريكية الخفيفة طراز من (F-117) ستيلث، (B-2) ستيلث أيضاً، وهي قاذفات قنابل إستراتيجية متعددة الأغراض (القتال الجوي وقصف أهداف أرضية) يصعب اكتشافها رادارياً من قبل العدو، وتتميز بالدقة المتناهية في إصابة أهدافها بفعل توجيهها عن طريق الأقمار الصناعية، ويمكن للقاذفة من طراز (B-2) أن تتعامل مع (16) هدفاً في وقت واحد ويمكن إمدادها بالوقود جواً.

وإلى جانب الأسلحة والذخائر الذكية، هناك أجهزة وأدوات الفضاء كالأقمار الصناعية والمنصات الفضائية التي تلعب دوراً كبيراً بتزويد سلاح الجو، وبسبب من تمركزها الفضائي، بشبكة اتصالات شاملة لمنطقة العمليات (إرسال المعلومات باللاسلكي والفاكس والتلكس)، حيث تعمل على تأمين الاتصالات وحركة المعلومات والرسائل المتبادلة بين القيادة المركزية وقيادة قوات الميدان، براً وبحراً وجواً لتحقيق سيطرة عالية على مسارح العمليات.

وعلى هذا يمكن القول أن منظومة الأقمار الصناعية أضافت بعداً قتالياً رابعاً هو البعد الفضائي. فإذا كان البعد البري قوامه المشاة وسلاح الدروع والمدفعية، والبعد البحري قوامه سلاح الغواصات والأساطيل الحربية، والبعد الجوي قوامه سلاح الطيران والقوة الصاروخية، فإن البعد الفضائي قوامه الأقمار الصناعية والمنصات الفضائية، ومعها أصبح الفضاء يمثل بحق البعد القتالي الرابع.

إن الأقمار الصناعية المخصصة لعمليات الأرصاد الجوية تعد مصدراً موثوقاً به بالحصول على بيانات عن الطقس عند تخطيط المعارك براً وبحراً وجواً. أما الأقمار الصناعية الملاحية فهي تساعد على إرشاد القوات المسلحة خلال عبورها ليلاً صحارى غير محددة على الخرائط. فالنظام الملاحي الذي يستخدم الوقت وتحديد المدى (Naf Star G. BS) قادر على تحديد مواضع القوات المعادية ونقاط تمركزها وتحركاتها. كذلك يعمل على تنسيق تحركات القوات وتحديد اتجاهات حركتها نحو أهدافها الميدانية. فضلاً عن المساعدة في توجيه الصواريخ التي تطلق من مسافات بعيدة.(3)

أما الأقمار الصناعية، الخاصة بالتصوير المتعددة الأطياف، فهي تزود القيادة المركزية والقوات الميدانية بمنظور واسع للتضاريس والنشاطات العسكرية التي تجري في مسارح العمليات، كما تساعد واضعي الخرائط العسكرية لمسح ساحات القتال واستطلاعها وتعقب حركات القوات المعادية ومواقع تمركزها، تحديد الأهداف المعادية، طرق معالجتها، التشويش المضاد، ابتكار أهداف وهمية أمام العدو لغرض تضليله وتقييم خسائر المعارك والإصابات التي حققتها الأسلحة الموجهة الدقيقة التصويب. فضلاً عن قدرتها على تحديد المواقع والمنشآت الحيوية داخل العمق الاستراتيجي للعدو بهدف تدميرها من قبل الأسلحة الجوية والصاروخية.(4)

هذه القيمة الإستراتيجية لمنظومة الأقمار الصناعية والمنصات الفضائية يؤكدها (وليام بيري) مساعد وزير الدفاع الأمريكي الأسبق بقوله (إن نظام القيادة والسيطرة والاتصالات والمعلومات الاستخبارية التي توفرها الأقمار الصناعية وأنظمة الرصد الكومبيوترية من شأنها أن تخلق بيئة مشوشة للعدو، وتوفر لنا فرصة الانقضاض عليه لتدمير قوته العسكرية وشل عصب حياته الاقتصادية والصناعية)(5). وفي رؤية استشرافية لطبيعة الحروب المستقبلية، يذهب

(ستيفن لمباكسي) إلى القول (سوف تكتسب السيطرة على الفضاء في المستقبل الأهمية ذاتها التي تتسم بها السيطرة على البحار، أو السيطرة على الأجواء في الوقت الحاضر، وهذا يعتمد على أهمية الفضاء بالنسبة إلى مجريات حرب معينة والنتائج التي تتمخض عنها. وشأنها شأن كل أنواع القوة الأخرى، يمكن للقوة الفضائية أن تؤمن قدرات فريدة تلعب دوراً مكملاً لأي جهد قتالي محتمل).[6]

إلى جانب منظومة الأقمار الصناعية، والمنصات الفضائية، هناك طائرات الرصد والإنذار المبكر من نوع (الأواكس) و(جي - ستارس). وطائرة الأواكس هي طائرة من نوع بوينغ (707) مجهزة بالحواسيب وأنظمة الاتصال والرادارات وأجهزة الكشف، تكتسح السماء بزاوية 360 درجة، في كل الاتجاهات، بغية كشف الطائرات والصواريخ المعادية، ومن ثم إرسال مؤشرات تصويب للطائرات المعترضة أو للوحدات البرية. أما طائرة (جي - ستارس) فهي طائرة مشابهة لطائرة الأواكس، مهمتها إعطاء القادة على الأرض صوراً دقيقة لتحركات العدو العسكرية ومن مسافات متباعدة تقارب 250 كم وبمختلف الأحوال الجوية بهدف تدميرها. كما أن هذه الطائرات تساعد الطائرات القاذفة والمقاتلة على تحديد الأهداف الجوية والأرضية لتدميرها بدقة بالغة.

مجمل هذه الخصائص، التكنو - معلوماتية للأسلحة التقليدية والأنظمة الفضائية المجسدة بالقوة الذهنية كالحواسيب، نظم المعلومات، الأجهزة والمعدات الكومبيوترية، منظومة الأقمار الصناعية، جميعها أسهمت في إعادة صياغة النظرية العسكرية وعقيدتها القتالية التي أخذت تركز على ضرورة السيطرة على المجال الجو- فضائي، إذ يتم من خلاله توجيه ضربات جوية وقصف طويل المدى بغية تدمير مراكز قيادة العدو وتعطيل أنظمة اتصالاته، استباق المبادرة، الضرب بالعمق الاستراتيجي للنيل من بنية العدو الاقتصادية

والصناعية، منع صفوف العدو من المشاركة في القتال، تكامل العمليات الجوية مع العمليات البرية والبحرية وتزامن جهدها العسكري الميداني، تجنب الهجوم ضد نقاط القوة لدى العدو. وفوق كل ذلك معرفة ما يفعله العدو ومنعه من معرفة ما يفعل الطرف الآخر.

إن العقيدة العسكرية تتغير في جيوش العالم بأسره. ولكن إذا نظرنا إليها عن كثب، وبغض النظر عن مصادرها، فإن الموضوعات المركزية لهذه العقيدة هي اليوم موضوعات عقيدة الحرب الجوية (Air Land Battle) المدعمة بمنظومة الأقمار الصناعية. ومعها، وبسبب منها، تحول الجهد العسكري الميداني في إطار النظرية العسكرية من المجال الأرضي إلى المجال الجو - فضائي، وبالشكل الذي يمكن القول فيه، أن حروب المستقبل ستحكمها عقيدة الحرب الجوية، وهي حروب تدار بأسلحة تقليدية ولكن على درجة عالية من الكفاءة القتالية وتتحكم فيها الأنظمة الكومبيوترية والأقمار الصناعية. والمنظومة القتالية التي ستحكم هذه الحروب تتشكل من ثلاثة عناصر رئيسية هي:

1. منظومة الأسلحة الجوية والمنصات الفضائية والمساندة لها. ومهمتها الرصد الشامل لميدان المعركة.

2. منظومة الأسلحة الجوية والصاروخية. ومهمتها تدمير قوات العدو الميدانية وأهدافه الحيوية والإستراتيجية وتدمير شبكة اتصالاته ومواصلاته.

3. منظومة القيادة والسيطرة. ومهمتها إدارة العمليات العسكرية والإشراف عليها وتوجيهها.

من خلال كل ما تقدم يمكن أن نتوصل إلى الفرضية التالية:

- من يسيطر على الفضاء يسيطر على المحيط الأرضي.

- ومن يسيطر على المحيط الأرضي يملك مفتاح السيطرة العسكرية.

- ومـن يملـك مفتـاح السـيطرة العسـكرية يسـتطيع أن يحسـم الحـرب لصالحه.

وبصياغة مختصرة لهذه الافتراضات النظرية يمكن القول، أن السيطرة على البعد الجو - فضائي تتيح إمكانية السيطرة علـى المجـال الأرضي، وأن السيطرة علـى المجال الأرضي - من خـلال البعد الجو - فضـائي - تـوفر إمكانيـة حسـم الحرب. هذا يعني، وبعبارة مقاربة، أن حسـم الحـرب سـيكون لصالح الدولة التـي تفـرض سـيطرتها علـى المجـال الجـو - فضـائي. وهـذه الإسـتراتيجية، إستراتيجية الأسلحة الجو - فضائية، التي هي نتاج عصر التكنو - معلومـاتيـة، هي التي ستتحكم بحروب المستقبل.

وبالعودة إلى الإستراتيجية الأمريكية، ثمـة ملاحظتان أساسـيتان تسـترعيان الانتباه. الأولى هـي، أن الجدل الاستراتيجي الذي صيغت في ضوئه الإسـتراتيجية الأمريكية، وبالتالي عقيدتها العسـكرية إبان الحرب البـاردة، والمتأثر بـالكم الهائل لترسانة الأسلحة النووية، وما تمتعت به خصائص تقنية، وما قادت إليه من استراتيجيات رادعة، هذا النمط من الجدل الإستراتيجي طرأ عليه تعـديل نوعي. فالفكر الاستراتيجي العسكري الأمريكي، وفي ضوء الكتابات والتحليلات الأمريكية، يبدو اليوم أنه غير منشغل كثيراً بفروض حـروب تسـتخدم فيها الأسلحة النووية، بقدر ما أخذ الاهتمام يتركز علـى أنمـاط مـن الحـروب تـدار بأسلحة تقليدية تنطوي على قدر عال من الكفاءة التكنو - معلومـاتيـة. وهـذا التحول في نمط التفكير الذي كان سائداً في فترة الحرب الباردة مـرده تراجع جدلية الحرب النووية، وذلك بفعل تراجع فاعليـة المتغير الأيديولوجي بعـد غياب الاتحاد السوفيتي كقوة عظمى لها مـن القـدرة مـا يؤهلها لأن تفـرض تحديات نووية على قدر عال من الوثوق والمصداقية.

وعليه، فبزوال الاتحاد السوفيتي، تراجعت أهم أداة في مواجهته وهي الأداة النووية. وحتى البعض من القوى الدولية التي كانت تعد، وفي مرحلة تاريخية معينة، خصماً عقائدياً للولايات المتحدة، كالصين مثلاً، فإنها أخذت تكيّف مضامين عقيدتها السياسية وتوجهاتها الأيديولوجية بما يتوافق مع حقائق مرحلة ما بعد الحرب الباردة.

**الملاحظة الثانية** وهي، أن الإستراتيجية العسكرية الأمريكية، ورغم تغير توازنات القوى في البنية الهيكلية للنظام الدولي وبالشكل الذي ضمن للولايات المتحدة انفراداً متميزاً، فإن هذه الإستراتيجية كانت وما تزال تبدي ميلاً واضحاً ونزوعاً قوياً إلى تبني أسلوب ردع فعال يظهر قدرة الولايات المتحدة وتصميمها على استخدام قوتها العسكرية إذا ما تعرضت مصالحها الحيوية إلى الخطر. أي أن السمة المميزة لمنهج التفكير الاستراتيجي الأمريكي يجمع بين التهديد باستخدام القوة العسكرية، أو استخدامها فعلاً، إذا ما تحول التهديد إلى أسلوب عمل، أو طريقة في التعامل لإنزال العقاب في حال المساس بالمصالح الحيوية، أو عند تعرضها لتهديدات جدية.

وتكشف لنا الخبرة التاريخية أن هذا الأسلوب، المنطوي على قدر واضح من التعنيف، رافق الإستراتيجية الأمريكية منذ النصف الثاني من القرن العشرين. إذ تكاد لا تخلو أية إدارة من الإدارات الأمريكية التي تعاقبت على رئاسة الولايات المتحدة عن تبنيها لنمط من مبادئ العمل الاستراتيجي المتضمن لهامش من التصعيد والتهديد باستخدام القوة المسلحة. ففي عهد (ترومان) تبنت الإدارة الأمريكية إستراتيجية الاحتواء. وفي عهد الرئيس (آيزنهاور) تبنت الإدارة الأمريكية إستراتيجية الانتقام الشامل. وفي عهد (كندي) كانت هناك إستراتيجية الاستجابة المرنة. وفي عهد (جونسن) تبنت الإدارة الأمريكية إستراتيجية التدمير المؤكد. أما في عهد (نكسن) كانت هناك

إستراتيجية العامودين أو الحروب بالوكالة. وتبنى (كارتر) بعد ذلك إستراتيجية التدخل المباشر والانتشار السريع. وفي عهد (ريغان) تبنت الولايات المتحدة إستراتيجية حرب النجوم والدرع الفضائي. وعندما تولى (بوش الأب) رئاسة الولايات المتحدة رفع شعار النظام الدولي الجديد وإستراتيجية تكييف بقية الدول الكبرى والإقليمية مع الواقع الدولي الجديد. وفي عهد (كلنتون) كانت هناك إستراتيجية الاحتواء المزدوج لبعض الأنظمة التي ترى فيها الولايات المتحدة ما يهدد مصالحها. وفي عهد (بوش الابن) تبنت الإدارة الأمريكية إستراتيجية الضربة الوقائية أو الدفاع الوقائي ومحاربة الإرهاب.

وربما يكون الدافع من وراء تبني مثل هذه الأنماط من الاستراتيجيات هو طبيعة الواقع الدولي والإقليمي سواء كان ذلك أثناء الحرب الباردة ام بعد زوال الاتحاد السوفيتي وبقاء الولايات المتحدة كقوة قائدة في النظام الدولي، وما رافق ذلك كله من اتساع الحيز الجغرافي لمفهوم المصالح الحيوية، مما يفرض على الولايات المتحدة تبني استراتيجيات مختلفة لمجابهة أنماط متعددة من التحديات.

إن السؤال الذي يطرح هنا، ما هي طبيعة المصالح الحيوية الأمريكية التي تستوجب استخدام القوة العسكرية أو التهديد باستخدامها دفاعاً عنها؟

في الحقيقة، إن مفهوم المصالح الحيوية الأمريكية يرتبط ارتباطاً وثيقاً بالرؤية الأمريكية لمسألة الأمن القومي الأمريكي، وبالتالي فهو يرتبط بالعقيدة الأمنية للولايات المتحدة الأمريكية المرتبطة بالأمن القومي الأمريكي، إلا إذا كانت هذه المصالح عالمية الانتشار، وعندها يكون الأمن القومي الأمريكي، وبالتالي المصالح الحيوية الأمريكية هما كذلك ينطويان على امتدادات عالمية.

وفي الواقع، فإنه بعد غياب الاتحاد السوفيتي ومحدودية الروادع النووية الدولية (كالصين وروسيا الاتحادية)، أصبح من الضروري، بالنسبة للكثير من

منظري سياسة الأمن القومي الأمريكي، إعادة تفكير فيما يتعرض له الأمن القومي الأمريكي من مخاطر. ومن الناحية الفكرية - التنظيمية، يمكن ترتيب المخاطر التي يتعرض لها الأمن القومي الأمريكي إلى ثلاثة مستويات مرتبة ترتيباً تنازلياً من أكثرها خطورة إلى أقلها خطراً.

**المستوى الأول:** ويشمل المخاطر التي تهدد وجود الولايات المتحدة، وكانت متمثلة بالاتحاد السوفيتي، والقوى المرشحة كبدائل له كالصين، وروسيا الاتحادية.

**المستوى الثاني:** ويشمل المخاطر التي تهدد المصالح الأمريكية، وهو المستوى الأكثر احتمالاً، وفق المنظور الاستراتيجي الأمريكي، وميدانها العملياتي هو آسيا والحالات الرئيسية التي تمثل هذا النمط من المخاطر هي: الصين، روسيا الاتحادية، شبه الجزيرة الكورية، منطقة آسيا الوسطى، منطقة الشرق الأوسط، وفي مقدمتها منطقة الخليج العربي.

**المستوى الثالث:** فيشمل مناطق لا تهدد الوجود والمصالح الأمريكية تهديداً مباشراً، إلا أن وجودها يعتبر (مقلقاً) من الناحية الأمنية وينبغي التحسب لها، مثل منطقة (البلقان، الصومال، السودان، هاييتي، رواندا).

ولو قمنا بفحص المستوى الأول من التهديدات، لوجدنا انه ليس ثمة قوة يمكن أن تهدد الوجود الفعلي للولايات المتحدة لاعتبارات عديدة منها:

(1) تلاشي مبدأ حتمية الصراع المؤدلج عقائدياً، وتلاشي مبدأ حتمية إزالة الغير بالقوة العسكرية بما فيها استخدام الأسلحة النووية.

(2) أنه حتى القوى النووية الرئيسية التي تعد بدائل نووية للاتحاد السوفيتي كالصين وروسيا الاتحادية، فإن هذه القوى لا يستقر في منطق تفكيرها أن تكون بدائل فعلية للاتحاد السوفيتي، وتدخل حلبة صراع مبنية على تبني استراتيجيات عنيفة وتحديات خطيرة ترتقي إلى مستوى تهديد الولايات المتحدة بالسلاح النووي، أو أن تعلن عن قدرتها الدخول في مجابهة نووية معها. وقد انعكست هذه الحقيقة في مناسبات عديدة لتؤكد محدودية رادعها النووي، أو عجزه عن تأدية وظيفته في ردع الولايات المتحدة وثنيها عن القيام (بأعمال غير مرغوب فيها) في مناطق عديدة من العالم منها منطقة الخليج العربي، كوسوفو، أفغانستان، والحرب الأخيرة على العراق عام 2003. في الوقت الذي تعد فيه هذه المناطق حيوية من الناحية الجيوستراتيجية، سواء بالنسبة للصين أو روسيا الاتحادية.

(3) لو نظرنا إلى القوى الفاعلة في النظام الدولي الراهن، وبسبب من غياب المعطي الأيديولوجي المضاد، وبسبب من كون العديد من هذه القوى تدين بنفس الأيديولوجية التي تحملها الولايات المتحدة، لوجدنا أنها قوى متنافسة أكثر من كونها قوى متصارعة. صحيح أننا لا نستطيع نكران وجود خلافات فيما بينها، وعلينا الإقرار بها، إلا أن هذه الخلافات ذات طبيعة تنافسية يصعب وصفها بأنها خلافات أيديولوجية، أو مذهبية - عقائدية ذات طبيعة تصارعية. وبالتالي فإن السمة الغالبة التي تتميز بها قواعد إدارة العلاقات بين هذه القوى هي سمة التنافس وليس الصراع.

وعليه، فإن الواقع الدولي يؤشر لنا أن هذه القوى أخذت تبتعد كثيراً عن الحدود التي تكون فيها رهينة القوة العسكرية حيث لا خيار إلا الخيار

العسكري، وبدأت تدرك حجم الدمار والخسائر الفادحة والناجمة عن لا عقلانية القرار السياسي بالاحتكام إلى القوة العسكرية لحل مشاكلها معطية بذلك أرجحية كبيرة عند المفاضلة لقنوات العمل السياسي والدبلوماسي. ومثل هذا التوجه في سياسات هذه القوى والذي أخذ ينزع بشدة نحو عقلنة أهداف سياستها الخارجية ليأخذ بها بعيداً عن خطوط المجابهة والصدام المسلح عبّر عنه وارن كريستوفر، وزير الخارجية الأمريكي الأسبق عام 1994 بالقول (أقمنا في أمريكا الشمالية وأوربا منطقة سلام يمكن أن نقول بثقة أن الحرب فيها هي حقاً غير معقولة، لكن هذا لا يمنع من قيام حروب في بلدان غير أوروبية من المناطق البعيدة).(7)

وعلى هذا، يبدو من الصعوبة بمكان أن نتصور اندلاع حروب بين القوى الفاعلة والرئيسة على غرار الحروب التي كانت تدور في القرن التاسع عشر، أو حتى على غرار الحرب العالمية الأولى والثانية. وحتى في مرحلة الحرب الباردة، عندما بلغ الصراع الأيديولوجي ذروته بين المعسكر الاشتراكي والمعسكر الرأسمالي، فإن الأزمات الحادة، والتي كان من الممكن أن تقود بأطرافها إلى مجابهات مسلحة، فإنها كانت تدار وفق ضوابط معلومة ومحسوبة، وفي هامش من العقلانية حتى لا تصل بأطرافها إلى نهاية مأساوية.

ما نريد أن نصل إليه هو أن الولايات المتحدة، وضمن المستوى الأول من المخاطر والتحديات فإنه لم يعد هناك ما يهدد أمنها ووجودها بصورة جدية. لذلك انصرف اهتمامها الأمني إلى المستوى الثاني من المخاطر التي تهدد مصالحها الحيوية، ولا تمثل أطراف هذا التهديد ومصادرة قوى نووية أو رئيسة. ومثل هذه القوى، أو مصادر التهديد، متواجدة في مناطق متعددة من العالم، حيث تتقاطع الولايات المتحدة معها تقاطعات حادة لأسباب سياسية - أمنية، أو اقتصادية - حيوية، أو الاثنين معاً، وذلك في ضوء تقديراتها وطبيعة

مدركاتها لأمنها القومي ومصالحها الحيوية، والتي غالباً ما توصف بأنها غامضة ومائعة، أو أنها تخضع لتكييف المنطق الذرائعي كحقوق الإنسان، وضرورة تعميم النموذج الديمقراطي، ومقتضيات (الشرعية الدولية) ومكافحة الإرهاب وأسلحة الدمار الشامل ومتطلبات الحفاظ على الأمن الإقليمي، وهي على الجملة موضوعات تنطوي على مغاز ومسوغات سياسية كافية تدفع الولايات المتحدة للقيام بعمليات عسكرية سواء بمفردها، أو بالتحالف مع غيرها. كما أن متطلبات المصلحة القومية أو المصالح الحيوية وضمان مصادر الطاقة والنفط والموارد الأولية لا تقل أهمية لأن تكون سبباً يحمل الولايات المتحدة للإقدام على أعمال عسكرية بهدف ضمانها والسيطرة عليها، كما حصل في حرب الخليج الثانية والثالثة، وفي كوسوفو وأفغانستان، وربما هناك مناطق ودول أخرى بانتظار نتائج مماثلة.

وبقصار الجمل، إن بعض القوى والمناطق الإقليمية أصبحت تشكل ساحة إستراتيجية شبيهة بفترة الحرب الباردة، أي أنها تشكل تهديدات واضحة وداهمة للولايات المتحدة، وهذا يفرض عليها القيام بردعها، ليس بقوة نووية، إنما بقدرات عسكرية تقليدية ذات خصائص تقنية فائقة ومتطورة وعلى قدر عال من الجاهزية القتالية.

ولما كانت الإستراتيجية الأمنية التي صممت للتعامل مع أخطار الحرب الباردة غير ملائمة الآن للتعامل مع ما يتعرض له أمن الولايات المتحدة من مخاطر، أصبح لزاماً على مؤسسة الأمن القومي الأمريكي أن تصوغ إستراتيجية أمنية تتناسب مع مكانتها الدولية، وسياساتها باتجاه الهيمنة والانفراد. ولتأمين هذا المطلب، كان على الولايات المتحدة إعادة التفكير بنمط تخطيطها الاستراتيجي الأمني أولاً، وإعادة هيكلة قواتها العسكرية وفق عقيدة عسكرية تؤمن لها القدرة على مواجهة التحديات والخصوم الجدد ثانياً.

**أولاً - إعادة التفكير بنمط التخطيط الاستراتيجي الأمني:**

فرضت أوضاع ما بعد الحرب الباردة، وغياب الخطر المركزي المتمثل بالاتحاد السوفيتي على مؤسسة الأمن القومي الأمريكي أن تجري عملية إعادة تقويم للمحاور التي تشكل مصادر تهديد أمنية للمصالح الحيوية الأمريكية. ويأتي في مقدمتها:

**1. منطقة آسيا الوسطى:** إذ هي تمثل الحلقة الأكثر وهناً في التخطيط الاستراتيجي الأمريكي في منطقة آسيا، وبالتالي فإن السيطرة عليها بصيغة تواجد عسكري، أو إقامة تحالف مع حكومات موالية بما يؤمن للولايات المتحدة أوضاعاً إستراتيجية على قدر كبير من الأهمية. وهنا تبرز أهمية أفغانستان في الإستراتيجية الأمريكية، إذ هي تمثل منطقة اقتراب مباشر للقوى الفاعلة والنووية في آسيا، كالصين، وروسيا، الهند، الباكستان، إيران، فمن خلالها يمكن ممارسة الضغط على روسيا، كما تعتبر الحلقة الأخيرة في سلسلة حصار الصين، القوة الآسيوية المحتملة لمناوئة الولايات المتحدة. فضلاً عن ذلك، فإن منطقة آسيا الوسطى، وبضمنها منطقة قزوين تنطوي على إمكانات ومواد أولية (نفط وغاز طبيعي) بما يؤهلها لتكون بديلاً استراتيجياً لمناطق تقليدية في ميدان توفير الطاقة كمنطقة الخليج العربي. كما يمكن استثمار موارد الطاقة (النفط والغاز) في عمليات الضغط والمساومة مع القوى الآسيوية التي تعتمد في تأمين احتياجاتها من الطاقة على هذه المنطقة. يضاف إلى ما تقدم، أن منطقة آسيا الوسطى تمثل مفصلاً حيوياً في شبكة المواصلات التي تربط أجزاء مهمة مع بعضها في الإقليم الآسيوي. وبالتالي فإن التحرك المكثف، السياسي، والعسكري للولايات المتحدة تجاه أفغانستان، لا يعني

بالضرورة توفير حلول لهذه الأزمة الإقليمية، بقدر ما يكون مدخلاً رئيساً لتحقيق مصالحها الحيوية.

2. منطقة شرق وجنوب شرق آسيا: حيث يعتبر توفر السيطرة الأمنية عن طريق التواجد العسكري والقوى الحليفة للولايات المتحدة فيها ضرورياً لتطويق القوى الآسيوية الناشطة في الإقليم الآسيوي من جهة الشرق وجنوب شرق آسيا.

3. منطقة الخليج العربي: حيث تحتل مكانة جيوستراتيجية على قدر كبير من الأهمية، فهي نقطة الربط بين الجزء الجنوبي الآسيوي وأوربا، فضلاً عن مكانتها النفطية كمصدر على قدر كبير من الأهمية لضمان ما تحتاجه أمريكا والدول الصناعية الغربية بما فيما اليابان من النفط.

4. ضمان أمن إسرائيل ودعم مكانتها المتفوقة في معادلة الصراع العربي - الإسرائيلي، وهي مسألة باتت من البديهيات التي لا تحتاج إلى شروح مطولة، فثمة ترابط جدلي بين أمن إسرائيل وأمن ومصالح الولايات المتحدة، وبالتالي يعد ضمان أمن إسرائيل المدخل الرئيس لضمان المصالح الحيوية للولايات المتحدة في المنطقة العربية برمتها.

5. تكثيف العمل السياسي والدبلوماسي المدعم بالقوة العسكرية إذا ما اقتضت الضرورة ذلك لمقاومة الإرهاب ومحاربته أينما وجد، باعتباره يمثل أكثر التحديات الأمنية للولايات المتحدة الأمريكية، ليس على صعيد مصالحها الحيوية في الخارج، إنما أيضاً على صعيد المجتمع الأمريكي ومؤسساته الرسمية.

**ثانياً - الإستراتيجية الأمنية والعقيدة العسكرية:**

هذا النمط من التفكير الأمني، الذي جاءت به مؤسسة الأمن القومي الأمريكي، تمت صياغته في وثيقة تحمل عنوان (إستراتيجية الأمن القومي

للولايات المتحدة الأمريكية)[8] صدرت في العشرين من أيلول عام 2002. وتضمنت هذه الوثيقة مبادئ العمل والإعداد لإستراتيجية جديدة تحل محل الإستراتيجية الأمريكية التي كانت معتمدة طيلة فترة الحرب الباردة، كالردع النووي، والقدرة على التدمير بالضربة الثانية ... الخ. إذ أصبح البديل العملي للتعامل مع الأخطار والتحديات الجديدة في مرحلة ما بعد الحرب الباردة يتمثل بتبني إستراتيجية جديدة هي إستراتيجية الدفاع الوقائي.

والفكرة الرئيسة التي تقوم عليها هذه الإستراتيجية مفادها أن على الولايات المتحدة السعي الحثيث لإجهاض التطورات والقوى المنذرة بالخطر قبل أن تصبح في حاجة على علاجات حاسمة، حيث جاء في الوثيقة ما نصه (أنه بحكم الحاجة للدفاع عن النفس، سوف تعمل الولايات المتحدة ضد أي تهديدات ناشئة قبل أن تتبلور بشكلها الكامل).[9]

**أولى المبادئ** التي تقوم عليها إستراتيجية الدفاع الوقائي هي فكرة الردع المبكر، والتي تذهب إلى خلق قناعة لدى الخصوم القائمين أو المحتملين، أن أي عمل يمكن أن يقدموا عليه ويمس أمن الولايات المتحدة في الداخل، أو يهدد مصالحها الحيوية في الخارج، فأنه سيواجه بضربات وقائية وبدون سابق إنذار. هذا يعني أن الولايات المتحدة ستعمل على تغيير أوضاعها من النمط المستكن إلى نمط التعرض بالهجوم عن طريق توجيه ضربات وقائية - استباقية بهدف تأمين الدفاع عن النفس.

**المبدأ الثاني** الذي تقوم عليه هذه الإستراتيجية هو مبدأ الضربة الإجهاضية - الاستباقية التي تضمن عنصر المبادرة بالهجوم والمفاجئة من أجل تدمير الخصوم إذا حاولوا القيام بأعمال غير مرغوبة من شأنها المساس بأمن الولايات المتحدة ومصالحها الحيوية.

ولتأمين سياقات عمل تضمن سلامة الوظيفة التي تضطلع بها هذه الإستراتيجية، كان على الولايات المتحدة توفير مبدأين استراتيجيين الأول هو، الانتشار الاستراتيجي لقواتها العسكرية العاملة، لتتوائم مع المصالح الحيوية التي تشمل العالم كله وأقاليمه المختلفة، والثاني هو توفير الدعم والغطاء الاستراتيجي لعمل القوات الصديقة والحليفة عسكرياً. وعلى مستوى المبدأ الأول (الانتشار الاستراتيجي) عملت الولايات الأمريكية على نشر قواتها العسكرية خارجياً وبمختلف صنوفها القتالية، استناداً على قوة برية تتمتع بجاهزية قتالية عالية، وقوة بحرية عائمة ومتحركة، وقوة جوية توفر الحماية اللازمة لعمل هاتين القوتين، إضافة إلى مركز قيادة إستراتيجية قادرة على إدارة العمليات العسكرية في كل مسارح العالم. يساند ذلك كله سلسلة من القواعد العسكرية الأمريكية والحليفة، وحاملات الطائرات العائمة وقوة الصواريخ البالستية التي تستند عليها القوة العسكرية الأمريكية الضاربة لإدارة عملياتها العسكرية الخارجية.

أما **المبدأ الثاني**، فهو يقوم على أساس توفير الدعم العسكري للقوى الصديقة والحليفة، وأن يكون العمل القتالي الأساسي ملقى على عاتقها. وتمثل الحرب على أفغانستان والعراق النموذجين الحقيقيين لجوهر التطبيق العملي لهذين المبدأين.

من ناحية أخرى، أدى التطور التكنولوجي السريع إلى تطوير العقيدة العسكرية الأمريكية.[10] إذ سعت المؤسسة العسكرية الأمريكية إلى توظيف الثورة التكنو - معلوماتية لخدمة أهداف الإستراتيجية العسكرية، وذلك بتطوير الكفاءة القتالية للأسلحة الجوية، وضبط أدائها العملياتي. ونظرية الاشتباك الآمن ما هي في الواقع إلا نتيجة لمثل هذا التوظيف. إذ انطوت هذه النظرية على تحول مهم في مجال الأسلحة المستخدمة بهدف توسيع مداها القتالي

المؤثر، وزيادة قدرتها التدميرية. فمنظومات الأسلحة التقليدية التي تعتمد على التكنولوجيا المعلوماتية والأجهزة الكمبيوترية لم يعد مداها مقتصراً على مسارح العمليات حيث تتلاحم القوات وتشتبك ميدانياً، بل امتد أثرها المدمر إلى أهداف إستراتيجية خارج نطاق النشاط الميداني أو التعبوي للقوات المتحاربة لتصل إلى داخل العمق الاستراتيجي للعدو. كما وأن هذا التوسع، في نطاق المدى القتالي المؤثر، يتم وفق منظومة معلوماتية تحقق نوع من التكامل والتزامن للعمليات الجوية والبرية والبحرية والقوات الصاروخية الضاربة بهدف القيام بهجمات تعرضية ضد نقاط القوة لدى العدو.

وهنا يمكن استعراض ما بحوزة الولايات المتحدة من أسلحة توصف بأنها أسلحة ذكية:

## أولاً: القنابل الموجهة:

وهي من طراز (GB4) متعددة الأنواع (15)، (29)، (30)، (31)، (32)، (36)، (37)، تحملها طائرات مختلفة الأصناف من طراز (B-52) ويبلغ مداها (30) كم. وكل هذه الأنواع من القنابل موجهة بالليزر ومسيطر عليها تلفزيونياً، وتستخدم مجموعات التوجيه حيث تتكون من حاسوب ومجموعة سيطرة تثبت في مقدمة الرأس المقاتل لتوصيل أوامر التوجيه. وتتميز هذه القنابل الموجهة والمحمولة بالطائرات بأنها شديدة الانفجار ولها قدرة كبيرة على إحداث الدمار، وهي تستخدم ضد أهداف متنوعة كالمباني والمنشآت، الكباري والجسور، أسلحة الدروع، مراكز القيادة والسيطرة.

## ثانياً: الصواريخ الموجهة:

وهي من أنواع:

1. صاروخ توماهوك: تحمله وتطلقه سفن سطح وغواصات، ويبلغ مداه القتالي أكثر من (1.100) كم وصاروخ توماهوك من طراز (C) له رأس

وحيد شديد الانفجار ومتشظي. أما الصواريخ من طراز (D) فلها رأس مقاتل حامل يحتوي على (166) قنبلة ثانوية، في (24) مجموعة يمكن بعثرتها لمهاجمة أهداف متعددة.

2. **صاروخ كروز:** وتحمله القاذفة (B-52)، وهو صاروخ طواف يبلغ مداه القتالي أكثر من (500) كم، له رأس مقاتل شديد الانفجار ومتشظي، يطير إلى أهدافه بنظام البرمجة المسبقة في تعيين الموقع الجغرافي، كما يبرمج طيرانه على ارتفاعات ثابتة.

3. **صاروخ سلام** (Slam): وهو صاروخ هجومي تحمله طائرات من طراز (B-52) و(F-16) له رأس مقاتل شديد الانفجار، ويبلغ مداه (100) كم، وهذا النوع من الصواريخ تستخدم فيه أنظمة كمبيوتر وبيانات مبرمجة لتحديد الأهداف الأرضية المراد تدميرها، كما يتم السيطرة على مسار الصاروخ بأنظمة الفيديو لتوفير قدرة عالية في إصابة الأهداف بدقة متناهية. ونظام البيانات الكمبيوترية المجهز به هذا الصاروخ تسمح له بأن يطلق من طائرة ويتم متابعته وتوجيهه بواسطة طائرة أخرى عادة ما تتواجد خارج مسافة الخطر على بعد أكثر من (100) كم من الهدف.

4. **صاروخ مافريك طراز** (AGM-65)، وهو صاروخ جو/أرض متعدد الأغراض يبلغ مداه القتالي أكثر من (30) كم تحمله طائرات من طراز (A-10) و(F-15) و(F-16) و(F-18). وهناك أربعة نماذج من هذا الصاروخ: صاروخ مافريك (B), (A) لهما توجيه كهروبصري، ومافريك (C) و(D) لهما توجيه بالأشعة دون الحمراء. وجميعها تعمل بنظام التوجيه الذاتي والتعرف على الأهداف قبل إطلاقها. ويمكن للصواريخ الموجهة بالأشعة دون الحمراء التعرف على أهدافها

ليلاً ضمن مدى واسع للرؤية. وهذه الصواريخ يمكن استخدامها ضمن أهداف أرضية وبحرية متنوعة كسلاح الدروع، الملاجئ، مقرات القيادة والسيطرة، والقوارب والسفن البحرية، محطات الرصد والإنذار، بطاريات الدفاع الجوي الصاروخية.

5. صاروخ مافريك طراز (AGM-65G)، وله رأس مقاتل شديد الانفجار ومتشظي تحمله الطائرات من طراز (F-15) و(F-16) و(F-18). وهذا الطراز يستخدم ضد أهداف أرضية وبحرية متنوعة.

6. صاروخ مافريك طراز (AGM-65E)، وهو صاروخ بعيد المدى موجه بالليزر، تحمله طائرات من طراز (F-15) و(F-16) و(F-18)، له رأس مقاتل شديد الانفجار ومتشظي، وهو سلاح ليلي/نهاري، مصمم للمسافة القريبة وللتوجيه الذاتي على أهداف أرضية محددة له.

7. صاروخ (تاو) مضاد للدبابات: يتم تتبعه بصرياً، مزود برأس مقاتل شديد الانفجار، يطلق من طائرات الهليكوبتر.

8. صواريخ هيل فاير، جو / أرض مضادة للدروع، ويتوجه ذاتياً بواسطة الأشعة الليزرية المنعكسة من الهدف الذي يضاء بواسطة شعاع الليزر يطلقه الصاروخ المحمول على طائرات هليكوبتر نوع أباتشي.(11)

والى جانب هذه الأسلحة الذكية، هناك منظومة الأقمار الصناعية التي سبقت الإشارة إليها، إذ تقوم بمساندة مراكز القيادة والسيطرة عن طريق تزويدها بالمعلومات والحقائق الصورية لميدان المعركة لتوفير درجة عالية من السيطرة على مسارح العمليات.

هذا التقدم في المجال التكنو - معلوماتي للأسلحة التقليدية والأجهزة والمعدات الفضائية، أسهم في إعادة صياغة الإستراتيجية العسكرية الأمريكية، حيث كشفت خبرة الحروب التي خاضتها الولايات المتحدة في

عقد التسعينات من القرن المنصرم (حرب الخليج الثانية 1991 في إطار التحالف الدولي، وحرب كوسوفا 1999 في إطار حلف الناتو) والحرب ضد أفغانستان والحرب ضد العراق عام 2003 كشفت عن جملة حقائق تشكل اليوم أساس العقيدة العسكرية للقوات المسلحة الأمريكية ومذهبها القتالي ويأتي في مقدمتها:

1. إعطاء أهمية فائقة لمبدأ الحسم العسكري لأية عملية عسكرية تشارك فيها القوات الأمريكية، حيث يتعين تنفيذها في هامش زمني ضيق قبل أن يؤدي عامل الوقت، وفي ضوء خبرة الحرب الفيتنامية، إلى استنزاف منظم للموارد الاقتصادية والعسكرية والبشرية، وإلى تآكل الدعم السياسي للعملية أو إعطاء فرصة لوسائل الإعلام لتغيير المسار الاستراتيجي للسياسة الأمريكية. ومن هنا يتضح تركيز المذهب العسكري الأمريكي على عنصر السرعة في تخطيط العملية العسكرية بحيث تؤدي إلى إصابة العدو بالشلل التام بدلاً من خوض معركة استنزاف ترتكز على التدمير المادي لهيكله الاستراتيجي.(12)

2. ولضمان فاعلية مبدأ الحسم السريع، تركز الاهتمام على الأسلحة والذخائر الذكية دقيقة التصويب كالقنابل والقذائف الموجهة بأشعة الليزر والصواريخ الموجهة فائقة الدمار، والمضادة للإشعاع الراداري، والصواريخ بعيدة المدى (صواريخ كروز) التي تستخدم لمعالجة أهداف بعيدة بدقة متناهية وبالتعاون مع الأقمار الصناعية وأجهزة الرادار المحمولة جواً في طائرات الإنذار المبكر (أواكس).

3. تركيز الجهد العسكري - العملياتي على ثلاث وسائل قتالية رئيسة، يختص كل منها بتنفيذ مهام وأهداف عملياتية محددة. الصواريخ البالستية والصواريخ التكتيكية (أرض/جو)، و(جو/أرض)، وقاذفات

القنابل الثقيلة من طراز (B-52) و(B-2)، إضافة لقوة الطائرات القاذفة والمقاتلة من طراز (F-15) و(F-16) و(F-117) الشبح.

إن إدراك فاعلية هذه الأنماط الثلاث من وسائل القتال الرئيسة قاد إلى استحداث مبدأ جديد في العقيدة العسكرية الأمريكية هو مبدأ الاشتباك الآمن أو مبدأ الحرب عن بعد. ويقوم هذا المبدأ القتالي على فكرة تمكين القوات المهاجمة من تحقيق أهدافها العسكرية وتنفيذ هجماتها من مسافات آمنة باستخدام أسلوب التصعيد المتدرج في ضرب الأهداف (ضرب أهداف عسكرية ميدانية، ثم الانتقال إلى معالجة أهداف داخل العمق الاستراتيجي للعدو)، أو أسلوب القصف المتزامن للعمليات العسكرية (ضرب أهداف عسكرية ميدانية، وأهداف حيوية داخل العمق الاستراتيجي للعدو في وقت واحد)، وبما يضمن للقوات المهاجمة قدرة عالية على التحكم بمسارح العمليات، كما يضمن لها الابتعاد عن هجوم وسائل الدفاع الجوي المعادية.

لقد أتاح تنامي وتائر الثورة التقنية العسكرية فرصاً للتفكير بترجيح خيار حروب تستخدم فيها أسلحة تقليدية ذات خصائص تقنية - معلوماتية على درجة عالية من الكفاءة القتالية تحقيقاً لمبدأ الحسم السريع لأية عملية عسكرية تشارك فيها القوات الأمريكية. والفكرة الرئيسة التي أخذت تنهض عليها العقيدة العسكرية الأمريكية في هذا الإطار تذهب إلى أن مفاجأة العدو بصفة مستمرة بضربات جوية وصاروخية، سريعة ومتلاحقة، من شأنه أن يخلق أوضاعاً عسكرية جديدة يصعب عليه مواجهتها، والتعامل معها، حيث تفقد قيادته توازنها مما ينتج عنه انهيار لخططه الدفاعية والهجومية بالكامل. وأن استمرار هذه الضربات السريعة والمتلاحقة تولد حالة غير مسيطر عليها من الفوضى والارتباك في البنية العسكرية للعدو تتزايد كلما تزايدت وتيرة العمليات الموجهة ضده، وتنتهي بانهيار شامل لمركز الثقل الرئيس في بنيان منظمته

العسكرية، أي مركز القيادة والسيطرة. والصنف القتالي المؤهل لإنجاز هذه المهام هو القوة الجوية الصاروخية والأنظمة الفضائية وطائرات الإنذار المبكر (الأواكس).

هذا النمط من التفكير قاد إلى استحداث ما يمكن وصفه بنظرية الحرب الجوية، وهي النظرية التي تفترض كما سبقت الإشارة أن السيطرة على الجو تتيح إمكانية عالية للسيطرة على المجال الأرضي (مسرح العمليات) وأن مفتاح النصر في أي معركة يكون بيد الطرف الذي ينفرد بميزة التفوق جواً. ذلك أن التفوق في أسلحة الجو القتالية (الطائرات القاصفة والمقاتلة بعيدة المدى، القنابل الليزرية، والصواريخ الذكية) تكبد العدو خسائر فادحة بالنيل من أهدافه الحيوية داخل عمقه الاستراتيجي، وتدمير قدراته العسكرية الدفاعية والهجومية باشتباك آمن ومن مسافات بعيدة قبل عمليات الاشتباك والتلاحم الميداني.

ومثل هذه الإستراتيجية تنطوي على مزايا عديدة منها، أن إستراتيجية الذراع الطويلة تقلل من الإسهام القتالي للقوات البرية، وبالتالي فهي تجنب الطرف المباشر بها ما يمكن أن يترتب على إسهام قواته البرية من أعباء لوجستية وعمليات دعم وإسناد ميدانية واستنزاف مادي للقوات وأسلحة القتال البرية (المشاة وأسلحة الدروع). فضلاً عن أن هذه الإستراتيجية تتيح إمكانية عالية لتنفيذ الهجمات القتالية والتحكم بالأهداف المعادية عن بعد متجنبة بذلك التعرض لهجوم وسائل دفاعات العدو الجوية، حيث يتحول عندها مفهوم العمق الاستراتيجي الآمن إلى عمق غير آمن.

وعلى هذا، فإن التفوق في أسلحة الجو التقليدية ذات الخصائص التقنية المتطورة، وبمساندة الأنظمة الفضائية، أخذت تلعب اليوم دوراً تقريرياً في سير المعارك وتحديد نتائجها الميدانية قبل اشتباك القوات البرية وبمختلف صنوفها القتالية، تحقيقاً للغرض السياسي الذي تشن الحرب من أجله.

من ناحية أخرى، ارتبطت عقيدة الحرب الجوية وتعظيماً للنتائج المترتبة عليها، أو لضمان مؤثوقية عالية في أدائها القتالي، ارتبطت بثورة المعلومات. فهي تفترض، في إطار طروحاتها الفكرية، أن مركز الثقل الرئيسي في أي منظمة عسكرية، لمتابعة جهدها العسكري، وإدامة نشاطها الميداني، يكمن في تصميم نظام معلوماتها، والذي يرتكز في نظم القيادة والسيطرة (الوحدة القرارية)، وأن أية معركة لا يمكن أن تدار إلا عن طريق الربط والاتصال الوثيق بين منظومة المعلومات والوحدة القرارية المسؤولة عن إدارة العمليات العسكرية، وأن القرار المتعلق بإدارة العمليات العسكرية ومتابعتها وتوجيهها هو محصلة التقييم الإجمالي للمرحلة التي يتم فيها جمع المعلومات وتصنيفها وتحليلها (منظومة المعلومات) حيث يتشكل إدراك الوحدة القرارية وتصورها لحقيقة الموقف عن سير المعركة. وهذا الإدراك هو الذي يدفع بالوحدة القرارية إلى اتخاذ القرار المناسب بشأنها. بمعنى آخر، أن المعركة عبارة عن سلسلة مترابطة الحلقات، تبدأ بمرحلة المراقبة، وفيها يتم جمع المعلومات عن وقائع المعركة وتطورها، ثم تأتي مرحلة التحليل والتقييم، وفيها تقوم القيادة أو الوحدة القرارية بتكوين صورة ذهنية عما يدور حولها من خلال المعلومات التي حصلت عليها وتجمعت لديها (منظومة المعلومات) للكشف عن مسار العملية ككل. وفي ضوء المرحلة الأخيرة يتم اتخاذ القرار بشأن أفضل البدائل المطروحة كخطة عمل ميدانية واجبة التطبيق.

وهذه السلسلة المتصلة الحلقات توضح طبيعة التفاعل بين الوحدة القرارية، أو مركز القيادة والتحكم، والبيئة المحيطة بها (ميدان المعركة) حيث تتم إدارة العمليات العسكرية. وبالتالي، فإن منع العدو أو حرمانه من فرصة إتمام الأداء الوظيفي لعمل هذه السلسلة على نحو منتظم، بقطع إحدى حلقاتها، أو بتدمير مركز ثقله الرئيس، فإن ذلك من شأنه أن يؤدي إلى تردي الوظيفة التحليلية

لنظام القيادة، وإفساد قدرته على التحليل السليم والتحكم في حركة المعلومات. وتحقيق مثل هذا الهدف الاستراتيجي يوكل أمر إنجازه إلى الأسلحة الجوية والصاروخية، حيث تقوم وباشتباك آمن مع العدو، بتوجيه ضربات سريعة ومتلاحقة تفقده توازنه وتزيد من درجة اضطرابه وارتباكه، وتضعه تحت ضغط نفسي هائل، الأمر الذي يقود بدوره إلى انهيار العمليات الحربية التي يدير بها تنظيمه العسكري.

وعليه، فإن كثافة الجهد العسكري للحرب الجوية لا يستهدف، في الواقع، تحقيق أفضل معدلات استنزاف للقدرات المادية للعدو، أو تدمير التجسيد المادي لقوته العسكرية، إنما أيضاً، وهذا هو الأساس، إرباك وتدمير رؤية العدو للبيئة المحيطة به من خلال تخريب انسياب المعلومات داخل بنيته العسكرية، بحيث يصبح عاجزاً عن انتقاء المعلومات والبيانات السليمة، وهذا يؤدي إلى تآكل التماسك الداخلي للمنظومة العسكرية بركيزتيها الأساسيتين، منظومة المعلومات، ونظم القيادة والتحكم.

هذه الأطاريح الفكرية لعقيدة الحرب الجوية هي التي تشكل اليوم أساس العقيدة العسكرية للولايات المتحدة الأمريكية، حيث ترى أن عنصر النجاح في أية معركة تخوضها الولايات المتحدة يكمن في مبدأ تفوق منظومة أسلحة الجو القتالية (الأسلحة الذكية والذخائر دقيقة التصويب والتوجيه، الطائرات القاصفة والمقاتلة بعيدة المدى، منظومة الأقمار الصناعية المساندة)، حيث تتم مفاجأة العدو ومجابهته بسلسلة متلاحقة من الضربات السريعة، مما يؤدي إلى تشتيت جهده العسكري ميدانياً، وانهيار شامل في هيكله التنظيمي استراتيجياً. هذا يعني أن عقيدة الحرب الجوية أخذت تتمحور بالاعتماد على عنصرين الأول، الدقة في توجيه وإدارة عمليات القوة الجوية والصاروخية الضاربة ضد مراكز ثقل العدو وأهدافه الإستراتيجية، كمراكز السيطرة والقيادة، ونقاط تمركز قواته

الميدانية بهدف شل قدرتها الدفاعية والهجومية، وتدمير قدراته الصناعية وعصب حياته الاقتصادية. والعنصر الثاني يتمثل بتوفير التفوق في مجال المناورة لتغيير الأبعاد المكانية والزمانية من خلال تنسيق تحركات القوات الأمريكية الضاربة بغض النظر عن بعد مواقع تمركزها خارج مسارح العمليات, وفي هامش زمني ضيق بحيث تستطيع اقتحام مجاله الاستراتيجي، ومن مواقع متباعدة وبسرعة فائقة تفوق قدرته على صياغة خطة محكمة للتعامل مع هذا الوضع المعقد.

مجمل هذه الأفكار التي جاءت بها عقيدة الحرب الجوية، قادت إلى تغيير العديد من المسلمات التي بنيت عليها فكرة الحرب ذاتها كنشاط ميداني يرتكز بالدرجة الرئيسة على الجهد البشري والحركة الميكانيكية لصنوف الأسلحة القتالية. فالعقيدة العسكرية الأمريكية، طيلة فترة الستينات والسبعينات، وحتى منتصف الثمانينيات من القرن المنصرم، كانت مبنية على افتراض مفاده أن الفوز في الحرب يأتي من تدمير مواطن القوة للعدو والتي تتجسد في استنزاف ثم تدمير قدراته المادية. ومن ثم فإن الجهد الرئيس يجب أن يرتكز على التدمير، كما أن محور اهتمام التخطيط العسكري يجب ان ينصب على كشف ثم استهداف نقاط القوة للعدو لتوجيه أكبر قدر من القوة النارية ضدها.

ووفق هذه النظرية، يصبح التدمير، على الأقل من الناحية النظرية، هدفاً بحد ذاته، وتتحول المنظومة العسكرية بكل صنوفها إلى آلة تدميرية تخطط عملياتها حول المعركة لإحلال الدمار المادي بقوات العدو ميدانياً، مع إعفاء مركز ثقله الرئيس ليواجه الهزيمة عسكرياً، حيث يتم فرض الإرادة السياسية عليه.

عقيدة الحرب الجوية جاءت بافتراض معاكس، مفاده، العمل على كشف نقاط الضعف في بنيان العدو وتفادي نقاط قوته بدلاً من مواجهتها مع التركيز

على مركز ثقله الرئيس. هنا تكون هذه النظرية قد اختلفت في رؤيتها للمعركة، فهي لا تراها كهدف في ذاتها، وإنما كوسيلة لتحقيق هدف أشمل هو الوصول لمراكز ثقل العدو الذي يقوم بتخطيط العملية العسكرية. وعلى هذا، فإن المقولة التي جاء بها (ب. ليديل) والتي تذهب إلى (أن الهدف الصحيح الوحيد للحرب يتمثل في تدمير القوى الأساسية للعدو في ساحة المعركة)[13]، تحولت وفق هذه الرؤية إلى أن الهدف الصحيح والوحيد للحرب يتمثل بتدمير البنية التنظيمية والهيكل القيادي المسؤول عن إدارة العمليات العسكرية (أو المسؤول عن إدارة الحرب ذاتها). ووفق المنطق الذي جاءت به هذه النظرية، فإن القيمة العسكرية للمعركة لا تكمن في تدمير القدرات المادية للعدو، بل أن قيمتها العسكرية تكمن في أثرها الإجمالي على مسار العملية العسكرية ككل. فالتحول الفكري في إطار الإستراتيجية العسكرية الأمريكية وعقيدة الحرب الجوية تتمثل بالانتقال من عقيدة حربية تسعى إلى تحقيق أقصى معدلات الاستنزاف عن طريق تدمير القدرات المادية للعدو، إلى عقيدة حربية تستهدف مراكز ثقل العدو ومنظومته المعلوماتية بهدف إرباك وتدمير عمليات تخطيطه العسكري وهدم بنيانه التنظيمي من الداخل.

وعلى هذا، فإن الثورة التكنو - معلوماتية لم تنعكس آثارها على عقيدة الحرب الجوية، وإنما انعكست أيضاً على أساليب العمل ومناهج التفكير العسكري لتشكل الإطار الفكري والفلسفي للعقيدة العسكرية الأمريكية وبمختلف صنوفها القتالية في وقتنا الراهن.

●●●

# هوامش الفصل الثالث

1. راجع فيما تقدم وللتفاصيل: د. عبدالقادر محمد فهمي، المدخل إلى دراسة الإستراتيجية، مصدر سبق ذكره، ص.116.

2. انظر نفس المصدر، ص.178.

3. انظر بذلك: ستيفن لمباكيس، السيطرة على الفضاء في حرب الخليج الثانية، دراسات عالمية، أبو ظبي، مركز الإمارات للدراسات والبحوث الإستراتيجية، العدد (2)، ص10، وما بعدها.

4. نفس المرجع، ص.17.

5. William J. Perry: Desert Storm and Deterrence, Foreign Affairs, Jun, Fall, 1991, pp. 78-79

6. انظر: ستيفن لمباكيس، مصدر سبق ذكره، ص.24.

7. جاء هذا التصريح لوزير الخارجية الأمريكية الأسبق، وارن كرستوفر، في حديثة عن البنية الأمنية لأوربا، في صحيفة: New York Times, 7/5/1994

8. تعد هذه الوثيقة دليل عمل الإستراتيجية الأمريكية بعد عام 2002، والتي حلت محل الإستراتيجية الأمريكية في فترة الحرب الباردة، للاطلاع انظر:

Washington Post, 17/10/2002 .

9. الملاحظ أن بوادر التفكير بهذا النمط من التخطيط الاستراتيجي لمفهوم الدفاع الوقائي يعود إلى عام 1996، عندما وضع وليم بيري أفكاره الرئيسية حوله، راجع:

William J. Perry, Defense Inane Age of Hope, Foreign Affairs, Vol. 75, No. 6, 1996

10. سبقت الإشارة إلى الكيفية التي أثرت بها الثورة التكنو - معلوماتية على أنظمة التسلح التقليدية.

11. انظر فيما تقدم حول هذه الأنواع من الأسلحة:

Richard A. Gunkel, Space Operation, Weapons Tactics and Training and Space Operation, Vol. 4, of Gulf War Air Power Survey, ed., Elot, A. Cohen, Washington, DC, 1993, P.V.

12. راجع تفاصيل حول مبدأ الحسم السريع للعمليات الحربية:

John A. Warden, The Enemies System, Air Power Journal, Spring, 1995, P. Sl.

13. نقلاً عن:

James W. Reed, The Defense Reform Debate, Issue and Analysis, The Johns Hopkins University Press, 1984, p.88.

الباب الرابع 4

# الإمبراطورية الأمريكية

# تقديـــم:

بعـد أن استعرضـنا الأبعـاد الإستراتيجية لمظاهـر الهيمنـة الأمريكية، ربما يرد تساؤل مفاده، هل تقترب الولايات المتحـدة من النموذج الإمبراطوري؟ بمعنـى، هـل أن الولايات المتحـدة، بوضعها الحالي، تشكل نموذجاً إمبراطورياً؟

إن الحديث عـن (إمبراطوريـة أمريكيـة) يفـرض علينـا تحديد المعايير التي يستند عليها أي نموذج إمبراطوري، ومنها:

1. بنيـة فكريـة - أيديولوجيـة قـادرة عـلى أن تفـرض حضـورها وتكون موضـع استقطاب عـالمي بفعل قـوة جاذبيتهـا حيث يكون لها أنصار ومريدين. أي أن تكون بمثابة مرجعيـة فكريـة تضـمن الـولاء السـياسي للآخـرين. والولايـات المتحـدة تطرح نفسها اليوم على أنها (النموذج) الذي ينبغي أن يحتذى به في العيش وطريقة الحياة بأدق تفاصيلها.

2. قـوة اقتصاديـة تخرج عن دائـرة حـدودها الإقليميـة لتغطـي العالم بأسره. ولا ريب في أن الإستراتيجية الاقتصاديـة الأمريكيـة اليوم هي إسـتراتيجية ذات طـابع عـالمي وخصوصاً بعد زوال الاتحاد السوفيتي وزوال معظم الأنظمة الاشتراكية الشيوعية، إذ استطاع النظام الرأسمالي أن يتحول إلى نظام عالمي محكم بـأدوات اقتصاديـة، وهـذا مـا لاحظنـاه في البعـد الاقتصادي للإستراتيجية الأمريكية.

3. قوة عسكرية متفوقة بكل مقاييس التفوق، وتكون قادرة على أن تضمن لها السيطرة العسكرية على الصعيد العالمي، وبما يضمن حماية مصالحها الحيوية ويؤمن لها جاهزية قتالية عالية للتدخل والانخراط في أكثر من حرب وفي مناطق مختلفة من العالم. والبنية الهيكلية للقوة العسكرية الأمريكية، بشقيها التقليدي والاستراتيجي، مشّكلة على نحو خماسي: قوة بحرية قوامها الطرادات والبوارج الحربية وحاملات الطائرات والغواصات النووية. وقوة برية قوامها المشاة وأسلحة الدروع والمدفعية. قوات جوية ممثلة بطائرات بلا طيارين، والحوامات القاذفة والطائرات المقاتلة والقاذفات الإستراتيجية بعيدة المدى. القوات الصاروخية، سواء الصواريخ البالستية العابرة للقارات والمجهزة برؤوس نووية، أو الصواريخ المجهزة بالقنابل الذكية الموجهة بالليزر، أو صواريخ كروز الموجهة إلى الأهداف الأرضية بدقة متناهية. وأخيراً، منظومة قتال فضائية ممثلة بالأقمار الصناعية المدارية..

4. إقامة نظام تحالفات سياسية - أمنية واسعة الانتشار تغطي مساحات واسعة من العالم. وهنا، استطاعت الولايات المتحدة أن تقيم تحالفات مع العديد من الدول في قارة أوربا وأسيا وأفريقيا وأمريكا اللاتينية. وسعت الولايات المتحدة من خلال هذه الإستراتيجية نسج شبكة من المصالح العسكرية والسياسية والاقتصادية يكون مركزها واشنطن، وتكون مصالح البلدان الأخرى مرتبطة مركزياً بحسن علاقاتها مع المركز، وأن أي تفكير بالابتعاد عنه سيكون باهظ الثمن.

هذه المعايير، التي يفترضها النموذج الإمبراطوري، والتي تفتقر إليها أية قوة أخرى في العالم، متوفرة في الولايات المتحدة الأمريكية، التي سعت منذ بداية عقد التسعينيات من القرن العشرين، ومطلع القرن الحادي والعشرون بعد أن تولت الإدارة فيها نخبة يطلق عليها تسمية المحافظين الجدد بزعامة (بوش الابن)، سعت إلى توكيد هيمنتها العالمية. هذه النخبة تمثل تياراً فكرياً يحمل أيديولوجية تفسر الكيفية التي ينظرون من خلالها إلى العالم، والخيارات الأكثر نجاعة في التعامل مع مشكلاته، أو التحديات التي يثيرها لإعاقة مشروعهم الإمبراطوري. هذه النخبة تؤكد على صلاحية مبدأين في العمل السياسي الخارجي، المبدأ الأول هو، الإيديولوجية الرسالية ببعدها الديني، والرأسمالية ببعديها السياسي والاقتصادي. والمبدأ الثاني هو القوة العسكرية باعتبارها تمثل ضرورة لا غنى عنها لتحقيق أهداف الإستراتيجية الكونية للولايات المتحدة الأمريكية، حتى وأن تقاطع تطبيق هذا المبدأ مع الأعراف والقواعد القانونية الدولية.

# الفصل الأول

# المحافظون الجدد / فكر تسلطي يحكم العالم

المحافظون الجدد، أو كما يسمون بـ (اليمين المسيحي المتطرف)، يمثلون حركة فكرية متشددة نشطت بشكل ملحوظ منذ العقد الثاني من القرن العشرين، إلا أن جذورها الفكرية مستمدة من الحجاج، أو الآباء المؤسسين، أو الطهوريين الأوائل الذين اعتنقوا البروتستانتية الكالفينية وشكلوا البذرة الأولى للمجتمع الاستيطاني في أمريكا.

والمحافظون الجدد، باعتبارهم بروتستانتيين كالفينيين، يؤمنون بالأفكار الأصولية وبالعهد القديم والجديد من الكتاب المقدس الذي يتضمن، وفق معتقداتهم، نبوءات ستتحقق عاجلاً أم آجلاً، ضمن خطة إلهية للكون. كما يعتقدون بالأفكار القدرية التدبيرية والتي تذهب إلى أن الأحداث مدبرة بفعل الإرادة الإلهية. هذا التيار الفكري الديني المسيحي - اليميني المتطرف والملتزم بحرفية الكتاب المقدس ظهرت بوادره في أمريكا في العقد الثاني من القرن العشرين وفي أوائل القرن الحادي والعشرين، ووصف قادة هذا التيار أنفسهم وأتباعهم بالأصوليين لأنهم يعودون إلى أصول الدين، بما في ذلك النصوص الدينية وتعاليم المسيح وتلامذته الروحية والأخلاقية والاجتماعية، واعتبروا أن الديانة البروتستانتية بوضعها الحالي قد خرجت عن سياقها المطلوب وأخذت تشوه الدين الصحيح، لذا ينبغي الرجوع إلى عصمة الكتاب المقدس بعهديه القديم والجديد وعلى التفسير الحرفي لنصوصه باعتبارها وحي من الله أو الروح القدس. لذا، فهم يدعون إلى القراءة الحرفية للكتاب المقدس

ودقة النبوءات المقدسة بكل تفاصيلها، وهم يؤمنـون بـأن هـذه النبوءات سوف تتحقق على الأرض، كما يؤمنون بحتمية الصراع بين قوى الخيـر (جيش المسـيح) وقـوى الشرــ (جيـش الشـيطان)، وأن الخيـر سينتصر في معركـة (مجيدو).

ينطلق الفكر النبوئي الذي يؤمن به اليمين المسيحي، أو المحافظون الجـدد، من مبدأ أساسي هو أن الكتاب المقدس بجميع أسفاره وكتبه هو كلام الله المنزل لذا فهو معصوم بكلامه وحروفه من الخطأ. كما أن النبوءات التي جاء بها هـي الأخرى تتميز بعصمتها. فقد جاء في كتاب بطرس (21:1) (النبـوءة لا تصـدر أبداً عن إرادة البشر، لكن البشر يتحدثون بوحي مـن الله. وكـأن هـذا الـوحي حمله إليهم الـروح القـدس). كمـا جاء في قاموس الكتاب المقدس (الكتاب المقدس هو كلمة الله في كلمات الإنسان)، وأن (الكتاب المقدس هـو نفس الله). ويشير قاموس الكتاب المقدس (الذي يربط بشكل تلقائي بين مفاهيم ونصوص الكتاب المقدس برموز وتعابير لها مكانة دينيـة - روحيـة - قيمـية عند اليهود والحركة الصهيونية مثل، إسرائيل، وكنعـان، وأرض الميعـاد، وشعب الله المختـار) يشـير القامـوس إلى عبـارة (أراضي الكتـاب المقـدس) ويعتـبر أن المقصـود بها (إسرائيل)، وأن الله أعطاها كوطن لشعبه المختار. وهنا يكون (الكتاب المقدس) هو حلقة الربط بين اليمين المسيحي واليهود باعتبارهم شعب الله المختـار، وأن (إسرائيل) هي الوطن الـذي منحه الله لهـم باعتبارهـا تمثل أرض الميعـاد، وأن تأسيس دولة لليهود في أرض الميعاد سيمهد للمجيء الثاني للمسيح. بمعنى أن عودة اليهود إلى أرض الميعاد التي وعد بها الرب، ومـن ثـم تأسيس دولة فيها تضمهم (كـما جـاء في الكتـاب المقدس) هـو الشرط الـرئيس لظهور المسـيح المخلص، الذي سيملأ الأرض عدلاً وسلاماً.

من هنا، نجد أن اليمين المسيحي يربط ربطاً مبـاشراً، استنادا إلى حرفيـة الكتاب المقدس، بيهود اليوم وبدولة إسرائيل، ثم يطبقـون نبـوءات الكتاب

المقدس وخطة الله بأكملها على الأحداث المعاصرة التي تتعلق بإسرائيل بالدرجة الأولى. ولعل هذا يفسر لنا المعنى الذي تنطوي عليه عبارة (اليمين المسيحي المتصهين)، أو (المسيحية الصهيونية).

وهكذا، أصبح يطلق لقب (المسيحية الصهيونية)، أو (الصهيونيون المسيحيون) على المسيحيين الذين يدعمون دون قيد أو شرط (عودة) اليهود إلى أرض الميعاد وتأسيس دولة إسرائيل كما يقرؤون ذلك في النصوص المقدسة.

وفي ضوء عملية الربط هذه بين اليهود ومكانتهم في الكتاب المقدس، وتفسير النبوئيين كما ورد فيه من وعود الرب لليهود بأرض الميعاد، وكونهم شعب الله المختار، يمكن أن نفهم الأسباب الحقيقية لدعم اليمين المسيحي تأسيس دولة إسرائيل ولنشاطها التوسعي في المنطقة العربية. إذ تعتقد هذه الفئات اليمينية المسيحية اعتقاداً راسخاً بأن دولة إسرائيل السياسية هي دون شك أرض الميعاد التي وعد الرب بها شعبه المختار كما جاء في الكتاب المقدس بنبؤاته وتفسير نصوصه الحرفية. وترى هذه الفئات في إنشاء دولة إسرائيل تحقيقاً لجزء رئيس من خطة الإله للكون ولنهاية الزمان التي ستتحقق بمجيء المسيح.

وهكذا نجد، أنه منذ أن تأسست دولة إسرائيل السياسية في الأراضي المقدسة، دخل اليمين المسيحي المتطرف حلبة السياسة الخارجية، ومارس ضغوطاً مستمرة على الإدارات الأمريكية المتعاقبة لدعم الدولة اليهودية ومخططاتها. وقد صرح معظم قادة اليمين المسيحي المتطرف وكتبوا عن أن قضية إسرائيل هي قضية أمريكا، وأنهم بالإضافة إلى اعتقادهم بأن لأمريكا مصالح حيوية وإستراتيجية في دعم إسرائيل، يؤمنون بأن إسرائيل هي الجزء الرئيس من خطة الله للكون، وأن أمريكا موكلة بمهمة مقدسة لدعم إسرائيل تمهيداً لتحقيق بقية نبوءات آخر الزمان بعد أن تأسست دولة إسرائيل في أرض الميعاد.

إن الخلاصة التي نريد الوصول إليها هي، أن العقيدة الدينية للمحافظين الجدد قائمة على الإيمان بفكرة التدبير الإلهي للكون، أو أن هناك خطة مدبرة للكون. وأن الإرادة الإلهية تسيِّر الأحداث من خلال اختيارها لأشخاص يمارسون وظيفة تتحدد بترجمة النبوءات إلى أرض الواقع، والتي من شأنها أن تعجل بالظهور الثاني للمسيح (كما يدعي بوش الابن في أن الرب اختاره لأداء مهمة مكلف بها). وأن المجتمع الإنساني تحكمه إرادتان، إرادة الخير، وإرادة الشر. وهاتان الإرادتان هما في حالة صراع سينتهي بانتصار إرادة الخير، التي يتزعمها الفكر المسيحي اليميني بدعاته وأنصاره ورموزه السياسية.

إلا أن الملاحظة الجديرة بالانتباه هي، أنه على الرغم من أن هذه الأفكار والمعتقدات الدينية التي تبناها اليمين المسيحي المتطرف، أو المسيحية - الصهيونية تعود إلى منتصف القرن التاسع عشر، إلا أنها نشطت مرة أخرى في الثمانينات من القرن العشرين، وتحديداً في فترة رئاسة الرئيس الأمريكي (رونالد ريغن) لتكون بمثابة منهاج عمل في العلاقات الدولية ورسم السياسة الخارجية للولايات المتحدة الأمريكية. إذ كانت خطبه السياسية غالباً ما تتضمن عبارات مثل (أمريكا المدينة على الجبل في مواجهة إمبراطورية الشر-) و(أن انتصار الخير على إمبراطورية الشر سيتحقق في معركة مجيدو).

أما في عهد رئاسة بوش الأب، فقد ذكر عام 1992، وبعد حربه على العراق عام 1991، أن أحد أصدقائه من رجال الدين الأصوليين نصحه بأن يشن الحرب على العراق، وأنه بارك هذه الحرب، وقد عمل بهذه النصيحة. أما بوش الابن، فقد كان أكثر إيماناً وتشدداً بالعقيدة الاصطفائية الاستعمارية، وأن الله اختار الشعب الأمريكي للمباشرة في عملية (خلاص العالم). ويشير الكاتب (مايكل أورتيز هيل)، أن بوش كان مؤمناً بفكرة المجيء الثاني للمسيح ونهاية الزمان، وأن الوسيلة الوحيدة لإنقاذ العالم هي أن يستولي عليه شعب الله، وأن الشعب

الأمريكي هو الذي اصطفاه الله ليحكم العالم. وأن الاعتقاد الراسخ لدى بوش أنه شخص اختاره الله ليعيد الأرض إلى سيطرة الله.

أما الصحفي (بوب وود ورد) فقد ذكر في مؤلفه (الرئيس بوش في حالة حرب) الصادر عام 2002 أن أحداث الحادي عشر من أيلول 2001 أثارت مشاعره الدينية العميقة، وأن هذه المشاعر هي التي أعطته الحافز لإعلان الحرب. وأنه أعلن في الكاتدرائية الوطنية (أن مسؤوليتنا تجاه التاريخ أصبحت واضحة جداً: أن نرد على هذه الهجمات ونخلص العالم من الشر) وعلق الصحافي (وود ورد) على ذلك بالقول (كأن الرئيس بذلك يطرح مهمته ومهمة الأمة كلها ضمن الإطار العام لرؤيا خطة الله الكبرى للكون)[1].

وفي رأي (هيل) أن الإرادة الأمريكية خالفت آراء كثير من القادة العسكريين الأمريكيين واستخفت بالملايين من الأمريكيين وغيرهم الذين يعارضون الحرب ضد العراق. واعتبرت هذه الإدارة أن الأمم المتحدة لا دور وقيمة لها في قرار الحرب، وفي هذا القرار، ليس من المستبعد أن يكون بوش مصمم - بوعي أو بغير وعي منه - على تنفيذ خطة الله. إن سياسته العاتية حيال الشرق الأوسط تدل على هذا، وعلى أنه يعتبر نفسه مكلفاً بمهمة من الله. ويلخص (هيل) الحالة الراهنة في أمريكا من سيطرة عناصر مارقة تتمتع بالمصداقية والقوة السياسية مثل الفئة التي تحكم في أمريكا الآن بالقول، أن التراث اليهودي - المسيحي تزج به عناصر مارقة متطرفة إلى الهاوية وتزجنا نحن معه.[2]

وفي مقال كتبه (جاكسون لير) في صحيفة نيويورك تايمز بتاريخ 2003/3/11، وقبل الحرب ضد العراق بسبعة أيام فقط، جاء فيه: أن بوش، عندما كان حاكم ولاية تكساس، صرح باعتقاده أن الله أراد منه أن يرشح نفسه لرئاسة الجمهورية. وقد أصبح هذا الاعتقاد واضح بأنه ينفذ إرادة الله بعد

أحداث أيلول. وإنه صرح مراراً أنه يقود حرباً عالمية ضد الشر. وفي سياق الإعداد للحرب ضد العراق قال بوش (لو أدركنا الأساليب والمقاصد الإلهية لكنا نثق بها).[3]

ويصف (جاكسون لير) عقيلة الرئيس بوش واعتقاده بأن الله يعمل في كل شؤون الكون، وهو يدعو الولايات المتحدة لقيادة صليبية جديدة في الشرق الأوسط، (أن الأمور لا تتحرك بالمصادفة، بل بيد إله عادل وفي).[4]

وهكذا، فإن الفكرة التي حكمت التراث الديني المسيحي، والتي تقول أن يد الله تعمل بصورة غامضة فوق إدراك البشر كانت هي السائدة عند الأمريكيين منذ أن وطئت أقدامهم أرض العالم الجديد. وقد عمل هذا الإدراك، متفاعلاً مع فكرة (القدر المبين) على دعم سياسة احتلال أرض العالم الجديد بكاملها، كما دعمت سياسة التوسع خارج حدود القارة، لتنتهي اليوم إلى الهيمنة العالمية لإقامة الإمبراطورية الأمريكية، وبما يتوافق مع الغموض الطوباوي لفكرة التدبير الإلهي للكون، الذي تضطلع به، وبتكليف إلهي، الولايات المتحدة الأمريكية.

وعلى الصعيد الخارجي، تستمد أطروحة (ضرورة استمرار القطبية الأحادية) و (إدامة الهيمنة الأمريكية)، مقوماتها الفكرية من هذه المعتقدات الدينية التي شكلت الأساس الإيديولوجي للسياسة الخارجية ومنهج التفكير في رسم إستراتيجية الولايات المتحدة الأمريكية. فمن أجل تحقيق فكرة (القدر المبين) و(التدبير الإلهي للكون) و(خطة الله في الأرض)، يجب أن تبقى الولايات المتحدة هي الأقوى عسكرياً، ويجب أن تحتفظ بحقها في الدفاع عن نفسها. كما يجب أن تبادر بالمعالجات العسكرية - الاستباقية. ومثل هذا التشديد على ضرورة استخدام القوة يمثل نقطة الدخول إلى رحم النهج المحافظ الجديد الذي يبدي تشاؤماً عميقاً بشأن الطبيعة الإنسانية والمجتمع الإنساني.

إذ على الرغم من أنهم يعلنون أن رسالتهم تدعو إلى (الحرية والديمقراطية وحقوق الإنسان)، إلا أن ذلك لا يعدو أن يكون دعوة خطابية إلى حد كبير. فالسياسات التدخلية والإملائية، ومحاولات فرض النموذج الليبرالي، حتى لو تطلب الأمر استخدام القوة العسكرية، تشكل مفارقة تنطوي على تناقض كبير بين الخطابات السياسية المعلنة والنماذج التطبيقية للسياسة الأمريكية على أرض الواقع.

من جانب آخر، تتحدد رؤية المحافظين الجدد للعالم بكثير من الارتياب والشك. فالمجتمع الدولي، مجتمع فوضوي تسوده البدائية والتآمر والصراع. إنه مجتمع تصارعي وفق للنموذج الهوبسي, وتشكل فيه المنافسة العسكرية الدائمة من أجل السيطرة المعيار الأساس. فالعالم الذي نعيش فيه، من وجهة نظرهم، يستحيل فيه الاعتدال بين مجتمع الأمم وتغيب فيه الثقة بين البشر. وبرؤية أكثر تشاؤمية يذهب (كنيث أولمان) وهو من المحافظين الجدد، إلى القول (إن الأمن قد لا يكون قضية آمنة بحد ذاته، وعلينا أن لا نحاول إقناع الناس أن الأمور آخذه بالتحسن).(5)

كما يذهب (ستيفان هابر)، فإن المحافظين الجدد يلتقون حول ثلاثة موضوعات رئيسة:

1. إيمان نابع من اعتقاد ديني بأن الوضع الإنساني يعَّرف بأنه اختيار بين الخير والشر، وأن المقياس الحقيقي للشخصية السياسية يوجد في استعداد الخيرين أنفسهم لمواجهة الأشرار.
2. توكيد بأن المحدد الجوهري للعلاقة بين الدول هو القوة العسكرية والرغبة في استخدامها.
3. تركيز أساسي على الشرق الأوسط والإسلام العالمي باعتبارهما يمثلان التهديد الرئيس للمصالح الأمريكية في الخارج.(6)

أما رؤيتهم لموضوعات السياسة الدولية، فتكشف عنها دراسة أرسلت إلى الرئيس بوش الابن في الأيام الأولى من فترة رئاسته الأولى، أعدها مجموعة من المحافظين الجدد، ينصحونه فيها إلى أن لا يلتفت كثيراً إلى مفاهيم (الاستقرار) و(إمكانية تحقيق الأمن الدولي) ولو بمضمونه النسبي. وأن (العلاقات الحسنة) مصطلح مريب ومشكوك فيه. وأن مفاهيم (كالأمن الجماعي) و(بناء الثقة) و(الحوار) و(الإجماع) كلها مفاهيم لا تعمل إلى حدٍ كبير في عالم اليوم.[7] وإن عملية السلام في الشرق الأوسط تعتبر مفهوماً مريب يسعى إليه دعاة السلام المرتدون.[8]

وفي نهاية الستينات وبداية السبعينات، كانت رؤيتهم للمسائل المثيرة للتحديات التي تواجه الولايات المتحدة قضيتين، الأولى، ضرورة الدفاع الثابت عن إسرائيل، وأن لا تقدم إسرائيل على تقديم تنازلات لصالح الفلسطينيين، وأن تلتزم (بحقها) في أرض الميعاد. أما القضية الثانية فهي، ضرورة التصدي للإتحاد السوفيتي، دولة الشر ومعقل الفكر الشيوعي. وعلى هذا كانت نظرتهم لسياسة الانفراج تذهب إلى أنها سياسة تفتقد إلى الجرأة والعزم والتصميم، وأنها مترددة وواهنة. هذا المشهد أعيد مرة أخرى في التسعينات، حيث كانوا يدعون (نتنياهو)، وبقية القيادات الإسرائيلية، الابتعاد عن سلام أوسلو، وإلى المزيد من التشدد إزاء المطالب (المفتعلة) للفلسطينيين. أما الخطر الشيوعي - السوفيتي الذي تلاشى في حقبة التسعينات من القرن الماضي، فإنه استبدل بتحدي جديد هو الخطر الإسلامي، أو الإسلام الأصولي.[9]

وفي إطار هذه الإيديولوجية التي يعتنقها المحافظون الجدد يلعب الهاجس الأمني دوراً كبيراً في صياغة عقيدة عسكرية تعتنق فكرة الحرب بحماس شديد، إذ يرون فيها الخيار الأكثر منطقية في عالم مضطرب لا تقومه إلا القوة العسكرية التي تنفرد بمتانة بنائها الولايات المتحدة الأمريكية. وبقدر التعويل المفرط على القوة العسكرية، باعتبارها أول أداة، وليس آخر أداة، يُلجأ إليها في

مواجهة مجموعة واسعة من التحديات السياسية، ثمة شكوك تطرح حول جدوى وفاعلية الأدوات غير العسكرية. فالدبلوماسية لا يمكن الوثوق بصدقية نجاعتها فحسب، بل ينظر إليها بمثابة قيد متعب للأحادية القطبية الأمريكية.

ولا يشعر المحافظون الجدد بالقلق من أن ذلك كله يضع الولايات المتحدة في حالة توتر دائم مع العالم الخارجي، ويجعلها تعيش في مناخ من عدم التسامح مع الغير، بل أن دعاة الإيديولوجية المحافظة الجديدة يتحدثون عن الحرب العالمية الرابعة. ذلك أنهم يعتقدون أن التحديات التي تواجهها الولايات المتحدة ذات طابع عسكري أساساً، وأن النصر لا يتحقق إلا بالقوة العسكرية وحدها. ومثل هذه الأطروحة تقودنا إلى استنتاج منطقي وهو، إذا كانت أداة السياسة السائدة هي القوة العسكرية، يكون من الطبيعي أن عقلية هذه السياسة هي البحث عن أعداء.

إن مقولة بوش الشهيرة (من ليس معنا فهو ضدنا) والتي أطلقها في أعقاب تفجيرات الحادي عشر من أيلول / سبتمبر 2001، تعطي توكيدات واضحة لهذا النمط من التفكير. فأما أن تكون معنا (بكل ما يحمله المعنى من تهميش للشخصية السيادية للآخر، وضمان ولائه وتبعيته السياسية)، أو أن تكون عدواً لنا (بكل ما ينطوي عليه المعنى من تضاد وتصارع واحتراب). وهذه الحدِّية في التفسير الأحادي للعلاقات الدولية، مع غياب الوسطية في التعامل الدولي، كانت، وما تزال، إحدى أهم عوامل الدفع باتجاه التشدد. فالوسطية تفترض أن يكون هناك طرف معادل لتحقيق التوازن. وبغياب هذا المعادل الدولي لا يوجد هناك توازن. وغياب التوازن يعني أنه لا توجد هناك وسطية، أو مواقف مرنة. وهذا بدوره يقود باتجاه التفرد ويعزز من قناعة التمسك به.

وهكذا، بنيت الإستراتيجية الأمريكية بعد حقبة الحرب الباردة، وفي عهد المحافظين الجدد، على فكرة الاستعداد الدائم للحافز الخارجي، الذي هو بطبيعته عدواني. والاستعداد الدائم، يعني أن تكون الولايات المتحدة قادرة

على خوض غمار حرب خارج حدودها الإقليمية. لكن، ما هي طبيعة هـذه الحرب؟ إنها حرب وقائية تخضع لتقديرات ونوايا سياسية... إنها حـرب ليس لها أبعاد نهائية.

وكما لا يوجد تحديد موثوق به ويمكن الاحتكام إليه لطبيعـة العـدو الخارجي سوى (الإرهاب)، الذي يبقي هو الأخر من حيث تشخيصه هلامي، وأحياناً بلا هوية محددة للتعريف به، فإن الحرب ضده لا يوجد لها تعريف سوى، الحرب على الإرهاب، التي تتحمل أكثر من معنى في تفسيرها. وبالتالي، فأن النصر ـ فيهـا، يبقـى هـو الآخـر، بـلا تعريـف، طالـما لا توجـد لها نهاية منظورة.[10]

إذن، نحن والحالة هذه، أمام حالـة دائمـة مـن الـلا أمـن، (رغـم مظاهـر التفوق في القوة العسكرية الأمريكية، التي يفترض بها أن تـوفر للولايـات المتحدة الأمن المطلق، أو الأمن النسبي المقبول والمطمئن عـلى أقـل تقدير)، ومبعث هذه الحالة من القلق الأمني، أريد لها أن تكون مزمنة. والـذي يبدو أنه مبالغ فيه أحياناً، هو عدو لا تعرف هويته، فضلاً عـن أنـه قـادر عـلى أن يتجدد ويتوالد باستمرار.

هذه الطروحات التي يؤمن بها المحافظون الجـدد ويبشرـون بهـا ويدعون إليها، وبكل مقوماتها الفكرية - الدينية المرتكزة على عقيدة عسكرية تؤمِّن لها الحضور الدائم والانتشار العالمي، والتصدي لكل مـن يعـترض عليهـا أو يحاول عرقلة سبيلها وإعاقة مسيرتها حيث يصنفون تحت مسمى (الإرهاب) ويعاملون بذرائعية (الحرب الوقائية) و(الضربة الاستباقية) المسندة بأحدث ما توصلت إليها التكنولوجيا العسكرية، كل ذلك يـؤشر لنـا أن المحـافظين الجـدد يحملون فكراً تسلطياً يسعون من خلاله للتحكم بمقدرات العالم ومصائر شعوبه.[11]

• • •

195

# هوامش الفصل الأول

1. نقلاً عن فؤاد شعبان، مصدر سبق ذكره، ص.232.

2. نفس المصدر، ص 232.-233.

3. نفس المصدر، ص. 233.

4. نفس المصدر، ص. 233.

5. Dan Milbank, The UN on the Loos, Commentary, July - August, 2002, p.29.

6. انظر: ستيفان هابر وجوناثان كلارك، التفرد الأمريكي: المحافظون الجدد والنظام العالمي، ترجمة عمر الأيوبي، دار الكتاب العربي، بيروت، 2005، ص20. وكذلك ينظر للمزيد من التفاصيل حول فكر المحافظين الجدد، توني بلير، كوندوليزا رايس، مارغريت تاتشر المحافظون الجدد، نقله إلى العربية، فاضل جتكر، دار نشر العبيكان، بيروت، 2004، ص2 وما بعدها.

7. انظر:

Robert J. Lieber, The Folly of Containment, Commentary, April, 2003, pp. 14-21.

8. انظر:

Norman Podhortez, Oslo, The Peace Mangers Return, Commentary, October, 2001, pp. 21-33.

9. راجع: Robert J. Lieber, Op-cit, p.23.

10. قارن بهذا المعنى، عصام نعمان، أمريكا والإسلام والسلاح النووي، شركة المطبوعات للتوزيع والنشر، بيروت، 2007، ص26 وما بعدها.

11. انظر بهذا المعنى: باربرا فكتور، مصدر سبق ذكره، ص21.

■ ■

## الفصل الثاني

# أدلجة القوة العسكرية

ارتبطت العقيدة الدينية للمحافظين الجدد، وبمعناها الرسالي العالمي، بمضمون سياسي ينطوي على مفهوم المصالح الحيوية والأمن القومي الأمريكي. فالبعد الديني للهيمنة الأمريكية كان وثيق الصلة بالبعد السياسي - الاستراتيجي الذي يركز على أمن الولايات المتحدة ومصالحها الحيوية المنتشرة في مناطق مختلفة من العالم. بمعنى، أن كل من العقيدة الدينية والعقيدة السياسية - الإستراتيجية، كانتا مترابطتين ويدعم كل منهما الأخر لتحقيق الهيمنة الأمريكية وسيادة الانموذج الأمريكي على الصعيد العالمي. وكانت القناعة في الأوساط الرسمية الأمريكية، والشعبية أحياناً، تعطي أرجحية للخيار العسكري لتحقيق هذه الغاية، وأن تفاوتت هذه الأرجحية من إدارة أمريكية إلى أخرى. إلا أن التركيز الاستثنائي في التعويل على القوة العسكرية حظي بعناية فائقة في فترة رئاسة بوش الابن،وعلى نحو بدت فيه أنها الخيار الوحيد،وليس الأخير، بين عدة بدائل في التعامل الدولي.

على الدوام، كانت مسألة استخدام القوة العسكرية بحاجة إلى أن تؤدلج ليحظى استخدامها بنوع من الشرعية والقبول. وهذه الأدلجة ارتبطت بالرؤية الفلسفية لما ينبغي أن تكون عليه الإستراتيجية الأمريكية من أوضاع تؤمن حماية المصالح الحيوية والأمن القومي الأمريكي. وقد أُخضعت علاقة الارتباط بين القوة والمصلحة لتفسيرات فلسفية من قبل النخب السياسية والأوساط الفكرية المعنية بصناعة القرار وصياغة العقائد السياسية والعسكرية

للإستراتيجية الأمريكية. وكانت هذه التفسيرات تؤكد أحياناً على متانة هذه العلاقة، أو أنها تخفف من حدتها في أحيان أخرى. إلا أن الشد المحكم لطرفي علاقة (القوة - المصلحة القومية) بلغ ذروته، وكما سبقت الإشارة في عهد الرئيس بوش الابن لاعتبارات سياسية - دينية - إستراتيجية، وعلى نحو لم يسبق له مثيل.

منذ نهاية الحرب العالمية الثانية، شكلت إستراتيجية الأمن القومي الأساس الفلسفي لاستخدام القوة العسكرية، وفي ظلها بنيت العقيدة العسكرية الأمريكية على فكرة أن القوة العسكرية لا ينبغي لها أن توظف إلا ضمن شروط وموجبات محددة، ذلك أن الحرب إذا ما اندلعت ستكون، وخلافاً لحروب ما قبل العصر النووي، ستكون حرباً تدميرية شاملة ومتبادلة، الأمر الذي يجردها من مسوغاتها، إلا إذا كانت تمثل الحل الأخير بعد أن تعجز الدبلوماسية عن القيام بدورها.

هذه الفكرة كتب عنها المفكر الاستراتيجي (بيرنارد برودي) في نهاية حقبة الأربعينات وبداية الخمسينات بالقول: (إذا كان الهدف الرئيس لمؤسساتنا العسكرية حتى الآن متمثلاً بكسب الحروب، فإن هذا الهدف ينبغي أن يتغير، ويجب أن يتركز هدف المؤسسة العسكرية على تجنبها عبر تكثيف العمل السياسي).[1]

كان طرح (برودي) يعبر عن اقتناع بعدم عقلانية الخيار العسكري في بيئة محكومة بأسلحة نووية، حتى وإن كان هذا الخيار يعطي أولوية للأسلحة التقليدية دون القرار بتوظيف السلاح النووي، إذ لا توجد ضمانات وافية تحول دون انجرار القوى المتورطة بالحرب من استخدام أسلحتها النووية عندما تجد نفسها في أوضاع حرجة لا سبيل أمامها للخروج منها، أو التخفيف من وطأتها إلا باستخدام سلاح الدمار الشامل الأمر الذي يقود بدوره إلى كارثة نووية. وقد

فرضت هذه القناعة قيوداً قوية حالت دون استخدام القوة العسكرية الأمريكية كعلاج لحل العديد من الأزمات التي شهدتها حقبة الحرب الباردة، رغم ما حملته هذه الأزمات من مظاهر توتر وسياسات قادت الى حافة الهاوية.

ومع ذلك، حرص الفكر الاستراتيجي الأمريكي على تطوير أنماط من الخيارات والقدرات العسكرية يكون بمقدورها مواجهة أي شكل من أشكال العدوان الشيوعي. إذ كانت الفكرة الطاغية لدى مؤسسة الأمن القومي الأمريكي تذهب إلى أن إظهار درجة عالية من الحزم والتصميم باستخدام القوة العسكرية من شأنه أن يخلق رادعاً قوياً يحول دون إقدام أعداء الولايات المتحدة بأفعال غير مرغوب فيها قد تعرض مصالحها الحيوية لمخاطر جدية.

إلا أن الحرب الفيتنامية، وبقدر ما مثلت انتكاسة كبيرة للنظريات العسكرية المتشددة (كالرد المرن والتدمير المؤكد) والتي كانت تعني عملياً تورط القوات المسلحة الأمريكية للانخراط في حروب ليس لها تماس مباشر بالمصالح الحيوية الأمريكية ومفهوم الأمن القومي الأمريكي، فإنها فرضت إجراء نوع من المراجعة النقدية - التصحيحية لعلاقة الربط بين (استخدام القوة العسكرية) و(متطلبات حماية الأمن القومي والمصالح الحيوية) والتي يفترض الدفاع عنها. لذا تم صياغة عقيد إستراتيجية تذهب إلى أن العمل العسكري ينبغي أن يكون بهدف الدفاع عن المصالح الحيوية الوثيقة الصلة بالأمن القومي للولايات المتحدة وحلفائها الأساسيين، وأن يكون خيار اللجوء إلى القوة العسكرية بمثابة الخيار الأخير، وليس الوحيد، بعد أن تعجز الوسائل غير العسكرية في بلوغ أهدافها، وأن يحظى هذا الخيار بالدعم والمساندة الشعبية، وأن تعبأ له جميع موارد الأمة.

هذه المعايير الجديدة كانت وراء إقناع الرئيس (جيمي كارتر) بعدم استخدام القوة ضد إيران عام 1979 من أجل تحرير رهائن السفارة الأمريكية في

طهران. كما كانت وراء القرار الذي اتخذه الكونجرس عام 1973 الذي يمنع فيه الرئيس من إرسال القوات الأمريكية إلى الخارج دون تفويض منه، وهو القرار الذي تجاوزه وكسرـ قيوده الرئيس (بوش الابن) في حربه على العراق عام 2003.

وهكذا، ظل رد الفعل لما بعد فيتنام المعارض لاعتماد التصعيد العسكري المتدرج والمتواصل وسيلة من وسائل الحرب السياسية والمساومة الدبلوماسية مستمراً، ليس عبر قيود الكونجرس وضوابطه، بل من خلال تأثير كابوس العقدة الفيتنامية المتجذرة في البنتاغون.

إلا أن الجدل حول استخدام القوة العسكرية عاد ليظهر مرة أخرى بعد انتهاء الحرب الباردة، وكان الرأي السائد الذي حكم الإدارات الأمريكية منذ عقد التسعينات صعوداً هو، أن النظام الدولي شهد تغيراً جوهرياً في بنيته الهيكلية، إذ أصبح يمثل نظاماً أحادياً مما يفرض على الولايات المتحدة التزامات ومسؤوليات جديدة تتناسب مع دورها القيادي لضبط قوى وبؤر التوتر التي ليس بمقدور أية قوة أخرى معالجتها سوى الولايات المتحدة مما يتطلب منها استخدام القوة العسكرية.

في الواقع، أنه بعد زوال الاتحاد السوفيتي، وجدت الولايات المتحدة نفسها أمام دوائر مكشوفة أمنياً على امتداد الساحة العالمية لتشكل مصدراً لتهديد مصالحها الحيوية، بعد أن كانت منضبطة بآلية القطبية الثنائية. إلا أن المعضلة الأساسية التي انشغلت بها مؤسسة الأمن القومي كانت تتمحور حول التصنيف المعياري لهذه المصالح، وأي منها يستدعي استخدام القوة العسكرية دفاعاً عنها وحمايتها من التعرض لأنماط من التهديد. ربما كانت مسألة دخول القوات العراقية للكويت تمثل أولى المعضلات الأمنية التي واجهت إدارة الرئيس بوش الأب فيما يتعلق باختبار مصداقية العلاقة بين استخدام القوة العسكرية، وحماية مصالح تصنف على أنها حيوية. وظهر الصراع بين الحمائم

(كولن بول، رئيس هيئات الأركان المشتركة آنذاك، والذي كان من أنصار إعطاء العقوبات الاقتصادية فرصة لتفعل فعلها)، والصقور (الرئيس (بوش الأب)، ووزير دفاعه آنذاك (ريتشارد تشيني)، ومستشاره للأمن القومي (برنت سكوكروفت) )، وجميعهم كانوا من دعاة الاستخدام المبكر للقوة العسكرية والتعجيل بها ضد العراق. وقد استطاع الفريق الأخير تغليب وجهة نظره التي تذهب إلى أن مصالح الولايات المتحدة في الشرق الأوسط تشكل تبريراً وافياً لخوض الحرب ضد العراق، وإخراج قواته من الكويت.

ورغم أن الولايات المتحدة تمكنت من تحقيق نصر عسكري على العراق، إلا أن عقدة فيتنام بقيت مؤثرة في منهج التفكير الاستراتيجي لمؤسسة الأمن القومي، ولعل هذا يفسر عزوف الإدارة الأمريكية عن اجتياح العراق عام 1991 وتغير نظامه السياسي بالقوة.

إن تدشين استخدام القوة العسكرية على نحو مكثف ضد العراق وبإدارة وقيادة أمريكية للدول المتحالفة معها، في مرحلة ما بعد الحرب الباردة، شكلت بداية التوجه نحو توسيع دائرة المصالح المبررة لاستخدام القوات العسكرية في الخارج. إذ طيلة عقد التسعينيات من القرن العشرين، انخرطت الولايات المتحدة بأعمال عسكرية وعلى نحو غير مسبوق كما كان عليه الحال في ظل القطبية الثنائية في مناطق عديدة من العالم (العراق، الصومال، السودان، البوسنة والهرسك، كوسوفا)، وراحت الولايات المتحدة، توافقاً مع ميلها الحاد إلى استخدام القوة العسكرية، تعلن عن تفسير جديد للقوانين الدولية التقليدية المناهضة للعدوان. هذا التفسير الأحادي يعطي للولايات المتحدة تخويلاً ذاتياً، بعيداً عن أية قيود دولية قانونية، باستخدام قواتها العسكرية وأن تم ذلك بمفردها. وعلى هذا وبدءاً من الآن، سيصبح أمراً مشروعاً أن تبادر الولايات المتحدة، باسم الأسرة الدولية، ونيابة عنها، أن تتدخل مناطقياً (في مناطق

مختلفة من العالم) وسياسياً (التدخل في شؤون الداخلية لبلد آخر دون موافقة حكومته) بالقوة العسكرية إذا ما ارتأت أن مصالحها (الحيوية) ومقتضيات أمنها القومي تتطلب ذلك.

لقد كان من الضروري أدلجة إستراتيجية التوسع عالمياً بالركون إلى القوة العسكرية. وكان من بين مفردات هذه الأدلجة، والتي تسوغ العمل العسكري، الديمقراطية، حقوق الإنسان، التدخل الإنساني، التجارة والسوق الحرة. لقد شكل خطاب (انتوني ليك) في الخامس والعشرين من أيلول / سبتمبر 1993، الأساس الإيديولوجي لإستراتيجية التوسع والانخراط العالمية، والتي تقوم على أربعة ضرورات أساسية. لقد أعلن (أنتوني ليك) عن جملة مبادئ منها:

أولاً: علينا أن نعزز أسرة أنظمة السوق الديمقراطية الرئيسية، بما فيها نظامنا الديمقراطي، فهي الأنظمة التي تشكل النواة التي تنطلق منها عملية التوسع. وهذا المطلب يعني، نشر النموذج الليبرالي بتوسيع نطاقه ليشمل المزيد من البلدان التي تأخذ به.

ثانياً: علينا رعاية تعزيز الأنظمة الديمقراطية الجديدة واقتصادات السوق ومساعدتها حيثما أمكن، ولا سيما في الدول ذات الأهمية والفرص الاستثنائية. وهذا يعني دعم ومساندة الأنظمة الحليفة والدول الصديقة.

ثالثاً: يجب علينا التصدي للعدوان ودعم إشاعة اللَّبرلة في الدول المعادية للديمقراطية والسوق. وهذا المطلب يعني أن ضرورة تعميم النموذج الليبرالي تقتضي تغيير الأنظمة الحاكمة (المعادية) بأخرى حليفة وموالية.

رابعاً: نحن بحاجة إلى متابعة برنامجنا الإنساني، ليس من خلال توفير المساعدات فقط، بل وعبر العمل على تمكين الديمقراطية واقتصاد

السوق من مد الجذور في مناطق ذات أهمية إنسانية كبرى. وهـذا يعني أن الذراع الأمريكية ينبغي أن تمتد إلى أية منطقـة مـن العـالم لإكمال نموذج الهيمنة.[2]

وفرت هذه الصياغة أساساً نظرياً لإستراتيجية الأمن القـومي خلال إدارة (كلنتون)، كما وفرت أيضاً التسويغ الفلسفي لعدد من العمليـات العسكرية، مثل تلك التي تمت لإعادة الديمقراطيـة في هـاييتي، معاقبة العراق، صربيا، البوسنـه، كوسوفا، معاقبة السـودان وأفغانسـتان. إن هـذه الحـالات ومـدى الانشغال بها، إضافة إلى هـواجس أمنيـة ذات علاقـة بالرقابـة عـلى التسـليح، والعلاقات الأمريكية - الروسية، والأمريكية - الصينية، كانت جميعها ملفته للانتباه، ذلك أنها جـاءت خلافـاً للتوقعـات التي خلفتها حملـة (كلنتون) الرئاسية التي ادعت أن إدارته، على النقيض من إدارة بوش الأب، سوف تركز على القضايا الاقتصادية الداخلية والخارجية بدلاً من نظيرتها الدولية.

تجلى المنطق أكثر منهجية وشمولاً لتوجه الإدارة الأمريكية المتطور نحو استخدام القوة العسكرية أداة للسياسة الخارجيـة في وثيقة تخطيط صـادرة عن البيت الأبيض في كانون الأول/ ديسمبر 1999، تحت عنوان (إستراتيجية أمن قومي لقرن جديد) والتي قامت بنمذجة ثلاثة أصناف للمصالح القوميـة التي تتطلب عملاً عسكرياً وهي:[3]

■ **المصالح الحيوية:** بخاصة الأمـن المـادي لأراضي الولايات المتحدة، وأراضي البلدان الحليفة بما فيها البنى التحتية الحاسـمة، والحفـاظ على الرخاء الاقتصادي للبلاد.

■ **المصالح القومية الهامة:** تلك التي لا ترقـى إلى مستوى البقـاء القومي من حيث الأهمية ولكنها مفضية إلى رخاء البلاد الأساسي، نحو الحيلولة دون الانهيار السياسي أو سقوط لبلدان بيـد الأعـداء فيها مصالح اقتصادية كبيرة ومهمة للولايات المتحدة.

- المصالح الإنسانية: وهي المصالح التي تدفع للتحرك في مناطق للحيلولة دون وقوع الكوارث البشرية أو الطبيعية التي يمكنها أن تسبب قدراً واسعاً من المعاناة أو التخفيف منها، ووقف انتهاكات حقوق الإنسان الصارخة، ولعمل على تعزيز الديمقراطية.

هذه المعايير الجديدة التي حكمت سلوك الإدارة الأمريكية في نهاية عقد التسعينيات من القرن العشرين، اعتبرت بمثابة نوع من الالتزام الأخلاقي، أو التعبير عن اضطلاع الولايات المتحدة بالمسؤولية التي يرتبها عليها كونها القوة العظمى الوحيدة. وعندما استلم (بوش الابن) رئاسة الإدارة الأمريكية لم يكن أقل نزوعاً من سابقيه في تأييد الخيار العسكري واستخدام القوة المسلحة بما يضمن الدور القيادي للولايات المتحدة كونها القوى العظمى الوحيدة، في مجابهة التهديدات التي يتعرض لها السلم والأمن الدوليان، أو عندما تتعرض مصالح الولايات المتحدة وأمنها القومي للخطر.

جاء التحول الحاسم في الدعم المتزايد لاستخدام القوة العسكرية بعد أحداث الحادي عشر من أيلول / سبتمبر 2001 واكتسبت الدعوة لهذا الاستخدام بعداً (أخلاقيا) و (إنسانيا) ضمن الحملة المعّدة لمكافحة الإرهاب. وقد حظيت هذه الدعوة بمساندة الأوساط الشعبية، حتى وأن تكبدت الحملات العسكرية خسائر باهظة واستمرت عدة سنوات. ففي استطلاع للرأي أجرته الشبكة الإخبارية (فوكس) جاء فيه، أن 75% من المشاركين كانوا مؤيدين لـ (العمل العسكري وأن كان يعني حرباً تدوم خمس سنوات). وفي نهاية تشرين الأول / أكتوبر 2001، تحدثت منظمة (غالوب) عن موافقة 80% على (قيام الولايات المتحدة باستخدام القوات البرية في أفغانستان) رغم توقع آلاف من القتلى الأمريكان. كذلك كانت نسب مئوية عالية مؤيدة لمحاولات عسكرية مطولة ومكلفة في حرب أوسع ضد الإرهاب

وقابلة للتوسع في بلدان أخرى. كما جاء في تقرير صادر في تشرين الثاني / نوفمبر 2001 من جامعة ميرلاند (أن تأييد العمل العسكري القوي، بما فيه احتمال استخدام القوات البرية، ظل طاغياً باطراد منذ الحادي عشر من أيلول / سبتمبر، وبقي قوياً حتى لدى قيام الأسئلة بالتطرق إلى عمليات انتقامية ضد الولايات المتحدة، وإلى إصابات في صفوف القوات الأمريكية، وإلى إصابات مدنية بريئة أو إلى حرب طويلة).(4)

وهكذا، وفي غمرة الحماس الشعبي للحرب على الإرهاب، انخرطت النخب السياسية الرسمية والمخططون الإستراتيجيون في عملية إقناع الشعب الأمريكي بالحاجة إلى اعتماد سياسة قائمة على التوظيف المباشر وغير المتردد للقوة العسكرية.

لقد منحت مسألة الحرب على الإرهاب، بعد أحداث الحادي عشر من أيلول / سبتمبر 2001، الرئيس الأمريكي بوش وإدارته تسويغاً (منطقياً) لمفهوم المصلحة القومية الحيوية، والدفع بها إلى تبني سياسة عالمية قائمة على النزعة التدخلية. فضرورات مكافحة الإرهاب انطوت على مساحة واسعة من الأهداف التي يعتقد أنها تمس الأمن القومي الأمريكي، وعلى نحو لم يسبق له مثيل في التصورات الرسمية لما يعنيه مفهوم الأمن القومي. ومعها أصبحت جميع الدول، وفق الخطاب السياسي الرسمي الأمريكي، مهددة بأمنها واستقلالها إذا ما تعاملت، أو ثبت أنها تتعامل مع نشاطات ومجموعات إرهابية، أو لمجرد أنها لا تدين العمل الإرهابي، وهي نشاطات يترك أمر تقديرها إلى الإدارة الأمريكية.

عزز من حالة الهوس الرسمي باستخدام القوة العسكرية. وثيقة (إستراتيجية الأمن القومي للولايات المتحدة) الصادرة في العشرين من أيلول / سبتمبر 2002 من البيت الأبيض. تضمنت هذه الوثيقة حزمة مبادئ شكلت الأساس لنمط

205

التفكير الاستراتيجي الأمريكي الجديد، الذي تحول من الدفاع المستكن إلى الدفاع الوقائي عن طريق التعرض بالهجوم والتدخل لتغيير الأنظمة السياسية بالتوظيف المباشر للقوة العسكرية.

أن اقتباس بعض الفقرات من هذه الوثيقة تكشف لنا حقيقة هذا التوجه الجديد لأدلجة القوة العسكرية في إطار فلسفة الحرب على الإرهاب، والتي، كما يصفها البعض، أنها تمثل البديل الفلسفي المناظر لفكرة مكافحة الشيوعية، أو الحرب على الشيوعية. جاء البعض من أفكار هذه الوثيقة مؤشراً لبعض المبادئ منها:[5]

1. لا بد لأولويتنا من أن تركز على تفكيك المنظمات الإرهابية ذوات البعد العالمي وتدميرها ومهاجمة قياداتها ومراكز تحكمها واتصالاتها ووسائل دعمها المادي أو أرصدتها المالية.
2. العمل المباشر والمتواصل مع استخدام جميع عناصر القوة على الصعيدين القومي والدولي.
3. الدفاع عن الولايات المتحدة، وعن الشعب الأمريكي، وعن مصالحنا في الداخل والخارج عبر التعرف على التهديد وتدميره قبل أن يصل إلى حدودنا.
4. لم تعد الولايات المتحدة قادرة على الاكتفاء بالتعويل على اتخاذ وضعية انفعالية كما كنا في الماضي، لا نستطيع أن نمكن أعداءنا من توجيه الضربة الأولى، بل سنكون نحن المبادرين بها.
5. إن التهديد بالانتقام يبدو عاجزاً عجزاً شبه كامل عن لجم قادة الدول المارقة الأكثر استعداداً للمخاطرة. ينبغي أن يتحول التهديد بالانتقام إلى مستوى إنزال العقاب.
6. على الولايات المتحدة أن تحتفظ بخيار الأعمال الاستباقية لمجابهة

أي خطر يرقى إلى مستوى تهديد امتنا القومي. وكلما كان التهديد أكبر، كان خطر التعرض للشلل أعظم، وكانت الحاجة إلى التحرك الاستباقي دفاعاً عن أنفسنا أكثر إلحاحا، حتى في حال بقاء زمان ومكان هجوم العدو ملفوفين بضباب الشك.

7. إن إحباط أو منع مثل هذه الهجمات المعادية التي قد يقوم بها خصومنا يلزم الولايات المتحدة بالتحرك استباقياً عند الضرورة.

8. إذا بادر حلفاء الولايات المتحدة وأصدقاؤها، ومجلس الأمن الدولي إلى الاعتراض على مثل هذا العمل العسكري الاستباقي، فأننا لن نتردد في التحرك وحدنا، وسنمضي قدماً لتنفيذه وحدنا، لممارسة حقنا في الدفاع عن النفس عبر عمل استباقياً من أجل منع أعدائنا من إلحاق الأذى بشعبنا وبلدنا.

هذه المبادئ والأفكار التي تضمنتها وثيقة الأمن القومي، إذا كانت تعبر عن رؤية النخبة السياسية الحاكمة في الولايات المتحدة حول ضرورة التوظيف المبرر سياسياً للقوة العسكرية انسجاماً مع تطورات الألفية الجديدة التي دشنتها أحداث الحادي عشر من أيلول / سبتمبر، والتي بدأت ترسخ قواعد لها في أوساط سياسية تميل إلى تأكيد مثل هذا التوظيف لحماية الأمن القومي الامريكي والمصالح الأمريكية على اختلاف تصنيفها، فأن المؤسسة العسكرية كانت بدورها منشغلة هي الأخرى بالكيفية التي يتم بموجبها هذا التوظيف، سوقياً وتعبوياً، وبما يزيد من قناعة القيادة السياسية بضرورة وجود (عولمة عسكرية) يكون بمقدورها حماية تلك المصالح على امتدادها العالمي.

إن قادة المؤسسة العسكرية، وفي مقدمتهم وزير الدفاع الامريكي (دونالد رامسفيلد)، يرون أن ما يعرف بـ (ثورة في الشؤون العسكرية) بدأ يشكل عاملاً مغرياً باتخاذ إجراءات عسكرية ضد أهداف (دول، جماعات إرهابية) تهدد

المصالح الأمريكية في الخارج. ومثل هذا الأغراء اخذ يتزايد مع قيام الأسلحة والاستراتيجيات الأمريكية بتقديم صورة عن حرب دقيقة لا تنطوي إلا على الحدود الدنيا من التكاليف البشرية والمادية على الجانب الأمريكي، وتختزل الإصابات في صفوف المدنيين في منطقة العمليات القتالية (حرب الألعاب الكومبيوترية). ونظراً لضرورة محاربة الداعين إلى اعتماد دبلوماسية متشددة مسنودة بجيش مزود بأسلحة ذكية وأنظمة قتال ومعدات عسكرية تكنو - معلوماتية، ويكون قادراً على تأمين الوطن وحماية المصالح الأمريكية في أرجاء العالم ضد طيف واسع من التهديدات غير القابلة للتنبؤ.

إن دعاة الثورة في الشؤون العسكرية يتصورون إن قوات مسلحة أمريكية جيدة التجهيز بأسلحة تكنولوجية عالية وترتيبات قيادة وتحكم متقدمة كفيلة بتحقيق انتصارات أمريكية حاسمة، سريعة وغير دامية في مجابهات المستقبل العسكرية. فإذا أدت القدرات الجديدة العمل العسكري بدقة لخدمة الأغراض السياسية، وإذا صارت الأسلحة العسكرية الأمريكية قابلة للإطلاق من منصات أو قواعد بعيدة ومتوجهة بدقة عالية إلى أهدافها، وإذا صارت الحاجة الى الاعتماد على الحلفاء أقل في مجال إدارة العمليات العسكرية الأمريكية، وإذا أصبحت الولايات المتحدة قادرة على الانتصار الحاسم في حروب المستقبل في الميدان غير القاتل لتعطيل شبكة المعلوماتية المعادية، وإذا باتت العمليات العسكرية المتوقعة قابلة للتحكم والإنهاء السريع بالحدود الدنيا من التضحية بالقوات الأمريكية البشرية والمادية، فإن قادة الولايات المتحدة يصبحون، والحالة هذه، قادرين على توجيه تهديدات الإكراه والقسر ـ بقدر أكبر من التصميم المقنع على المبادرة إلى العمل العسكري في حال أخفاق تلك التهديدات.

في ضوء ما تقدم يتضح لنا، أن جزءاً كبيراً من التفكير الاستراتيجي الجديد

في مرحلة ما بعد الحرب الباردة، كان منصباً على ضرورة تفعيل فكرة استخدام القوة العسكرية خارج البلاد وإلى تأكيد الحاجة المتزايدة لامتلاك قوات عسكرية تعمل، جنباً إلى جنب مع منظومة أسلحة تكنو- معلوماتية، سيكون بمقدورها إسناد قائمة طويلة من المصالح الأمريكية في مختلف أنحاء العالم. ومما عزز من قوة هذه الدعوة وأضفى عليها مسوغات فكرية - سياسية، الشعار المعلن، مكافحة الإرهاب، ذلك الشعار الذي استثمر بكفاءة عالية، من خلال توظيف أدوات العمل السياسية والدبلوماسية والعسكرية والإعلام المظلل، لتأكيد النزعة الأحادية القائمة على الهيمنة الأمريكية، تلك الهيمنة التي يمثل محورها ومركز فعلها الولايات المتحدة، في نظام دولي أخذت شعبيتها فيه بالتناقص الملحوظ بالمقارنة مع باقي دول العالم، وتتعرض فيه لتحديات ظاهرة لم تكن مجبرة على مواجهة مخاطرها المتزايدة فيما لو سلكت سبيلاً مقنعاً وصادقاً لضمان الحق والعدالة والإنصاف بمنظور إنساني، ليس بالمنظور الأمريكي الضيق.

●●●

## هوامش الفصل الثاني:

1. انظر بذلك: سيوم براون، وهم التحكم، ترجمة فاضل جتكر، دار نشر الوراق، بالتعاقد مع برونكز انستيتوش برس، 2004، ص.113

2. قارن هذه المبادئ مع ما أورده حسن الرشيدي، الإستراتيجية الأمريكية الجديدة على موقع:
www.albayan-magazine.com

3. انظر: وزارة الدفاع الأمريكية، إصدارات البنتاغون، منشور على الإنترنت، موقع وزارة الدفاع الأمريكية.

4. الرأي العام حول قضايا دولية، مسائل عالمية، الإرهاب، تقرير عن برنامج مشروع الأمريكيين والعالم حول المواقف من السياسة الدولية، جامعة ميرلاند في 2001/11/11. انظر كذلك: منظمة غالوب (لا تأرجح في التأييد الشعبي للمجهود الحربي)، تحليل استطلاع الرأي، 2001/11/9.

5. يمكن الوقوف على هذه المبادئ بالرجوع إلى، سيوم براون، مصدر سبق ذكره، ص69 وما بعدها.

■ ■

# الفصل الثالث

## سيادة قانون القوة على مبدأ قوة القانون

إحدى أهم الاشتراطات لتعميم وسيادة النموذج الإمبراطوري هـو أن يكـون له قانونه الخاص هكذا كان حال كل الإمبراطوريات. وهـذا القانون (الخاص)، رغم قساوته، مـن وجهة نظر الشعوب الأخـرى، التي يفترض أن تسلم بـه، يتداخل معه طيف متعدد الألوان لتجميله، حيث تتزاوج فيه النزعة القسريـة - الإكراهية مع النزعة الترغيبية البنائة المعبر عنها بأداء رسالة إنسانية.

النموذج الإمبراطوري الامريكي لم يكن بعيداً عـن هـذا المنطق. فأساليب الهيمنة والتسلط والإكراه القسري، لتكـون علـى الجملـة مقبولة ومسوغة، اقترنـت بمفهـوم رسـالي (نشر الحريـة والديمقراطيـة وحقـوق الإنسان وبنـاء مجتمع الرفاهية... الخ). كـما أن القـوة العسـكرية الأمريكيـة المتفوقـة بكل معايير التفوق العسكري، وهـي شرط لا غنى عنـه لتأكيـد وترسيخ الانمـوذج الإمبراطوري، كانت بحاجة إلى أن تشرعن في إطار إيديولوجي قائم علـى هـذا المفهوم، مفهوم الرسالية.

حمل الخطاب الذي ألقاه (بوش) الأب في الجمعية العامة للأمم المتحـدة في تشرين الأول 1989، بشائر ولادة الإمبراطورية الأمريكيـة عنـدما تحـدث عـن (نظام دولي جديد) تضمن الولايات المتحدة قواعد فعلة وأدائه السلوكي. وبعد مضي أكثر مـن عشرة أعوام، وثيقـة (الأمـن القـومي) الصـادرة في أيلـول 2002 لتكون بمثابة الإعلان عن نيّة أقوى دول العالم الحفاظ علـى هيمنتها سـواء مـن خلال التهديد بالقوة العسكرية أم باستخدامها فعلاً. وبهذا الصدد يصف (جون

211

ايكنبري)، الخبير بالشؤون الدولية، هذه الوثيقة بأنها (إستراتيجية كبرى تنطلق من الالتزام الجوهري بالمحافظة على عالم أحادي القطب لا مكان فيه لندٍّ مزاحم للولايات المتحدة، وهذه الحالة من المفروض أن تكون دائمة بحيث يتعذر على أية دولة، أو مجموعة دول، أن تتحدى في أي وقت الولايات المتحدة كزعيم للكون، يبسط حمايته وينفذ إرادته بالقوة. ومن شأن هذه المقاربة أن تجعل المعايير الدولية الخاصة بالدفاع عن النفس، المكرسة في المادة (51) من ميثاق الأمم المتحدة، عديمة المعنى. وبوجه أعم، فأن هذه العقيدة ترفض القانون الدولي والمؤسسات الدولية باعتبارها غير ذات قيمة.... أن دولة تصحيحية تسعى إلى استغلال مزاياها الأمنية لخلق نظام عالمي تتولى بمقتضاه إدارة الأمور).[1]

تؤكد الوثيقة المصممة لإستراتيجية إمبراطورية على (حق) الولايات المتحدة في اللجوء إلى شن (حرب وقائية). ومفهوم (الحرب الوقائية) يصعب أن نجد له سنداً قانونياً، وبالتالي فهو لا يندرج ضمن إطار القانون الدولي، أو ميثاق الأمم المتحدة في مادته (51) التي تؤكد على حق الدولة في الدفاع عن نفسها إذا ما تعرضت إلى عدوان خارجي. وحتى التعديلات اللاحقة التي أدخلت على تعريف (العدوان) الذي يجيز الدفاع عن النفس فإنها لا تستوعب هذا المفهوم لكي يكون مشروعاً من الناحية القانونية، ذلك أن نظرية (الحرب الوقائية) تنهض على أساس افتراضي غير واقعي. ويتمثل هذا الأساس الافتراضي باستخدام القوة العسكرية بشكل كيدي ضد تهديد (متخيل) أو (ملفق) بمعنى أنه تهديد غير موجود إلا في التصور (الكيفي) أو (المزاجي) لأصحاب النظرية.

من ناحية أخرى، يمكن أن نلاحظ، أن وجه الخطورة في هذه العقيدة الإستراتيجية (الحرب الوقائية) يكمن في أنها تمنح الولايات المتحدة، وليس

الأمم المتحدة، سلطة تقرير ما هو مشروع أو غير مشروع لتحديد الاستجابة بعمل عسكري، ضاربة بعرض الحائط مبدأ احترام سيادة الدولة وعدم جواز التدخل في شؤونها الداخلية. بمعنى أن هذه الإستراتيجية انتزعت لنفسها مشروعية شن الحروب من مجلس الأمن الدولي الذي يحتكر لوحده مثل هذه المشروعية عندما يراها ضرورية لمواجهة حالات تهدد السلم والأمن الدوليين. ويعني هذا التحول الانتقال من آلية تشريع الحرب داخل المنظمة الأممية إلى مبدأ شرعية الحرب الذاتية أو الحرب لذاتها، أي أن النظرة الذاتية للحرب (من وجهة النظر الأمريكية) هي التي توفر لها أساس شرعيتها. فالحرب الاستباقية تكرس أولوية المشروعية القيمية على الآلية التشريعية (عدالة القضية مقدمة على القيود والضوابط المؤسسية لحفظ الأمن).

فضلاً عن ذلك، فإن الحرب الوقائية، وفي سياق هذا الفهم، تندرج في خانة جرائم الحرب، ذلك أنها تسوغ لفعل عسكري يروح ضحيته آلاف الأبرياء، ناهيك عن ما يلحق بالبنى التحتية والمنشئات والمراكز الصناعية والاقتصادية من أضرار جسيمة لمجرد (الحدس) أو (الظن) أو (التخمين) أن الهدف الذي تم تدميره هو هدف معاد. والحدس أو الظن لا يعد، من وجهة النظر القانونية، كونه قرينة يبنى عليها الفعل القانوني. لذا فإن الفعل المرتكب في أطار الحدس المجرد يرقى إلى مستوى الجريمة التي يعاقب عليها القانون. من هنا تكون هذه الإستراتيجية متعارضة مع ميثاق الأمم المتحدة الذي يحظر التهديد باستخدام القوة أو استخدامها ضد سيادة أية دولة وسلامتها واستقلالها السياسي.(2)

وعلى الرغم من أن المدافعين عن هذه الإستراتيجية الوقائية يقرون بأنها تتعارض تعارضاً فظاً والقانون الدولي، إلا أنهم لا يرون في ذلك أية إشكالية. فإطار القانون الدولي، من وجهة نظرهم، خاو وبلا معنى.

عن هذه الفكرة بالذات كتب القانوني (ميكايل غلنون)، (أن المحاولة الكبرى لإخضاع حكم القوة لحكم القانون يجب إيداعها مرمدة التاريخ، وهي، وضعية ملائمة للدولة الوحيدة القادرة على تبني اللاقواعد الجديدة لأغراضها الخاصة، طالما أنها تنفق وحدها تقريباً ما ينفقه باقي العالم مجتمعاً على وسائل العنف، وتعكف على شق مسالك جديدة وخطرة في تطور وسائل الدمار في وجه معارضة عالمية شبه أجماعية. والدليل على أن النظام برمته مجرد وهم واضح لا يحتاج إلى بيان. فقد أوضحت "واشنطن" أنها عازمة على بذل كل جهد مستطاع للحفاظ على تفوقها).

وفي مقاربة هذا الوضع غير المقيد بالمواثيق والمؤسسات الدولية قياساً مع الحالة العراقية يضيف (غلنون) قائلاً: (أن واشنطن أعلنت أنها ستتجاهل مجلس الأمن التابع للأمم المتحدة بشأن العراق، وأفصحت بمزيد من الصراحة عن أنها لن تتقيد بعد الآن بأحكام ميثاق الأمم المتحدة فيما يتعلق باستخدام القوة. وعليه فقد تهاوت القواعد المرعية إجرائياً، وسقط الصرح برمته حطاماً، وهذا أمر مقبول ولا بأس به ما دامت الولايات المتحدة هي زعيمة الدول المستنيرة. وبالتالي لابد من مقاومة أية محاولة لتقييد حركتها في استخدام القوة).(3)

إن الهدف من الإستراتيجية الإمبراطورية هو مواجهة ومقاومة أي تحدٍ لنفوذ ومكانة وهيبة الولايات المتحدة. لذا فأن استجابة الولايات المتحدة لأي تحد لمكانتها ونفوذها وهيبتها لا تثير أية مشكلة قانونية. هذا الموقف الذي تتبناه الولايات المتحدة اليوم يقترب كثيراً من موقف (دين اتشيسون) عندما كان يبرر الإجراءات المتخذة ضد كوبا، رغم علمه بأن حملة الإرهاب الدولي آنذاك، وما أشبه اليوم بالبارحة، التي تشنها الولايات المتحدة بهدف (تغيير النظام) في كوبا، كانت عاملاً مهماً لأن تدفع العالم إلى شفير حرب نووية. الموقف ذاته

تبنته إدارة (ريغان) حين رفضت سلطة محكمة العدل الدولية في الحكم على اعتدائها على نيكاراغوا وضربت بعرض الحائط بـأمر المحكمـة بـأن توقـف جرائمها، ثم استخدمت بعد ذلك حق النقض (الفيتو) ضد مشروعي قرارين في مجلس الأمن يقران حكم المحكمة، ويهيبان بجميع الـدول أن تحترم القانون الدولي. لقد أوضح (أبراهـام صوفير) المستشار القضائي لـوزارة الخارجية الأمريكية، أنه (لا يمكن الاعتماد على القسم الأعظم مـن العالم لكي يشاركنا وجهة نظرنا. وأن هذه الأغلبية بالذات كثيراً ما تعارض الولايات المتحدة في قضايا دولية ذات شأن. وعليه يجب أن نحتفظ لأنفسنا بحق تقرير أي المسائل التي تدخل من حيث الأساس ضمن نطاق سلطة الحكم القضائي المحلي للولايات المتحدة).[4] ومن الطبيعي أن هذه المسائل التي ترفضها الولايات المتحدة هي ما أدانته المحكمة الدولية من أعمال باعتبارها استعمالاً غير مشروع للقوة ضد نيكاراغوا.

مثل هذا الازدراء بالقانون الدولي وبالمؤسسات الدولية كان واضحاً أيضاً في عهد إدارة ريغان وبوش الأب والابن. إذ بقيت الولايات المتحدة محتفظة لنفسها بحق العمل الانفرادي من جانبها، وحيثما تدعو الحاجة إليه، تحت مسوغ الدفاع عن مصالحها الحيوية.

إن تأكيد النزعة الإمبراطورية، والتخويل الذاتي باستخدام القوة العسكرية كانت بحاجة إلى إرساء معايير (قانونية) جديدة تتصف بالدينامية والمرونة لكي يكون معها المعيار الجديد مرشداً للعمل ومسوغاً قانونياً له. ومثل هذه المعايير الجديدة تجسد الهدف المنتقى في الحرب الوقائية التي جاءت عليها وثيقة الأمن القومي الصادرة في أيلول 2002 لتكون هي المرجعية في تبرير أي عمل عسكري تقدم عليه الولايات المتحدة.

**هذا الهدف المنتقى يجب أن يتصف بعدة سمات:**

1. يجب أن يكون مجرداً من أية قدرات دفاعية.
2. يجب أن يكون على درجة من الأهمية حيث يستحق معها عناء مهاجمته.
3. يجب أن يكون هناك طريقة لتصويره على أنه يجسد (الشر المطلق) أو (الخطر الداهم) الذي يتهدد الوجود الذاتي والمصالح العليا للولايات المتحدة.

ولو أخذنا حالة العراق على سبيل المثال، باعتبارها الحالة التي تم تدشين نظرية الحرب الوقائية فيها، لوجدنا أن العراق كان مستوفياً لمعايير هذا القانون الجديد. فالعراق بلا قدرة دفاعية، ويستأثر بأهمية فائقة، ويشكل (حسب ادعاء الإدارة الأمريكية) تهديداً وشيكاً لوجود الولايات المتحدة والشعب الأمريكي.

ورغم أن مزاعم الإدارة الأمريكية ثبت بطلانها بخصوص امتلاك العراق أسلحة الدمار الشامل، وأن التصريحات الرسمية بشأنها كانت تفتقر إلى المصداقية، فإن (سكوت بيترسن)، الموظف في مجال العمل الإستخباراتي، أشار إلى أن (الإدارة قادرة على إطلاق أية أكذوبة من أجل الترويج لهدفها في الحرب على العراق. وأن واشنطن عارضت عمليات التفتيش لأنها خشيت من أن تؤدي إلى العثور على الشيء الكثير).[5] وفي نفس السياق، أضاف (جون ميارشيمر) و(ستيفن والت) وهما باحثان في العلاقات الدولية، أن مزاعم الرئيس (بشأن الخطر العراقي يجب أن ينظر لها على أنها محاولات واضحة لإخافة الأمريكيين ودفعهم إلى تأييد فكرة الحرب... إن التضليل هو نهج عملياتي مألوف، فحتى الآن مازالت واشنطن ترفض تقديم الدليل على ادعاءاتها عام 1990 عن تحشدات عسكرية عراقية ضخمة على الحدود السعودية وهي الذريعة الأساسية التي وقفت ورائها لشن الحرب عام 1991).[6]

كما علق المحلل السياسي (أناتول ليفن) قائلاً (أن معظم الأمريكيين قد خدعوا ببرنامج دعائي قلما تجد نظيراً له في الديمقراطيات زمن السلم لكثرة أكاذيبه المنهجية).(7)

وهكذا، نشطت الدبلوماسية وأثرت في الكونجرس ومن ثم الرأي العام الأمريكي. ففي تشرين الأول عام 2002، منح الكونجرس الرئيس سلطة شن حرب (لحماية الأمن القومي الأمريكي من الخطر المحدق الذي يشكله العراق). وهذا النص ليس بجديد، إذ كان على غرار إعلان الرئيس (ريغان) حالة الطوارئ في البلاد عام 1985، وراح يمددها سنة بعد أخرى، لأن (سياسات وتصرفات حكومة نيكاراغوا تشكل خطر غير عادي على الأمن القومي والسياسة الخارجية للولايات المتحدة). وعلى نحوٍ مماثل، كتب على الأمريكيين مجدداً عام 2002 أن يرتعدوا خوفاً، ولكن من العراق هذه المرة.

وبنفس القدر من التبسيط، وبعد مرور عامين على الحرب الأمريكية ضد العراق، ورغم كثافة التضليل الإعلامي عن امتلاك العراق لأسلحة الدمار الشامل، وبعد فشل الجهود المكثفة في العثور عليها، أعلن (بوش) عن عدم وجودها في العراق، وأن المعلومات التي بني عليها قرار الحرب كانت خاطئة... هكذا، وبكل بساطة، بررت الحرب بعد أن تم تدمير دولة بكاملها. ولكن، ومن جانب آخر، وبعدما أعلن عن نجاح غزو العراق، تم الإقرار علناً بأن أحد دوافع الحرب كان إرساء الإستراتيجية الإمبراطورية الكبرى بوصفها معياراً جديداً في العلاقات الدولية.

كان نشر إستراتيجية الأمن القومي بمثابة إشارة إلى أن العراق سيكون الاختبار الأول وليس الأخير. ففي تحليل تقدم به (ديفيد سانجر) جاء فيه (لقد صار العراق أنبوب الاختبار الذي تنمو فيه سياسة الحرب الاستباقية ... وأن الولايات المتحدة لن تتردد في العمل بمفردها، إذا ما دعت الضرورة ممارسة

حقها في الدفاع عن النفس وذلك بالعمل على نحو استباقي طالما أن المعيار قد تكرس الآن... أن الطبيعة الاحتذائية لهذه الممارسة برمتها في العراق باتت تدركها بقية دول العالم بشكل جيد. وسيكون على الشعوب وأنظمة الحكم أن تبدل طريقتها في رؤية العالم، من رؤية مبنية على الأمم المتحدة والقانون الدولي، إلى أخرى قائمة على التماهي مع أجندة واشنطن. إنهم يتعلمون من استعراض القوة الذي شاهدوه في العراق أن ينحّوا جانباً أية اعتبارات تتعلق بالمصلحة القومية لصالح الاعتبارات التي تعكس الأهداف الأمريكية).[8]

فضلاً عما تقدم، إذا كانت المعايير الجديدة لنمط السلوك الأمريكي تكشف، من بين ما تكشف عنه، أن الذين بحوزتهم السلاح والعزيمة هم من يملكون سلطة فرض إرادتهم ومطالبهم على العالم، وأن يتدخلوا عن طريق القوة تحقيقاً لأهداف تخصهم لوحدهم في إطار المصلحة التي يخططون لها، ويعتقدون بها، فأن هذا يخالف واحدة من المعايير التي وضعتها المؤسسات الدولية، وفي مقدمة الأحكام الصادرة عنها عام 1949 (لا يسع المحكمة إلا أن تعتبر الحق المزعوم في التدخل شكلاً من أشكال سياسة القوة، كالتي آلت في الماضي إلى أخطر الارتكابات على الإطلاق، والتي يستحيل أن تجد لها مكاناً في القانون الدولي، أياً كانت عيوب المنظمات الدولية. فمن طبيعة الأشياء أن يكون التدخل من نصيب الدول القوية، وقد يفضي بسهولة إلى إفساد تطبيق العدالة نفسها).[9]

في ملاحظة جديرة بالانتباه، نشرتها مجلة الأكاديمية الأمريكية للآداب والعلوم، جاء فيها، أن الإستراتيجية الإمبراطورية تستغني فعلاً عن حكم القانون الدولي، وأن إستراتيجية الأمن القومي الأمريكي قد خلت من أي ذكر له، أو ميثاق الأمم المتحدة، موضحة (أن أسبقية القانون على القوة، التي كانت أهم خيط في نسيج السياسة الخارجية الأمريكية بعد الحرب العالمية الثانية،

تكاد تختفي تماماً من الإستراتيجية الجديدة. كما اختفت كذلك المنظمات الدولية التي تعمل على نشر مفاعيل القانون، وتسعى إلى كبح جماح القوى، فضلاً عن إسماع صوت الضعيف.. من الآن فصاعداً، إن القوة هي التي ستسود، وستمارس الولايات المتحدة تلك القوة بالشكل الذي تراه مناسباً... وأن هذه الإستراتيجية ستعزز الحافز لدى أعداء الولايات المتحدة على العمل استجابة لاستيائهم المتعاظم من التهويل والترويع الذي يلقونه منها).[10]

في الواقع، ومنذ الحرب العالمية الثانية، تنتهج الإدارات الأمريكية سلوكاً تفصل فيه وبشكل منتظم القوة على القانون حيث تجد في ذلك خدمة لمصالحها القومية. فالمصلحة تحظى بعناية فائقة واستثنائية مهما كانت عاقبة ذلك وخيمة على الآخرين. وحتى على صعيد المنظمات الدولية، كالأمم المتحدة، حرصت الولايات المتحدة على أن تكون هذه المنظمة أداة طيعة لخدمة مصالحها. وعندما تتقاطع هذه المصالح مع الشرعية الدولية، أو أنها بدأت تشعر أن تلك المصالح أصبحت معرضة للمساس، فأنها لا تتردد عن الخروج بعيداً عن إطار الشرعية. ولنا في سجلها الحافل باستخدام حق النقض (الفيتو) خير دليل على ذلك. إذ هي تتصدر الصفوف في نقض مشاريع قرارات مجلس الأمن حتى تلك التي تهيب بالدول الأعضاء أن تتقيد بالشرعية الدولية. وفي حالة العراق، كثيراً ما عرقلت إدارة بوش الأب تخفيف العقوبات على العراق طالما أن النظام السياسي فيه لن يتغير. وفي إدارة كلنتون، أعلن وزير خارجيته (وارن كرستوفر) عام 1994 (أن إذعان العراق لا يكفي لتبرير رفع الحصار)، وانتهت سياسات الفرض بالقوة بعيداً عن القانون بالحرب على العراق عام 2003، ومن دون تفويض دولي. بل أن الحرب على العراق ما هي في الواقع إلا تأكيد على فرض مبدأ قانون القوة وإقصاء لمبدأ تطبيق القانون.

ولعل المفارقة الملفتة للانتباه والتي تدعوا إلى السخرية، أن دولة بذاتها تريد الحرب، لا أن تدفع عنها، أو تحول دون وقوعها، توجه إنذارها لأهم جهاز مسؤول عن حفظ السلم والأمن الدوليين (مجلس الأمن)، وتطلب منه أن يجيش الجيوش لإشعال فتيلها. هذا ما أقدم عليه بوش الابن عندما وجه إنذاراً أخيراً لمجلس الأمن في 16 آذار عام 2003، معلناً فيه (أنه حتى إذا لم يستحصل موافقة مجلس الأمن سوف يذهب إلى الحرب بمفرده. وإنه ذاهب إلى العراق بالقوة العسكرية سواء بقي صدام وعائلته فيه أو أنهم خرجوا منه).

وفي مقاربه افتراضية، لكن لها مغزى، يشير (إدوارد لوك) مدير معهد المنظمات الدولية بجامعة كولومبيا (لو أن القوى الصغيرة احتالت لتحويل المجلس "مجلس الأمن" إلى منتدى لموازنة القوة الأمريكية بالفيتوات والكلمات والنداءات، لحكمت هذه القوة على شرعيته وصدقيته بالوهن والتهافت أكثر مما هما واهنتان ومتهافتتان. أما لجوء بطل العالم إلى استخدام الفيتو بصور روتينية، فإما أن يكون محل تجاهل، أو يجري التقليل من شأنه، وقد يحظى في بعض الأحيان بالإشادة باعتباره دليلاً على الموقف المبدئي الذي تقفه واشنطن المحاربة. لكنك لن تجد في كل هذا أدنى قلق من أن ينال ذلك من شرعية وصدقية الأمم المتحدة).[11]

وعندما نتأمل بحالة اللامبالاة الأمريكية بالقانون الدولي والمؤسسات الدولية، لا نجد غرابة في قول رئيس هيئة موظفي البيت الأبيض (أندرو كارد) في تشرين الأول / أكتوبر 2002، والذي يذهب فيه إلى (أننا لسنا بحاجة إلى مجلس الأمن إذا أراد المجلس أن يبقى ذا صلة، فما عليه إلا أن يمنحنا سلطة مماثلة لتلك التي أعطانا إياها الكونجرس، أي سلطة استخدام القوة كما نشاء).[12] وقد أضاف (كولن باول) وزير الخارجية الأمريكية في حينه (يستطيع المجلس أن يفعل ما يشاء، وأن يجري مداولات أخرى، لكننا نملك

السلطة لنفعل ما تراه ضرورياً).[13] كما أوضح الرئيس بوش (لقد كان في مقدور واشنطن أن تتشاور مع أعضاء مجلس الأمن الآخرين، إلا أنها لم تجد ضرورة لكسب موافقتهم).[14]

وفي قمة الازور التي عقدت في مارس / آذار 2003، وقبيل اندلاع الحرب ضد العراق، عاد بوش وبلير على تأكيد ازدرائهما للقانون الدولي والمؤسسات الدولية، فأصدرا (إنذارهما الأخير) إلى مجلس الأمن، وكأن لسان حالهما يقول: أذعن لنا في غضون أربع وعشرين ساعة وإلا سوف نغزو العراق من دون مصادقتك عديمة المعنى. وقال بوش أن غزونا مشروع لأن (الولايات المتحدة تملك السلطة السيادية لاستخدام القوة لضمان أمنها القومي المهدد من قبل العراق بوجود صدام أو بعدمه.. وأن الأمم المتحدة غير ذات صلة، لأنها لم ترتفع إلى مستوى مسؤوليتها.. وأن الولايات المتحدة عازمة على تنفيذ (مطالب العالم العادلة) حتى لو كان العالم كله معارضاً بشدة).[15] وهكذا، كانت وما تزال، نزعة المغامرة والتشديد في تبني الخيار العسكري، باعتباره الخيار الوحيد وليس الأخير، عندما تعجز الوسائل الأخرى، هي السمة المميزة لمبادئ العمل السياسي الخارجي والتخطيط الاستراتيجي، حيث يتم تغليب منطق القوة على مبدأ سيادة القانون عندما تتطلب (المصالح الحيوية) و(ضرورات الأمن القومي) ذلك، دون أي اعتبار لحقوق الشعوب ومبادئ السيادة والاستقلال للآخرين.

•••

# هوامش الفصل الثالث

1. John Ikenbery, Foreign Affairs, September, 2002, p.13

2. للمزيد من التفاصيل حول الحرب الوقائية باعتبارها جريمة حرب، وما اقترن بها من مفاهيم مغالطة نحيل القارئ إلى المراجع التالية:

- نعوم تشومسكي، الحرب الوقائية أو الجريمة المطلقة، كتاب: العراق: الغزو - الاحتلال - المقاومة، مركز دراسات الوحدة العربية، 2003.

- أريث لوران، حرب آل بوش، ترجمة سليمان حرفوش، دار الخيال، بيروت، 2003.

- بوب وود ورد، حرب بوش، ترجمة حسين عبدالواحد، مكتبة مدبولي الصغير، القاهرة، 2003.

3. John Ikenbery: op.cit, p. 14

كذلك قارن بنفس المعنى: أحمد إبراهيم محمود، حرب العراق وتحولات الفكر الإستراتيجي الأمريكي، مجلة السياسة الدولية، العدد (153)، 2003.

4. Randal Marlin, op.cit., p.21

5. Scott Peterson, Christian Science Monitore, September, 2003.

6. John Mearsheimer and Stephen Walt, Foreign Policy, Jan., 2003

> المزاعم التي أثيرت عام 1990، والمبينة على صور مزعومة التقطتها الأقمار الصناعية، كانت موضع تحقيق أجرته صحيفة (Petersburg Times). والخبراء الذين حللوا الصور الفوتوغرافية في (السواتل) لم يجدوا شيئاً. وقد منعت التحقيقات، ولا تزال، للوقوف على كيفية التلاعب بالحقائق، انظر (Peterson) مصدر سبق ذكره، ومن أجل توكيدات أكثر ومستقلة، انظر: Peter Zimmerman, Washington Post, 14 August.

7. نقلاً عن:

Edward Alden, Financial Times, London Review Books, 8 May, 2003.

8. نقلاً عن، نعوم تشومسكي، مصدر سبق ذكره، ص.31

9. نفس المصدر، ص.33

10. ورد النص عند:

Kaysenetal, War with Iraq, Bulletin of the Atomic Scientists, Jan., 2003.

11. Edward Luck, New York Times, 22 March, 2003

12. نقلاً عن:

Dang Sanders, New York Times, 11 November, 2002.

13. حديث كولن باول ورد عند:

Julia Preston, New York Times, 18 October, 2002

14. Elisabeth Bumiller and Carl Hulse, New York Times, 12 Oct., 2002

15. David Sanger and Warren Hoge, New York Times, 17 March, 2003

■ ■

## الخاتمـــة والاستنتـــاجات

ثمة عوامل عدة تفاعلت فيما بينها وأسهمت في إنتاج دولة الولايات المتحدة التي تعد اليوم أقوى دولة في العالم. دولة متقدمة بكل مقاييس التفوق العلمي - التكنولوجي والقوة الاقتصادية والمالية، والقدرة العسكرية، والنفوذ السياسي، والاتساع الجغرافي، والكثافة البشرية. ولعل المسألة الملفتة للانتباه، أن هذه الدولة تشكلت وفق سياقات واشتراطات مغايرة للطريقة التي تشكلت بها الدول والأمم الأخرى بمنظور العناصر التي يفترض توفرها لقيام الدولة / الدول. فالشعب مثّل خليطاً بشرياً غير متجانس لما ينبغي أن يقوم عليه أي شعب متجانس فكرياً وثقافياً، فضلاً عن أن هذا الخليط البشري افتقر إلى وحدة الجغرافيا والتاريخ وروابط التلاحم الاجتماعي. فالجغرافيا كانت عامل استقطاب لـ (جغرافيات) متنوعة ينتمي إليها أفراد جاءوا من أقاليم مختلفة - بمعنى أن عامل الجغرافيا المتمثل بإقليم ممتد بين محيطين لم يكن ملكاً لشعب عاش عليه زمناً طويلاً لينشئ بالتالي مجموعة اجتماعية متجانسة تربط فيه بينها عوامل مشتركة. والتاريخ كان هو الآخر متنوع المشارب لمجموعات بشرية تعود أصولها التاريخية لدول كانت متشكلة سابقاً.

أما المكون الحضاري المتمثل بالعادات والتقاليد والقيم واللغة والثقافة التي تسهم بمجملها تشكيل نمط الحياة وطريقة التفكير لمجتمع ما كانت مختلفة لهذه المجموعات البشرية الوافدة إلى القارة الجديدة. بعبارة أخرى، كانت هناك هجرات بشرية لها مرجعيات جغرافية وتاريخية وحضارية متنوعة، لم يؤطرها كيان سياسي واحد، إنما هي التي عملت على إنتاجه وتكوينه فيما بعد. هذه

المجاميع البشرية المتعددة الألوان المختلفة المشارب كانت غايتها الإقامة على أرض رغم أن ملكيتها لم تعد إليها، لتنشئ بالتالي كيان سياسي - اجتماعي يختص بها ويميزها عن غيرها.

وهكذا اعتبرت أمريكا في نظر مؤسسيها فريدة في نشأتها التاريخية بالقياس والمقارنة مع تاريخ ونشأة الدول الأوربية. فهي جديدة في صناعتها لتاريخها، إذ كانت في نظرهم بمثابة لوح أبيض يمكن أن يدون عليه البشر تاريخاً جديداً. المهاجرون والآباء المؤسسون هم الذين صنعوا تاريخ لأرض بلا تاريخ. هكذا يعتقد الأمريكيون، فإذا كان البشر سكنوا الأرض هم من أجناس مختلفة، فإن وطنيتهم كانت، كما يبدو، متجذرة في الأفكار لا برابطة الدم، وفي القانون الذي وضعوه ولا برابطة النسب، وفي المواطنة التطوعية النابعة من الذات لا بالجذور المنسوبة، وفي الإيمان بدستور وحّد أفراد وجماعات مختلفة المذاهب لا في معتقد ديني - طائفي يعمل على بعثرتهم وتمزيقهم.

كان عامل المصلحة واستمرارية العيش والبقاء هو الرابط الذي التقى عنده واتفق عليه الجميع تحقيقاً لغاية الوجود. ومما لا شك فيه، كان للعامل الديني، الذي نجح في التوفيق على نحو باهر وملفت للانتباه، دور كبير في تعزيز التلاحم بين أجناس بشرية مختلفة الأصول ومتنوعة الانتماء. وكان لطريقة الفصل النموذجية بين الاختصاص الديني والاختصاص السياسي كبير الأثر في خلق مجتمع مثالي في طريقة موازنته بين الوظيفة السياسية (تنظيم علاقة الفرد بالمجتمع والسلطة) والوظيفة الدينية (تنظيم علاقة الفرد بالخالق والحياة الأخروية). هذا إذا أخذنا بعين الاعتبار أن العامل الديني كان قد خدم الغرض السياسي لدولة تسعى إلى بناء قوتها الذاتية في الداخل، وتتطلع إلى دور ومكانة قيادية في الخارج. وقد جسد هذا المطلب مقولات عدة، كنا قد أشرنا إليها في بداية الدراسة، كمقولة (أرض الميعاد) و(الاختيار الإلهي)

و(أمريكا المكلفة بإنجاز رسالة عالمية) وغيرها. وقد أنتجت هذه الصياغات الفكرية قناعات راسخة لفكرة الاستثنائية الأمريكية.

وكما لعب العامل الديني، بتعديلاته الكالفينية - الإصلاحية - المتحررة، دوراً كبيراً في عملية البناء الداخلي، وتمتين أواصر التلاحم الاجتماعي، حيث رتب على عاتق كل فرد التزامات دينية وأخلاقية في تعاملاته وعلاقته بالآخرين، مثلما تقع على عاتقه مسؤولية بناء المجتمع الرسالي، فإن الأفكار والمبادئ التي جاء بها عصر النهضة في الحرية الفردية والفلسفة الاقتصادية والسياسية لعبت هي الأخرى دوراً كبيراً في وضع اللبنات الأولى لقيام اقتصاد متين. لقد انصرف المجتمع بكل فئاته إلى إنشاء مشروعات إنتاجية ذات جدوى اقتصادية. كما انصرف إلى بناء مؤسسات سياسية لمجتمع مدني وليد النشأة. ومما ساعد في تكريس الجهود المبذولة لبناء المجتمع والدولة عامل العزلة الجغرافية الذي أبقى القارة الأمريكية، ولعقود عديدة من الزمن، بعيدة عن مشكلات القارة الأوربية المزكومة بأزماتها السياسية الحادة وحروبها العسكرية الطاحنة، في الوقت الذي كانت تجري في أمريكا عمليات حثيثة ونشاطات مكثفة لإرساء مرتكزات بنية اقتصادية متينة ومؤسسات سياسية تضبط الأداء السياسي للمجتمع الأمريكي.

وهكذا، وما أن طلع القرن العشرين حتى خرجت أمريكا قوة اقتصادية وعسكرية تمكنت من تصحيح وتقويم الخلل الاستراتيجي في معادلة توازن القوى الأوربية، بل أسهمت، أثناء الحرب العالمية الثانية وما بعدها في دحر قوى المحور (ألمانيا، إيطاليا، اليابان) المتحالفة ضد (فرنسا وبريطانيا). وأسهمت في إعادة بناء القوى المتضررة من الحرب في أضخم مشروع عرفه الغرب هو مشروع مارشال.

إن القوة الاقتصادية المتمثلة بتوفر الموارد الأولية وتنامي معدلات الإنتاج والإنتاجية نتيجة القدرة الصناعية الهائلة، والانتشار الاقتصادي المتمثل بالقدرة على تقديم القروض والمنح والمساعدات المالية والاستثمار الواسع النطاق للفائض في رأس المال، وتنامي دور المؤسسات المالية والشركات المتعددة الجنسية العملاقة. فضلاً عن إقامة تحالفات سياسية أمنية في مختلف مناطق العالم، وتبني عقائد واستراتيجيات عسكرية، والانتشار العسكري على الصعيد العالمي، كل ذلك أسهم في تشكيل ملامح النموذج الإمبراطوري الأمريكي، حيث تزعمت الولايات المتحدة بعد الحرب العالمية الثانية دول المعسكر الغربي - الرأسمالي ضد دول المعسكر الاشتراكي بزعامة الاتحاد السوفيتي، والتفرد، بعد زوال الأخير، بقيادة العالم وإدارته بفعل إمكاناتها الاقتصادية وقدراتها العسكرية ونموذجها الفكري - الثقافي العولمي، جاهدة في حثها لبقية شعوب ودول العالم بالإغراء أحياناً والإجبار أحياناً أخرى، على الأخذ والاقتداء بنموذجها في رسم وتصميم نمط الحياة، ومن دون مراعاة لأية خصوصية حضارية أو فكرية أو ثقافية أو وطنية.

ومما لا شك فيه أن هذه المكانة المتقدمة التي ارتقت إليها الولايات المتحدة ما هي إلا نتاج ظروف معينة تمكنت، ببراعة عالية وخطوات مدروسة، من تطويعها وتكييفها وفق رؤية فكرية وفلسفية سياسية أسهمت في صياغة قواعد السلوك ومبادئ العمل الاستراتيجي.

قد يبدو من الصعوبة بمكان إيجاد مقاربة واقعية بين شعار الحرية والسلام والديمقراطية وحقيقة السلوك السياسي الخارجي للولايات المتحدة الأمريكية. إلا أن هذه الشعارات لا تمثل، من وجهة نظرنا، إلا إعلانات روتينية أو ممارسات تقليدية - كلاسيكية حرص الخطاب السياسي الأمريكي أن يتضمنها لمجرد استقطاب الرأي العام الأمريكي أو العالمي لقضية سياسية تريد

الإدارات الأمريكية كسبها لصالحها، أو الانتصار فيها على أعدائها، لتعبر بالتالي عن سياسة براغماتية - نفعية أكثر من كونها أخلاقية - مبدئية. إذ ليس من المعقول منطقياً أن كل قضايا ومشاكل العالم تقف من وراءها (قوى شريرة)، وأن الولايات المتحدة تمثل لوحدها (قوة الحق والفضيلة).

لقد أثبتت السوابق التاريخية أن القوى المهيمنة، وليس القوى الأقل قوة منها، هي مصدر الخطر، أو الأكثر إثارة للهاجس الأمني عند الآخرين. فالمصالح كانت تقف باستمرار وراء القوى الفاعلة لإشعال الحروب، ليس فيما بينها، إنما بينها وبين القوى الأقل قوة والمنتفعة منها. هذا فضلاً عن فراغات القوة الناشئة بين القوى الأساسية ذاتها والتي تدفع بها إلى ملئها. لقد كتب (توماس فريدمان) في صحيفة (نيويورك تايمز) في الثاني من شباط 2003 (أن ثمة فجوة متوسعة ما بين القوى تنتج كل أنواع الاستياء وانعدام الأمن والمواقف المتباعدة مما يشكل ممارسة مشروعة للقوة. وهذا الفراغ والاختلال في توازن القوة يشكل عاملاً مغرياً لبعض القوى لفرض إرادتها وهيمنتها). ومثل هذا القول يمكن أن يفسر لنا لماذا تبنت الولايات المتحدة، على الأقل بعد الحرب العالمية الثانية، استراتيجيات وعقائد عسكرية متشددة، بما فيها عقيدة الحرب الوقائية، وهي على الجملة استراتيجيات أثارت المخاوف والهواجس الأمنية لدى الكثير من دول العالم، مما خلق انطباعات قوية في أن تكون القوى المهيمنة المتفاخرة بعناصر قوتها تمثل الخطر الأكبر على السلام، حتى عندما تبشر بالسلام والفضيلة. وبالتالي، ليس من المفاجئ، عندما نشرت (التايم) استطلاعاً لرأي الأوربيين نشرته في عددها الصادر في (6 شباط 2003) عن الأمم التي تشكل أعظم خطر على السلام، أن يحصل كل من العراق وكوريا الشمالية على نحو (7-8) من الذين استطلعت آرائهم في (كانون الثاني / يناير 2003)، في حين حصلت الولايات المتحدة على نسبة (80%).

وهكذا، وفي الوقت الذي منحت فيه الاستثنائية الأمريكية المزعومة السياسة الخارجية صفة المثالية، من وجهة النظر الأمريكية، فإنها كانت، ومن وجهة نظر أصحاب المدرسة الواقعية من أمثال (هانس موركنثاو وجورج كينان وهنري كيسنجر)، مصدر إزعاج وعدم ارتياح بالنسبة للكثير من شعوب ودول العالم.

إن الكثير من الواقعيين، سواء داخل أمريكا أم من خارجها، يرون أن ثمة لمسة مصلحية - نفعية قد تبدو خفية إلا أنها واقعية، في كل حديث أو خطاب سياسي عن المثالية الأمريكية وتضمينه، على نحو مقصود، بالعناية الإلهية، ويجدون في كل ذلك ما هو إلا مبرر للطموحات العالمية. فكل الحروب التي شنتها أمريكا بما فيها الحرب على أفغانستان والعراق، كان الخطاب السياسي يتضمن تأكيدات على أن العمل العسكري هو ضد (محور الشر) الذي يهدد المصالح الأمريكية، وأن غايته (جعل العالم مكاناً آمناً من أجل الديمقراطية)، وأن شن الحرب وتحقيق النصر فيها يعتمد على (الفضيلة الأمريكية) و(العناية الإلهية). ولعل عبارة (ليبارك الله أمريكا) التي ينهي كل سياسي أمريكي كل خطاب رئيسي بما فيها الخطب الرئاسية، وخاصة تلك التي تتعلق بالحرب أو السلم، تبدو أنها تعمل على إثارة إيحاءات لخلق قناعات بأن ما تفعله الولايات المتحدة هو (باسم الرب) أو (بمشيئته) أو (بإرادته)، وطالما أن تلك هي مشيئة الرب، فلا بد أنها ستكلل بالنجاح والنصر لأنها إرادة ومشيئة مصدرها الفضيلة.

وهكذا، تقدم فكرة الاستثنائية الأمريكية المرتكزة على فكرة الاختيار الإلهي للشعب الأمريكي ليقوم بدور نشر الفضيلة والمبادئ الأخلاقية ومحاربة قوى الشر، مبررات خاصة لها طبيعة مقدسة، تدفع بالولايات المتحدة إلى التدخل في قلب العالم. فباسم (الإرادة الإلهية) و(قيم ومبادئ الفضيلة) تتوجه السياسة الأمريكية إلى الخارج لتحل مشاكل العالم وتعيد تشكيله على صورتها

ووفق قناعاتها، لا لأنها تريد أن تهمين عليه، ولكن لأنها لا تستطيع أن تكون آمنة (كما تعتقد) إلا في عالم شبيه بها ويقتدي بنموذجها.

وفي اعتقادنا، أن هذه القناعات الراسخة، الصلبة والعنيدة، حول فكرة الفضيلة والاستثنائية، والصواب الأمريكي المطلق النابع من الصواب الإلهي، واعتبار العالم مليء ببؤر الشر والخطيئة، وافتقاره إلى الصواب وابتعاده عن الحقيقية، هي مصدر تذمر وإثارة الآخرين وسبب صدامهم مع الولايات المتحدة الأمريكية.

يبدو أن هذه الأفكار حول الاستثنائية الأمريكية قد تلاقحت مع معطيات بيئة دولية مواتية جسدها انفراد الولايات المتحدة بمكونات القوة والاقتدار لتنتج قناعات أمريكية مضافة وأكثر رسوخاً، وخصوصاً لدى النخب السياسية وصناع القرار في أن ثمة (حاجة عالمية) وشعوراً متزايداً عند الآخرين مفاده، أن لا غنى عن القيادة الأمريكية في إدارة المشكلات العالمية، الأمر الذي سيخلق توافقاً مع الفكرة التي طرحها (جون منتز) في مقال له نشرته (الواشنطن بوست في 31 كانون الأول / ديسمبر 2002) يقول فيها (انضموا إلينا تحت غطاء الحماية الأمريكية وإلا ستتعرضون للدمار). هذا الاتجاه الفكري هو الذي لجأ إليه الرئيس بوش الابن للهيمنة على كل المستويات. ويبدو لنا أن التغير السياسي الذي أصاب العراق من جراء حرب شنها (بوش) عليه لم يكن كافياً، أو لم يكن هو المنتهي للوقوف عند حدوده. فالهدف لم يكن مقتصراً على هذا الأفق الضيق، إنما إدخال العراق ومعه الشرق الأوسط، وربما دول أخرى خارجه، ضمن الحدود الأمريكية من خلال نوع من الأمركة الطوباوية.

وعليه، إذا كانت الحرب هي الأداة الوحيدة للتغيير والمعول عليها للتبشير بالحرية وإقامة الديمقراطية على وفق الطريقة التي اعتمدت في العراق، فإننا، والحالة هذه، سنكون ليس أمام مفهوم خاطئ لإحلال الديمقراطية والحرية،

وإنما سنكون أيضاً أمام حالة خطيرة وغير مسبوقة من الدكتاتورية لدولة منفردة تقود العالم وتريد تعميم نموذجها في إقامة الديمقراطية عبر بحور من الدماء. وهذا خلاف المنطق الفكري الذي بنيت عليه مقولة (إن الديمقراطية هي نتاج حرية الأفراد في التعبير عن رأيهم وهي واحدة من أهم تجلياتها). وعليه، إذا كانت رؤية الحرب، وفق المنظور الأمريكي، تعد وسيلة للديمقراطية، أو إحدى الأدوات الموصلة إليها، فإن هذا المنظور يعبر عن إساءة لفهم نتائج الحرب العدوانية، كما يعبر في الوقت ذاته عن منطق معكوس لمتطلبات إقامة الديمقراطية وتطورها. بعبارة أخرى، إنه يصعب قبول فكرة إقامة ديمقراطية بحروب عدوانية تدخلية، كونه يخالف جوهر ومنطق الديمقراطية الأمريكية التي كفلها الدستور الأمريكي ذاته الذي يذهب إلى أن الديمقراطية تعبير عن تكافل اجتماعي، أو عن عقد اجتماعي تشكله الإدارة المشتركة لمجتمع ما، لا عن طريق تمزيق روابط ذلك المجتمع.

يبدو أن ثمة مقاربة فكرية تطرحها بعض النظريات الأمريكية لحالة الفوضى العالمية اليوم، والتي من شأنها أن تعزز فكرة (أن لا غنى عن القيادة الأمريكية) لضبط وتنظيم حالة الفوضى هذه، على وفق الحالة الافتراضية التي تطرحها نظرية العقد الاجتماعي. إن مقاربة كهذه تبدو لنا خاطئة في منطلقاتها ونتائجها. فنظرية العقد الاجتماعي إذا كانت تمثل ترفاً فكرياً، أو تأملاً طوباوياً، فإن ما يعشه العالم اليوم هو حالة واقعية بعيدة عن التأملات الفلسفية الافتراضية. هذا فضلاً عن كون نظرية العقد الاجتماعي، إذا أمكن التسليم بها جدلاً، فإنها تخيلت وجود مجتمع صغير متجانس لحد ما، ويتفق أعضاؤه على عقد ما، وهذا ما لا ينطبق على المجتمع الدولي المتعدد الأجناس والمتنوع في الانتماء، والمختلف في مكونات بنائه الفكري والحضاري والثقافي.

بعبارة أخرى، إن المقاربة الفكرية التي يطرحها بعض المنظرين الأمريكيين، والتي تجعل من الفوضى العالمية مماثلة في معطياتها لحالة الطبيعة الأولى التي جاءت بها نظرية العقد الاجتماعي، والتي تفترض أن أفراد المجتمع كانوا يعيشون حياة تتسم بالفوضى وانعدام الأمن وغياب الاستقرار، وأنهم، ورغبة منهم للتخلص من هذه الحالة الفوضوية غير المستقرة، اتفقوا بموجب (عقد اجتماعي) تم فيما بينهم على اختيار سلطة تأخذ على عاتقها مسؤولية ضبط المجتمع وإدارته وتنظيم حياة أفراده، وأن هذه الحالة يمكن أن تنسحب اليوم على الدور الذي تمارسه، أو الذي يفترض أن تمارسه الولايات المتحدة لضبط حالة الفوضى العالمية، وتحويل العالم إلى عالم آمن ومستقر، إن هذه المقاربة تمثل في رأينا مسوغاً فكرياً يؤدلج مبررات النزوع الأمريكي الدائم للقوة العسكرية ويهدف إلى القيادة العالمية للولايات المتحدة الأمريكية وضمان استمرار تربعها على قمة الهرم الدولي. هذا المنطق الافتراضي لنظرية العقد الاجتماعي العالمي، إذا صح وصفها، يطرح تساؤلات عدة منها، ما هي المبررات المنطقية التي تسوغ لأن تكون الولايات المتحدة الأمريكية قائدة لعالم متنوع في مكوناته، ومع ذلك، يرتضي بسلطتها وسلطانها عليه؟ كيف نضمن توافق واتفاق جميع أعضاء المجتمع الدولي على منح ثقتهم بالقيادة العالمية للولايات المتحدة؟ وكيف تتنازل الدول عن سيادتها حتى تكون الولايات المتحدة الأمريكية هي صاحبة السلطة العليا والإرادة المطلقة؟ ثم كيف نضمن عدالة هذه الدولة ذات المصالح العالمية الممتدة وحيادها عند التعامل مع قضايا ومشكلات متنوعة متعددة؟ وكيف نوفق بين تطلعاتها وتطلعات شعوب ودول العالم؟

إذن، نحن هنا أمام أطروحة هي أقرب إلى الخيال منها إلى الحقيقة، وهي لا تعدو أن تكون إلا مجرد مسوغ فكري ساذج لا يقنع إلا من هم أكثر سذاجة منه.

231

مثلت المرحلة التي تلت الحرب العالمية الثانية البداية الحقيقة للانغماس الأمريكي المكثف بالقضايا والمشكلات العالمية بعد عقود من الزمن لسياسة وصفت بالعزلة، أو إلى وضع تقترب فيه من ذلك.

سيكون للولايات المتحدة، بعد هذا التاريخ، دور ومكانة مختلفة كلياً عما كانت عليه، إذ أصبحت الوريثة لقوى أوربية كانت تمثل ثقلاً مهماً في السياسة الدولية، وإلى مدى أبعد من ذلك أصبحت قائدة لها ومتزعمة لمعسكر يضمها هو معسكر دول أوربا الغربية، مقابل معسكر آخر يقابله يضم دول أوربا الشرقية بزعامة الاتحاد السوفيتي.

في هذه اللحظة التاريخية من إعادة تشكيل مراكز القوى على الصعيد العالمي، بدأ يتنامى شعور لدى النخب السياسية والفكرية ومراكز صنع القرار الأمريكي مفاده، أن المسؤولية التاريخية والرسالية تحتم على الولايات المتحدة تبوء هذا المركز والمكانة في القيادة العالمية، ليس فقط لنشر ـ قيم ومبادئ الفكر الليبرالي والنموذجية الأمريكية، إنما أيضاً لمقاومة ومحاربة فكر وصف بأنه هدّام يتزعمه (محور الشر) بقيادة الاتحاد السوفيتي.

هذا الشعور المتنامي بالدور الرسالي والمسؤولية التاريخية هو الذي فرض على الولايات المتحدة تبني سياسات متشددة غلب عليها طابع التهديد بالقوة العسكرية أو باستخدامها إذا ما اقتضت الضرورة ذلك أكثر من تغليبها لخيارات العمل السياسي والدبلوماسي، بل أن الأخيرة كانت تحمل في ثناياها ملامح شديدة الوضوح بالعزم والتصميم للقيام بأعمال عسكرية ربما تخرج عن نمطها التقليدي لتدخل حيز المجابهات والضربات بالأسلحة النووية.

هذه الملاحظة تبنى عليها ملاحظة أخرى مفادها، أن كل الإدارات الأمريكية، ومنذ نهاية الحرب العالمية الثانية وحتى وقتنا الحاضر، تبنت استراتيجيات عنيفة بشكلها ومضمونها مما جعل القوة العسكرية أو التهديد

باستخدامها ضرورة ملازمة للسلوك السياسي الخارجي الأمريكي. وكان أخطر ما تميزت به الإدارة الأمريكية في عهد بوش الابن، وخصوصاً بعد أحداث الحادي عشر من أيلول / سبتمبر 2001 تبنيها لإستراتيجية الضربة الاستباقية والعمل على ترجمتها إلى سياسة عسكرية إجرائية. وإذا كانت الاستراتيجيات الأمريكية السابقة لها (كإستراتيجية الاحتواء، والدمار الشامل والمؤكد، والضربة النووية الثأرية الانتقامية) قد تعطل تنفيذها، أو قيدت عن العمل بفعل الرادع النووي السوفيتي، فإن إستراتيجية الضربة الوقائية (وبسبب من هشاشة الرادع النووي الروسي، وانحسار نطاق عمله واقتصاره على حدود إقليمية أو قضايا تهم الأمن القومي الروسي حصراً، وعدم قدرته على تغطية مناطق ودول أخرى كان يغطيها الرادع النووي السوفيتي) جرى تنفيذها كسياق عمل استراتيجي ضد كل من أفغانستان والعراق، والتهديد بها ضد كل من سوريا وإيران وكوريا الشمالية، أو ضد كل من تسوّل له نفسه تهديد المصالح الأمريكية في أي مكان من العالم.

وكما سبقت الإشارة، يذهب منطق الحرب الوقائية، كما أشارت (كوندوليزا رايس) عند إعلانها عن (إستراتيجية جديدة للأمن القومي للولايات المتحدة)، وكما أوردته صحيفة (الواشنطن بوست بتاريخ 16 / كانون الأول / ديسمبر 2002)، أن هذه الإستراتيجية ترى ثمة مخاطر ناشئة تهدد أمن الولايات المتحدة في الداخل، كما تهدد مصالحها الممتدة في الخارج، مما يتوجب على أمريكا الآن (العمل ضد مثل هذه التهديدات الناشئة قبل أن يكتمل تكوينها) الأمر الذي يتطلب تكتيكات متغيرة (بقدر ما يكبر التهديد، يكبر خطر الجمود، ويزداد الأمر إقناعاً لاتخاذ إجراء استباقي للدفاع عن أنفسنا، حتى لو بقي الشك محيطاً بزمان ومكان هجوم العدو، ولإحباط أو منع أعمال عدائية يأتي بها خصومنا، ستتصرف الولايات المتحدة على نحو استباقي إذا لزم

الأمر). وتضيف (كوندوليزا رايس)، أن مثل هذه التهديدات، وبسبب من جسامة خطورتها (تجيز للولايات المتحدة توجيه ضربات استباقية ضد دول وجماعات إرهابية توشك أن تحصل على أسلحة الدمار الشامل أو الصواريخ البعيدة المدى والقادرة على إيصالها، والغرض هو تدمير أجزاء قبل تجمعيها).

إن القراءة المتأنية لعقيدة الحرب الوقائية تكشف عن عدة أمور منها: أنها إحدى أهم الوسائل أو الأدوات المستخدمة للتأكيد على هيمنة الولايات المتحدة من خلال امتلاكها لقوة ونفوذ غير مسبوقين، وأن هذه الهيمنة هي الحق الأمريكي الوراثي، وأن السلاح يستوجب الحفاظ عليها. وأن القيم والمصالح الأمريكية تستوجب إتباع سبل استثنائية في الرد على مصادر التهديد، وهذه القدرة على الرد تجعل من الولايات المتحدة قوة دولية متميزة. كما وأن هذه العقيدة تتجاوز عتبة الردع التقليدي الذي حرصت عليه الاستراتيجيات السابقة، كالاحتواء، الرد الانتقامي، القدرة على التدمير بالضربة الثانية، بل أنها تجعل هذه الاستراتيجيات عاجزة عن إنجاز متطلبات سياسة ردع ناجحة، ذلك أن القدرة على تنفيذ التهديد بالعقاب هي أقل احتمالاً مثل هذه العقيدة، وضمن هذه المواصفات، تنطوي على أخطار جديدة وغير مسبوقة، ذلك أنها تبادر بالعمل العقابي بمجرد تشخيص مصادر التهديد وقبل اللجوء إلى إتباع سياسة تهديد مضادة. بعبارة أخرى، إن عقيدة الحرب الوقائية تقصد تخطي مثالب سياسات الردع والاحتواء التي حددت أبعاد الحرب الباردة، ذلك أن نجاح الردع المرتكز على التهديد فقط، ومن وجهة نظرها، هي أقل احتمالاً، ضد قادة دول مارقة أكثر استعداداً للمجازفة، الأمر الذي لا يفترض ردعها، بعد التأكد من خطورتها، إنما العمل على إنزال العقاب فيها وتدميرها.

وهكذا، ووفق منطق (الدفاع الاستباقي عن النفس) تركن إستراتيجية الحرب الوقائية إلى توقع على المدى الطويل والى تسلسل مفترض من الأحداث أقل حتمية بكثير من الأحداث المحتكم إليها بالمنطق المباشر للدفاع عن النفس، وهو بإطلاق النار أولاً وطرح الأسئلة لاحقاً يفتح الطريق أمام تقدير مأساوي خاطئ للحسابات. وبانتهاك المبدأ التقليدي للدفاع عن النفس وفق القانون الدولي تخرج الولايات المتحدة من منظومة قيمها الأخلاقية والمثالية والإنسانية التي تدعيها لتعطي لنفسها حقاً غير مشروع للتدخل في شؤون الآخرين، وخرق قدسية السيادة وحق الشعوب في تقرير مصيرها.

وهكذا، فإن منظري الحرب الوقائية، والمحافظين الجدد عموماً يعتقدون بأن القدرة على إحداث الصدمة وبث الخوف والرعب بالاستخدام المباشر والمكثف للقوة العسكرية هو أكثر نجاعة من المبادئ القانونية الدولية في التأثير على الآخرين. إلا أن عقيدة الحرب الوقائية، أو الضربة الاستباقية، لم تكن نتاج نمط فريد من التفكير الاستراتيجي الأمريكي. فطوال سنوات الحرب الباردة لم تتراجع حدة الدعوات إلى حرب نووية استباقية وقائية بفعل ما انطوت عليه تلك المرحلة من موضوعات شديدة الخطورة، وواجهت الإدارات الأمريكية أعداء أقوى بكثير من القاعدة والعراق. فالسوفيت كانوا يملكون أسلحة دمار شامل حقيقية، فضلاً عن وسائط نقلها ونشرها على نطاق عالمي. كما كانوا يملكون أيديولوجية عدائية (كما كان يصفها الغرب) موجّه ضد ديمقراطيات رأسمالية تقودها وتحركها الولايات المتحدة الأمريكية. ومع ذلك، كانت هناك ضوابط قانونية ودولية ونظام تحالفات متبادلة، بل كانت هناك اعتبارات لحدود الحركة تفهمها القوى المركزية القائدة للنظام الدولي وتعمل على احترامها، ذلك أنها تمثل خطوط حمراء يفترض عدم تجاوزها من قبل أي منها. هذا فضلاً عن عقلانية التفكير بجدوى حرب باهظة ومكلفة لا يخرج منها

طرف منتصر وآخر منهزم، وفق ما كان يطرحه منطق الحرب النووية بحتمية الدمار الشامل والمتبادل للقوتين العظميتين.

وفق هذا المنطق الغالب على نمط التفكير السائد تم إدارة العديد من الأزمات التي كانت تضغط وتغري صناع القرار للجوء إلى ضربة استباقية وقائية. ومع ذلك، لم يتم النزوع إليها باعتبارها أفضل الخيارات المطروحة إنما باعتبارها تمثل خيار غير عقلاني ولا أخلاقي ولا قانوني ولا إنساني ... فما الذي تغير؟

إن الذي تغير هو ليس البناء الفكري أو الفلسفي لهذه العقيدة العسكرية والثوابت الحاكمة لمنطقها العسكري، بل الذي تغير هو طبيعة العدو المستهدف بها وطبيعة القدرات التي بحوزته وماهية هويته. هذا فضلاً عن تغير المكونات والقوى الأساسية التي كانت متحكمة بالنظام الدولي وآلية عمله. إن الذي تغير يكمن في طبيعة الإجابة على السؤال: من هو العدو؟ وهل هناك قيود تحول دون الانفراد به وتدميره من دون أن يتكبد الطرف المبادر خسائر تذكر بالقياس مع حجم الخسائر التي يمكن تحملها عندما كان الاتحاد السوفيتي؟

الحرب الوقائية الاستباقية التي جرى تطبيقها ضد أفغانستان والعراق استهدفت أعداء لا يمثلون بكل المقاييس حجم المخاطر التي كان يثيرها الاتحاد السوفيتي وكما روج له الفكر السياسي والاستراتيجي الأمريكي أثناء الحرب البادرة. كما أن الأعداء الجدد، الذين هم من دون الاتحاد السوفيتي، سواء على مستوى الأيديولوجية أو القدرات، لا يملكون أسلحة دمار شامل ولا وسائل إبادة جماعية ولا قدرات قتالية تصيب قلب الأراضي الأمريكية ومرتكزات بنيتها الصناعية وحياتها الاقتصادية.

في ضوء مما تقدم، يمكن أن نستدل بالقول، أن الضربة الوقائية أو الحرب الاستباقية أريد بها تحقيق مقاصد عدة منها: استهلال عصر جديد مصمم وفق أفكار نخبة قيادية أمريكية (المحافظون الجدد) تعطي للقوة العسكرية أولوية على

بقية الخيارات غير العسكرية. والغاية من وراء ذلك استثمار أقصى ـ ما يمكن استثماره من حالة الانفراد الأمريكي، وتوجيه رسالة إلى الآخرين مفادها، أن الولايات المتحدة هي القوة الوحيدة القادرة على حل مشاكلها حتى وأن تم ذلك بعيداً عن مشاركة الآخرين من حلفائها. بمعنى تأكيد وترسيخ مذهب الاستثنائية الأمريكية بامتياز ومن دون منازع. وأن الولايات المتحدة تتخذ هذا الموقف بالمبادرة بعمل عسكري وقائي لا يحفظ أمنها فقط، وإنما للنهوض بمسوؤليتها في الدفاع عن الحرية الإنسانية والمبادئ والقيم الديمقراطية ضد العنف والعدوان. فضلاً عن ذلك، تأكيد وتمجيد النزعة الأمريكية المميزة التي يضفي عليها (بوش) طابعاً قيادياً لمساعدة الآخرين عندما يقول في خطابه الذي نشرته (النيويورك تايمز) في عددها الصادر في 9 / أكتوبر / 2002 (بعزيمتنا سنعطي للآخرين قوة بشجاعتنا سنعطي للآخرين أملاً، وبأعمالنا سنحفظ السلام ونهدي العالم إلى زمن أفضل ... فليبارك الله أمريكا). بهذا الخطاب يبدو أن (بوش) أراد أن يخلق قناعات ترى في الولايات المتحدة، وليس غيرها، الدولة المخلِّصة للعالم والهادية له على طريق الخير والسلام.

ولكي يكتمل هذا الخطاب السياسي بإيحائه الديني الذي يجعل من أمريكا الدولة - المرجعية - المخلصة والمنقذة لعالم مليء بالشرور، وحتى يأخذ كامل أبعاده بإنجاز مهامه الرسالية الخلاصية، فإن المسعى الأمريكي ينبغي أن يقترن بفعل عنيف متشدد ينهي كل من يعترض سبيله المحتوم والمقرر بمشيئة الإرادة الإلهية.

هنا تكون الحرب الاستباقية واحدة من اشتراطات الفعل الاستراتيجي الذي يراد به، كما يذهب دعاتها، تصفية العالم وتنقيته من ذيول (قوى شريرة) خلفها عالم ما بعد الاتحاد السوفيتي. هذه الذيول أو القوى ستأخذ فيما بعد تسمية (الدول الإرهابية) أو (الدول الراعية للإرهاب) التي يجب محاربتها حتى

لا تواجه أمريكا عقبات في تعميم مشروعها الإمبراطوري. هذا التوجه مثله (بول وولفوفيتز) الأكثر تطرفاً والأكثر تمسكاً بعقيدة الحرب الوقائية في حديث نشرته (نيويورك تايمز بتاريخ 15 تشرين الثاني / نوفمبر 2002) يقول فيه (علينا أن نسعى إلى سياسة تصفية استباقية للدول التي ترعى الإرهاب، وعلينا أن نترك جانباً التفكير في إطار العقائد الدفاعية التقليدية، وأن نبذل كل ما في الإمكان، وبأي ثمن، للقضاء على دول تصنف بأنها معادية). وقبل (وولفوفيتز) ذهب (ديك تشيني) وزير الدفاع الأسبق في إدارة (بوش الأب) في أواخر الثمانينات، وفي وثيقة تعرف باسم (دليل تخطيط الدفاع) نشرتها صحيفة (نيويورك تايمز في 27 كانون الثاني 2003) دعى فيها الإدارة الأمريكية للجوء إلى خيار عمل استباقي، إذ قال (أن على الولايات المتحدة أن تكون مستعدة لاستخدام القوة إذا لزم الأمر لمنع انتشار الأسلحة النووية ... وينبغي لها أن تحافظ على تفوقها العسكري والحيلولة دون نشوء قوة عظمى منافسة).

وحتى لا نغرق في سذاجة الدعوات التي تجعل من عقيدة الحرب الوقائية حرب عادلة، علينا التأكيد على ملاحظة جديرة بالانتباه وهي؛ إذا كانت عقيدة الحرب الوقائية تؤكد وترسخ مبدأ الاستثنائية الأمريكية حتى تحافظ الولايات المتحدة على زعامتها وقيادتها العالمية، فهي حتماً وبحكم الضرورة لن تكون عقيدة حرب عادلة، ذلك أن منطق وأسانيد الحرب العادلة تدور حول حجج دينية وخُلُقية ذات نطاق عالمي وشامل. ومثل هذه الحجج مميزة عن عقيدة الحرب الوقائية، إلا أن الحجج المؤيدة للتدخل الإنساني قائمة على منطق فكري وإنساني وعقلاني، وهو على عكس الحجة الأمريكية الداعية للحرب الوقائية. إنه مذهب لا يقوم على مزاعم أصحاب مذهب الاستثنائية، ويعمل على نحو أفضل عندما يؤطر بمذهب التعددية والقانون الدولي، الذي يعترف بحق الشعوب المعرضة للاضطهاد والإبادة الجماعية. بمعنى، عندما تكون

هناك مجموعة اجتماعية معرضة للاضطهاد والإبادة المنظمة من قبل دولة، فإن هذه الممارسة تكون غير إنسانية مما يستوجب على المجموعة الدولية الوقوف بوجهها، وبالتالي يصبح التدخل هنا لأغراض إنسانية، وتكون الحرب التي تشنها مجموعة الدول هذه حرباً عادلة ولأغراض إنسانية لأنها ترمي إلى تخليص قطاعات واسعة من شريحة المجتمع التي تمارس دولة ما الاضطهاد والإبادة ضدها.

إذن، هناك أسباب وجيهة تدعو للتدخل الأمريكي / أو التدخل الأوربي وتدخل الأمم المتحدة بصيغة العمل الجماعي، رغم عدم وجود أي تهديد مباشر للولايات المتحدة أو لمصالحها الذاتية لوحدها، أو لأي دولة غيرها بمفردها، عندها تكون مسألة التدخل، حيث لا تأخذ صفة خاصة، ضرورة إنسانية تهم المجتمع الدولي وتدخل ضمن مسؤولياته لوقف أعمال لا إنسانية، ولا أخلاقية، ولا دينية يتعرض لها شعب ما، أو مجموعة ما، من قبل دولة تمارس الاضطهاد والإبادة ضدهم. من هنا يظهر التمايز بين حجة التدخل الإنساني وحجة الحرب الوقائية، ذلك أن مذهب التدخل الإنساني يجسد عقيدة يمكن جعلها عالمية، إذ أنها تدعو كل دول النظام الدولي إلى التدخل، وهي تفعل ذلك لا لتحمي الدولة المتدخلة، وإنما لحماية آخرين عاجزين عن حماية أنفسهم.

أن منظري الحرب العادلة يذهبون إلى أن القيم الأخلاقية والإنسانية والدينية، وسياسات الإبادة الجماعية (عوامل الاضطهاد الديني والعرقي والقومي) تشكل في الجملة مسوغات قانونية دولية (وفق قواعد ومبادئ القانون الدولي الإنساني) تدفع باتجاه محاربة دولة / دول تمارس هذه السياسات ضد شعوبها، أو ضد أقلية من شعوبها. أما منظرو الحرب الوقائية، فيزعمون أن قدر أمريكا الخاص، واستثنائيتها الانفرادية يسمحان لها السعي وراء سياسات

تهدف إلى محاربة أعداء محتملين، أو نزع أسلحة خصوم محتملين وإحلال الديمقراطية لدى طغاة محتملين لأن وجودها بالذات هو وجود خاص، ومصالحها هي مصالح خاصة، وهذا بدوره يستحق إجراءات خاصة، وهو تبرير غير مسموح لدول أخرى. فالفارق بين الحرب العادلة والحرب الوقائية يكمن بين التعميم والتخصيص، مبادئ وقيم وأخلاقيات شمولية تستحق محاربة من يقوم بانتهاكها باسم المجتمع الدولي، عندما تكون الحرب عادلة ومشروعة، في حين أن الحرب الوقائية تنحرف لحماية قيم معينة والدفاع عن مصالح محددة تختص بدولة ما، وعندها لا تكون الحرب عادلة ولا حتى مشروعة وفق مبادئ وقيم العدالة الإنسانية.

إن الحرب العادلة متجذرة في مبادئ عالمية تجعل استخدام حجج ومؤيدي مذهب الاستثنائية أكثر صعوبة في الإقناع بمشروعية الحرب التي يشنوها (الحرب الوقائية) لأنها تبنى على مسوغات غير واقعية وغير منطقية. بمعنى أن (الحق الاستثنائي) الذي يمنح الشرعية للحرب الوقائية على أنها حرب عادلة لا يتماهى مع المبادئ والقيم الأخلاقية والإنسانية ذات الطبيعة الشمولية - العالمية التي تشكل أساس شرعية الحرب العادلة.

إن اعتناق أمريكا لإستراتيجية الحرب الوقائية أرسى سابقة بالغة الأهمية وهي، أنها أعطت أمريكا، بسبب من استثنائيتها الفريدة، حقاً تنفرد به وحدها دون غيرها. فلو جارينا المنطق الأمريكي المجرد من الاستثنائية والفرادة، فإن باكستان مثلاً، تستطيع أن تقدم حججاً لمصلحة حرب وقائية ضد الهند، مستبقة ضربة هندية في كشمير. أو تستطيع كوريا الشمالية أن تبرر ضربة ضد كوريا الجنوبية مستبقة عملاً أمريكياً ضد كوريا الشمالية. كما يمكن للعراق أن يبرر ضربة وقائية ضد الولايات المتحدة أو حلفائها مستبقاً ما كان، في نهاية الأمر، نية أمريكية معلنة بوضوح لشن حرب على العراق.

في ضوء هذه الحالات يطرح التساؤل الملح، هل تستطيع هـذه الـدول، وهناك أخرى غيرها لها مبرراتها، أن تلجأ إلى الضربة الاستباقية وفق طروحات المنطق الأمريكي ومفهومه لها؟ لماذا لا ينبغي لهذه الدول، التي لها هي الأخرى مصالح قومية وإستراتيجية عليا، أن تستعير عقيدة أمريكا الاستباقية؟

وفي الوقت الذي يقنع الاستدلال بالحالـة والمكانـة الخاصة والتمسك بها أمريكا وقادتها ونخبها الفكرية بأنها تملك امتيازات فريدة خارج نطاق القانون بناء على استقامتها الاستثنائية، وتصرفها بالشؤون الخارجية بفضيلة لا تدانيها معظم، إن لم نقل كل الأمم الأخرى، فإنه يجسد في الوقت ذاته توجهاً ينطوي على غرور زائف ومفتعل، مثير للقلق ومصدر لسخرية وتساؤلات الآخرين حول مرجعية هذه الاستثنائية ومسوغاتها الفكرية والمنطقية. إنها مرجعيـة طوباويـة يصعب التسليم بمنطلقاتها الفكرية، وتفشل عند اختبارها في ضوء معطيات العالم الواقعي. إذ بالكاد يمكن أن تكون الفضيلة الأمريكية مقبولة لدى الآخرين كمعيار عالمي. وخصوصاً، إذا تخيلنا قانوناً دولياً يقول: (تستطيع الـدول اللجـوء إلى الحرب في الدفاع عن النفس فقط، باستثناء الولايات المتحدة، التي تستطيع بسبب كونها مميزة أن تلجأ إلى الحرب في أي وقت تشاء). وقد يصعب علـى الأمريكيين تأويل عقيدتهم بهذه الطريقة المتشككة، لكنه أقل صعوبة بكثير لدى خصوم أمريكا وحتى أصدقائها.

إن تمتع أمريكا بما لا يحق لغيرها التمتـع مـن (حقوق) يشكل أحد أهـم المآخذ والعيوب على السياسـة الأمريكية عنـد تعاملها مـع غيرهـا مـن أعضـاء المجتمع الدولي. فالازدواجية والكيل بمعيارين كانا على الـدوام مصدر إزعاج وقلق وعدم رضى، إن لم نقل سبباً في إثارة روح العداء ضدها. وهكذا، فإن عجـز أمريكا عن رؤية دوافعها من خلال عدسة الحقيقة والعدالة والمساواة، بـل مـن خلال الحرية والديمقراطية التي تطالـب بهـا، هـو السبب الـذي يجعل حتى أصدقائها وحلفائها يعتبرونها قوة متغطرسة وظالمة في أغلب الأحيان.

إن عقيدة بوش بشأن الحرب الوقائية، التي تسلم بصحة حق أمريكا في اتخاذ خطوات ضد أعداء محتملين أو متصورين قبل أن يضربوا أمريكا فعلاً، والتي احتلت مساحة واسعة في نمط التفكير الاستراتيجي الأمريكي، ورسم إستراتيجية الولايات المتحدة العليا، ولكي تكسب قبولاً خارج الولايات المتحدة، فإنه يجب تعميمها على الآخرين بحيث يكون لكل دولة الحق نفسه في إجهاض ما تتصوره عدواناً محتملاً أو وشيكاً ضدها. إن تعميم هذا الحق وإجازته لا يؤدي إلا إلى الفوضى الدولية، ومثل هذه الإجازة في التعميم لا تجعل من هذه العقيدة فاشلة في امتحان الشرعية، إنما في امتحان الواقعية أيضاً. إذ لا يكون بمقدور أية دولة ولا يحق لها، حتى دولة قوية مثل الولايات المتحدة، ووفق مقاييس العدالة والمساواة، أن تثبت صواب سياستها الخارجية بالمطلق في استنتاج خاص بها وممنوع على غيرها. وليس بمقدور أي دولة أن تنجح بشكل واقعي في عالم متكافل، أو يفترض أن يكون كذلك، إلا إذا استطاعت بطريقة ما أن تؤمن سيطرتها الدائمة على الكوكب بكامله، وهذا ما يتعارض مع مصالح الآخرين، كما هو أمر ليس من المحتمل أن تفعله أي دولة في عالم يفترض أنه متكافل.

وهكذا، وكما جرى النقاش، لا تمثل عقيدة الحرب الوقائية عقيدة خالصة كإستراتيجية عمل نافعة، إنما هي عقيدة (انتقائية، ظرفية، منافقة) كما وصفتها افتتاحية (نيويورك تايمز في عددها الصادر في 22 /كانون الثاني/ 2003). بمعنى، أن المزاج القيادي - النخبوي الأمريكي كان يتحكم بتطبيق عقيدة الحرب الوقائية - الاستباقية لاعتبارات تكتيكية ظرفية، أكثر من كونها اعتبارات إستراتيجية تحكم سياقات عمل عقلانية - منطقية وعادلة للولايات المتحدة الأمريكية. ومن المفارقات أن ادعاء الفضيلة والصلاح للنفس، بما يقنع الأمريكيين بأنهم لن يقدموا على عمل إلا إذا اضطروا إليه، فإنه هو الذي

يحفز أعداء أمريكا ويقنعهم بأنها ستقدم على عمل حتى لو لم يكن لديها سبب لذلك.

ومع ذلك، من المؤكد أن أمة ملتزمة بمبدأ (لابد من تبرير الحرب دائماً)، وأنها (أفضل من الآخرين في سعيها للفضيلة)، فإنه ومن المفترض، أن تراعي معياراً سامياً جداً في الأخلاق لدى قيامها بشن حرب. فالنظم الديمقراطية، التي تجعل الحرب آخر وسيلة تُستخدم فقط في حالات الدفاع عن النفس، والرد على تهديد وشيك إلى حد أنه يبلغ مستوى الاعتداء، عليها أن تتمسك بأسمى المعايير الخُلُقية. إلى هذا الحد، الحرب الوقائية والديمقراطية هما ببساطة قضيتان مناقضتان لنفسيهما. كيف يمكن للديمقراطية أن توفق بين الاحترام الذي يجب أن تظهره للشك والضعف والبشري وفهم النتائج غير المقصودة التي تتعلمها من التجربة، وبين عقيدة إستراتيجية لا تتسامح مع الخطأ في عالم ليس فيه منظومة استخباراتية على أعلى درجة من الكمال.

وفي الوقت الذي توجه فيه مبادئ ادعائية ودعائية محددة، كالديمقراطية، والحرية، وحقوق الإنسان، والعدالة والمساواة، سياقات عمل السياسة الخارجية الأمريكية وأهداف إستراتيجيتها العليا، فإن هذه العقيدة (الحرب الوقائية) أفرغت هذه المصطلحات والمفاهيم من محتواها الحقيقي، بل قادت بالكثير إلى نقدها والتشكيك بصحة منطلقاتها وادعاءاتها، والتي باسمها تمارس الولايات المتحدة سياستها. وهنا يجب القول، أنه إذا كان على الولايات المتحدة أن تتغلب على الإرهاب، فإن ذلك يفترض أن يتم على وفق سياسات إجرائية تزيد الثقة بها وتخفف من حدة العداء لها، وأن تزرع بذور الحرية والديمقراطية الحقيقية، لا أن يكون الخوف والدمار والحرب هو ثمنها.

إن القوة الحقيقية تكمن اليوم في القدرة على اختيار قوانين عالمية مشتركة لا في توكيد السيادة الفردية. وفي الإمكان جمع منطق الحرية مع منطق الأمن،

فمشبكهما هو الديمقراطية، وليس ديمقراطية قائمة على الخوف والإرهاب تمارسه قوة عظمى.

الاستنتاج الأخير، لا يسع المرء فيه إلا أن يقول، إن (مبدأ الحرب) أو (الضرورات الموجبة لاستخدام القوة)، سيبقى يتماوج بين مرونة امتدت طيلة النصف الثاني من القرن العشرين، وبين تشدد في استخدامه لاحت قسماته في إدارة (بوش الأب والابن). وحتى على افتراض فوز الديمقراطيين برئاسة الولايات المتحدة لمرحلة ما بعد (بوش الابن)، فإن القوة العسكرية، باعتبارها إحدى وسائل تنفيذ السياسة الخارجية الأمريكية والضامنة لتحقيق أهداف إستراتيجيتها العليا، ستبقى شرطاً ملازماً لسياسات الولايات المتحدة على صعيد محيطها الخارجي. وبالتالي لا يجوز لنا أن نسقط القوة العسكرية كأولوية عند الجمهوريين والديمقراطيين عندما يتعلق الأمر بالمكانة والهيبة الأمريكية، بل وضرورات هيمنتها العالمية. صحيح، وقد يبدو للوهلة الأولى، أن الديمقراطيين أقل حماسة في ترجيح الخيار العسكري كأداة ملازمة للعمل السياسي، إلا أن الأصح من ذلك هو أن كلاً من الجمهوريين والديمقراطيين لا يستثنون القوة العسكرية ولا يبقونها بعيداً عن متناول أيديهم. إن الاختلاف بينهم، وكما يبدو لنا، هو اختلاف بالدرجة وليس بالمضمون. فأنصار الحرب ودعاتها لا يمكن إبعادهم عن الحراك السياسي داخل الولايات المتحدة، ذلك أنهم يمثلون الشريحة المتنفذة في المؤسسة العسكرية الأمريكية. وبالتالي، هم المؤدلجون لشرعنة الحرب، والمعبرون الحقيقيون عن مصالح المجمع العسكري - الصناعي الأمريكي، والمصدر الحقيقي لقرار السلم والحرب. وعليه لا يجب بحال من الأحوال حصر تبعية هذا الاتجاه الداعي للحرب واستخدام القوة العسكرية بالجمهوريين ... أنه خطل يبعدنا عن الحقيقة.

244

ومن باب الإشارة لا الحصر التنويه عن محورية دور سيناتور ديمقراطي من ولاية واشنطن هو (هنري جاكسون) والذي من مكتبه تم استيلاد وإنتاج نماذج شائهة عرفت بالمحافظين الجدد ومنهم كثر أهمهم (ريتشارد بيرل)، و(ليندون جونسون) و(كلارك كليفورد) و(روبرت ماكنمارا) و(والت رستو) و(وليام بيري) إلا حفنة من رجالات هذا التيار الذين يحملون بطاقة عضوية الحزب الديمقراطي والذين يفوقون في تشددهم وصقوريتهم (عقلانيين) من رجالات الحزب الجمهوري أمثال (نيلسون روكفلد) و(تشاك هيغل) و(وليام روجرز) و(وليام سكرانتون). دعاة الحرب واستخدام القوة العسكرية لهم رسالة مركزية وهي، بسط الهيمنة القارية الشاملة للولايات المتحدة، ومنع / إجهاض أي منافس كان، واستتباع / إخضاع مشاريع المنافسين والاستحواذ على القرار الأمريكي - الدولي. إنهم يرون أن ضمان ديمومة الهيمنة الأمريكية، وبقدر ما يمثله هذا المطلب من طموح أمريكي بشقيه الرسمي والشعبي، فإنه يستدعي على الدوام:

1. الحفاظ على قوة عسكرية أمريكية متفوقة لا توازيها أية قوة أخرى في العالم، تكون قادرة على ضمان حماية الأمن القومي الأمريكي والمصالح الحيوية للولايات المتحدة في مختلف أنحاء العالم، وأن تتمتع بجاهزية قتالية تؤهلها للتدخل السريع وحسم المعارك والحروب بفترة زمنية قياسية اعتماداً على تكنولوجيا عسكرية ومنظومة أسلحة معلوماتية متطورة.

2. الاحتفاظ بالناتو كقوة عسكرية مشاركة ومساندة، وتفعيل دوره وتكبير حجمه ليضم تدريجياً كل دول أوربا الشرقية.

3. نشر القواعد العسكرية في مختلف أنحاء العالم بغية ضمان إستراتيجية أمنية قادرة على مواجهة الأزمات عند نشوبها.

4. تفعيل دور المؤسسات المالية والاقتصادية الدولية والشركات المتنوعة النشاط والمتعددة الجنسية لضمان الهيمنة الاقتصادية الأمريكية لـربط الأطراف بالمركز (الولايات المتحدة).

5. تعميم النموذج الليبرالي الأمريكي العـولمي في الفكر والثقافـة وطريقـة الحياة لإنتاج توابع تدور في فلك الأيديولوجية الأمريكية فكراً وممارسة.

6. رعاية وتمويل ما هو متعارف عليه بجماعات ومؤسسات المجتمع المـدني لتكون قاطرة اختراق لنسيج المجتمع وقواه الشعبية.

7. تعزيز وإدامة فكـرة (التفـوق الأمريكي) وفـق الأطروحـة الأمريكيـة في الاستثنائية والاختيار الإلهي كون أن الشعب الأمريكي هو أسمى شعوب العالم في الفضيلة والحرية والديمقراطيـة، وهـو النمـوذج البشري الـذي ينبغي أن يحتذى به اتساقاً مع مقولـة بـوش الابـن (لا يمكن للمـرء أن يكون رئيساً لهذه البلاد مـن دون قناعـة أننا الأمـة الوحيدة الخاضعة لأوامر الله والتي تعمل بإخلاص وإيمان على تطبيقها).

وبنفـاذ هـذه المقولـة بميثولوجيتهـا العاليـة، متفاعلـة مـع أدوات أخـرى (سياسية، اقتصادية، ثقافية، عسكرية، فكرية، وغيرهـا) حيـث هيـأ لها التاريخ فرص مواتية، استطاعت الولايات المتحدة فرض هيمنتها العالميـة، وتمكنـت أن توحي للآخرين أن لا بديل لها.

**O O**